한국외국어대학교 러시아연구소
HK 연구사업단 학술연구총서 35

푸틴 4.0

강 한 러 시 아

이 도서의 국립중앙도서관 출판예정도서목록(CIP)은 서지정보유통지원시스템 홈페이지(http://seoji.nl.go.kr)와
국가자료공동목록시스템(http://www.nl.go.kr/kolisnet)에서 이용하실 수 있습니다.
CIP제어번호 : CIP2019022207(양장), CIP2019022208(무선)

한국외국어대학교 러시아연구소
HK 연구사업단 학술연구총서 35

푸틴 4.0
강한 러시아

김선래 편저

한울
아카데미

차 례

푸틴의 집권기 18년은 전반적으로 러시아의 부국강병과 국제적 위상 제고를 위한 전열의 재정비 기간이라 할 수 있다. 시장민주주의라는 새로운 토대 위에서 러시아적 방식으로 정치, 경제, 군사, 사회, 문화 등 국가의 여러 발전을 최적화하기 위한 통치 시스템의 재조직화 시기였다. 대외정책 측면에서는 국력의 재건을 통해 힘(power)과 영향력(influence)의 외부 투사를 점진적으로 확대하면서 '강대국으로의 복귀'를 시도한 시기이기도 하다. 전 러시아 역사를 관통해 볼 때 푸틴 시대는 표트르 대제와 스탈린 시대에 이어 세 번째로 강대국화의 길을 모색하고 있는 전환기에 해당한다.

강한 국가 건설을 표방한 푸틴의 국정 철학과 통치 이념을 '푸틴주의(Putinism)'로 설명한다. '주권민주주의'와 '국가자본주의'를 근간으로 하는 이 푸틴주의의 작동 원리는 이렇다. 푸틴 자신의 강력한 리더십으로 국내의 질서·안정 및 경제성장을 구현하고, 대외적으로는 위대한 강대국 러시아의 위상을 확보하는 대신 그 과정에서 정치적·시민적 권리와 자유, 시장원리는 당분간 유보한다는 것이다. 푸틴주의는 그 구현 과정에서 민주주의 체제의 '규범적 정당성'을 훼손했지만, 실적과 업적을 통한 '도구적 정당성'을 확보함으로써 국민들의 지지를 확보할 수 있었다.

푸틴은 국력의 회복과 증강을 바탕으로 유라시아 강대국 러시아의 지정학적 위상과 지위를 제고하고자 노력했다. 그런 지향성은 대외정책 영역에서 '강대국 노선'으로 발현되었다. 푸틴 시대를 관통해 온 강대국 노선은 그 기조의 조정 및 변화라는 맥락에서 '실용적' 강대국 노선과 '독자적' 강대국 노선의 두 단계로 나누어 설명할 수 있는데, 그 변곡점은 2007년 2월 독일에서 열린 제43차 뮌헨 국제안보회의이다. 2007년 2월 제43차 뮌헨 국제안보회의에서 미국의 패권적 전횡을 작심하고 공개적으로 비판한 푸틴의 연설은 방어적 성격의 실용적 강대국 노선에서 위세(威勢)적 강대국 노선으로의 전환을 알리는 일종의 '신호탄'이었다.

소련의 해체 이후 초강대국의 지위에서 하루아침에 국제질서의 피동적 '관객'으로 전락했던 러시아의 국력과 국제적 위상은 2000년 푸틴의 등장 이후 지난 18년 동안 몰라보게 달라졌다. 적어도 외면적으로는 국제사회에서 미국 중심의 일극우위(一極優位)적 패권질서를 강단 있게 견제하는 강대국 이미지를 회복했다. 과거 소련이 누렸던 세계적 위상에는 미치지 못할지라도 정치 안정과 경제성장, 군사력 재건을 바탕으로 조금씩 제국적 역량을 되찾아 가고 있는 것만큼은 분명하다.

그러나 글로벌 강대국으로 발돋움하려는 총체적 노력에도 러시아는 아직 세계질서에서 주도적 역할을 하는 국제적 지위에는 이르지 못했다. 국제 세력 관계 속에서 전략적 독자성을 유지하는 한편, 다극적 세계 체제 내에서 독립적 중심 세력으로 자리 잡기 위한 국가적 노력은 지난(至難)했다. 러시아는 군사력의 운용 능력, 문화 수준, 국제적 분쟁의 조정자로서의 외교 역량 면에서는 미국과 어깨를 나란히 할 수 있는 글로벌 강대국의 면모를 갖추고 있다. 하지만 현재 수준의 물적 토대와 제도적 환경, 사회적 인프라, 국제적 지도력 등으로는 글로벌 패권국가는 고사하고 유라시아 강대국으로조차 인정받기 어렵다. 그러므로 푸틴의 강한 국가, 강대국 건설은 아직 미완인 '제한적 성공', '절반의 성공'으로 평가할 수 있겠다. 푸틴이 추구하는 강대국화 전략에서는 강대국에 물리적으로 도달하는 것뿐 아니라 강대국의 지위를 지속적으로 유지할 수 있는 제도적 환경, 요컨대 푸틴주의를 넘어서는 새로운 통치 시스템의 구축이 시급한 과제로 떠오른다. 내부 통합력을 공고히 할 수 있는 민주적 통치 이념과 부강한 경제발전을 촉진하는 투명하고 효율적인 국가 운영 시스템을 주조(鑄造)해야 21세기 러시아가 유라시아 강대국을 넘어 글로벌 강대국으로 부상할 수 있을 것이다. 이것이 2018년 5월에 네 번째 집권을 시작한 푸틴 대통령에게 부여된 시대적 과제이다.

이 책은 한국외국어대학교 러시아연구소가 HK사업을 마무리하는 차원에서 대외정책 현 러시아의 발전 방향과 미래를 예견해 보고, 푸틴 행정부가 꿈꾸는 러시아를 살펴보자는 데 그 기획 의도가 있다. 푸틴 행정부가 지향하는 러시아, 현재진행형의 러시아를 정치·경제·사회·외교·군사 측면에서 살펴보고, 그 내용을 한국 독자들에게 전달하는 데 주안점을 두고 설계했다.

1장 「'푸틴주의'의 성격과 전망」에서는 푸틴 4기의 성격을 진단해 본다. 2018년 5월 7일부터 네 번째 임기를 시작한 블라디미르 푸틴(Vladimir Putin) 러시아 대통령은 스탈린 이래 가장 오래 집권하는 러시아의 지도자가 되었다.

푸틴 시대는 통치 기간뿐만 아니라 리더십의 형태, 그것을 떠받치는 엘리트 구조, 통치 엘리트와 대중과의 관계, 주요 국내외 정책 등 여러 측면에서 독특한 특성을 지닌 정치체제를 발전시켰다. 푸틴의 통치체제는 기본적으로 권위주의의 속성을 점차 강화해 오는 가운데서도 절차적 민주주의 요소가 일정 수준에서 유지되는 경향을 나타냈다. 이러한 러시아 정치체제의 특성에 대해 지금까지 러시아 국내외의 연구자들은 대체로 권위주의 특성을 주로 강조해 옴으로써, 푸틴 체제의 복합적인 성격을 규명하는 데는 다소 미흡했던 것이 사실이다. 이에 기존 개념 틀로는 푸틴 시대 러시아 정치체제의 성격을 설명하는 데 한계가 있다는 전제 아래 '푸틴주의'라는 개념을 통해 지난 18년간 전개되어 온 러시아 정치체제의 특성을 분석해 보고, 향후 펼쳐질 푸틴 4기(또는 그 이후) 러시아 정치체제의 성격을 전망해 보고자 한다.

2장 「푸틴 시기의 러시아, 글로벌 강대국 부활의 조건과 과제」에서는 강대국 러시아의 부활에 대해 논의하고 있다.

쓰러져 가던 러시아제국에 '부활'이라는 극적인 대변화를 이끌어 온 '푸틴의 시대'가 2019년 올해로 만 19년째에 이른다. 지난 2018년 3월 실시된 대선에 다시 출마해 당선됨으로써, 푸틴은 2024년까지 무려 24년 동안 러시아의 국정을 책임지게 된다. 임기를 다 마칠 경우 현대 러시아 역사에서, 부국강병을 통해 러시아를 초강대국 반열에 올려놓은 이오시프 스탈린 (Joseph Stalin)에 이어 두 번째 장기 집권자가 된다. 최고 통치자로서 푸틴의 재임 기간과 권력의 절대성으로 볼 때 '현대판 차르'로 회자되기에 충분하다. 그래서 푸틴과 21세기 러시아의 미래는 분리해 설명하기 어렵다.

푸틴 시대는 21세기 러시아의 국가 발전 방향과 글로벌 세계 전략에 대한 명확한 청사진을 제시하고 그것을 용의주도하게 실천해 나간 시기에 해당한다. 그리고 그의 모든 대내외정책은 강대국 러시아의 재건이라는 키워드로 수렴된다. 그렇다면 1990년대 무너진 제국의 잔해 위에서 이 스트롱맨(strongman, 마초)은 어떤 방식으로 러시아 국가를 다시 일으켜 세웠는가? 다극적 세계질서에서 독자적 중심부 세력으로 부상하기 위해 푸틴이 채택한 강대국 노선은 어떤 변화의 경로를 걸어왔고 어느 정도의 성과를 거두었는가? 총체적 국력 면에서 현재의 러시아를 과연 강대국으로 평가할 수 있는가? 러시아가 유라시아 지역강대국에서 글로벌 패권국으로 도약하는 것을 제약하는 요인은 무엇인가? 이상의 질문에 대한 답을 순차적으로 찾는 가운데 지구촌 강대국으로서 러시아의 재부상 가능성을 전망한다.

3장 「러시아 혁신성장 정책의 평가와 과제」에서는 러시아 정부의 혁신 정책을 살펴보고 있다.

러시아 정부의 혁신정책은 2010년대부터 본격화되었다. 혁신발전 전략을 통해 러시아 정부는 혁신산업을 육성하고 경제성장의 동력을 확보하고 자 했다. 그리고 푸틴 4기 정권이 들어선 2018년에 러시아 정부는 또 다른 혁신전략, 즉 디지털 경제와 혁신산업 육성이라는 두 가지 전략을 축으로 하는 혁신성장을 우선 과제로 추진하고 있다.

2010년부터 2018년까지 러시아의 혁신전략을 평가해 보면, 혁신 역량과 실행 결과 모두에서 접근성과 생산성이 향상되었다. 정보 접근성과 지적재 산권 보국가발전호의 강화는 혁신 역량 제고에 긍정적인 영향을 주었으며, 제조업 수 증가 등의 혁신 실행 결과도 고무적이다. 그러나 역량과 실행의 두 영역에서 기저, 확산, 활용성 등은 큰 개선이 이루어지지 않았다. 혁신의 기반은 강화되었으나, 이를 활용해 제품이나 서비스를 만들고 확산하며 활 용하는 영역에서의 혁신은 여전히 부족하다고 평가할 수 있다.

4장 「러시아 대기업의 광공업 부문 일반 집중도 분석」에서는 러시아 경 제에서 가장 비중이 큰 광공업의 경제구조에 대하여 분석하고 있다.

푸틴 정부 1·2기(2000~2008) 동안 국가가 시장과 기업 활동 부문에 적극적 으로 개입하고, 핵심 경제주체로서 국민경제 활동에 직접 참여하는 국가자 본주의(state capitalism) 방식을 통한 경제성장 전략을 추진하면서, 국영기업 을 중심으로 한 대기업 집단이 러시아 경제성장과 발전을 주도하게 되었다. 2000년대 세계경제의 호황에 편승한 에너지자원 및 광물 산업 부문의 국영 기업과 과두재벌(олигархи) 소유의 소수 대기업은 러시아 경제가 연평균

7%의 고도성장을 달성하는 데 중추적 역할을 담당했다. 대규모 장치 및 설비 산업의 건설에 자본을 집중하고, 해외시장의 개척을 통해 수출을 주도하며, 기술 도입과 개발의 창구역을 담당하고, 새로운 일자리를 창출하면서, 그들은 러시아 경제성장의 주역으로 평가받았다. 그러나 러시아 경제의 고도성장 과정에서 인적·물적 자원과 자본 등 생산 요소의 대부분이 소수의 대기업과 산업에 집중되었다. 소수 거대 기업들의 시장과 산업 독점으로 인해 시장의 자원배분 기능이 왜곡되면서 산업의 생산성 하락, 경제 전반에서의 효율성 저하라는 부작용이 발생했다. 이것은 2008년 세계금융위기 이후 러시아 경제가 세 번의 마이너스 성장(2009, 2015, 2016)을 기록하는 등의 심각한 경기둔화와 경기침체를 겪게 만든 원인 제공자가 되었다. 2017년에 러시아는 1.5% 플러스 성장을 이루며 지난 2년간(2015~2016)의 역성장에서 벗어나고 있다. 러시아 경제가 지속 가능한 성장과 발전을 위한 잠재력을 확보하기 위해서는 경제의 현대화와 산업구조의 다변화가 절실히 요구된다는 것이다.

5장 「포스트소비에트 공간과 러시아의 근외 정책」에서는 소련으로부터 독립한 15개 공화국들과 러시아의 관계를 살펴본다.

이 15개 공화국들은 국가 건설과 국가 발전이라는 목표를 놓고 지난 20여 년간 각자 독특한 경로를 걸어왔다. 러시아를 중심으로 하는 옛 소련 국가들 사이의 구심력과 원심력 문제는 각 국가의 자주성과 독립성을 확보하려는 노력과 더불어 영토와 민족문제 등으로 복잡하게 얽혀 있다. 그중에서도 민족과 연관된 영토 문제는 포스트소비에트 공간에서 지속적으로 분쟁과 갈등을 야기했다. 몰도바공화국 내 러시아인과 몰도비아인들의 분쟁, 조지아 내 자치공화국들의 분리독립 문제, 그리고 중앙아시아의 키르기스스탄 민족 분규, 타지키스탄의 내전, 아제르바이잔과 아르메니아의 나고르노카라바흐와 니히체반을 둘러싼 영토분쟁, 발트삼국에 살고 있는 러시안 디아스포라(Russian Diaspora), 카자흐스탄 북부 지역의 러시안 디아스포라 등 많은 문제가 내연하고 있다. 이와 같은 내부 동인에 국제환경 변화에 따른 외부적 요인까지 개입되면서, 잠재되었던 갈등들이 표면화하기 시작했다. 최근에는 포스트소비에트 공간에서 경제적 이해관계로 갈등해 왔던 우크라이나와 러시아가 민족 및 국경 문제로 충돌했다. 우크라이나는 자국의 경제발전을 위해 유럽연합(EU)과 러시아 사이에서 대외정책을 수정해 왔다. 중요한 것은 일련의 사태를 통해 러시아가 포스트소비에트의 국경선을 재구성하려는 움직임을 보이고 있다는 점이다. 포스트소비에트 내 영토적 안정성에 변화가 온다면, 그것도 러시아가 주도하여 변화를 만들어낸다면, 그 파괴력은 매우 클 것이다.

6장 「러시아의 공세적 외교정책: 중앙아시아에 대한 러시아의 영향력 확대 원인과 메커니즘을 중심으로」에서는 러시아의 공세적 외교 행태를 이해하기 위한 사례분석을 통해 중앙아시아 지역에서 나타나고 있는 러시아의 영향력 확대 과정을 살펴보았다. 러시아는 색깔혁명에 대한 안보 전략적 대응 측면에서 안전망이 필요했다. 또한 경제적·문화적 측면에서는 중국 및 서방의 위협에 직면해 기득권 상실에 대한 방어가 필요했다. 러시아는 이해관계가 첨예한 지역이나 사안에 대해서는 사용 가능한 수단을 총동원해 공세적 외교정책을 적극적으로 수행하고 있다.

7장 「푸틴 3기 국민의식의 변화와 푸틴 4기 전망」에서는 주로 러시아 전문 여론조사 기관 레바다센터(Левада-Центр)와 러시아여론조사센터(ВЦИОМ)의 자료를 이용해 러시아 정부에 대한 국민의식이 어떻게 변화하고 있는지 살펴보고 있다. 러시아여론조사센터는 1990년대 초부터 현재까지 전국적으로 약 1600명을 대상으로 수백 항목의 주제로 설문조사를 시행해 왔으며, 그 결과를 홈페이지와 「여론모니터(Мониторинг общественного мнения)」에 게재하고 있다. 다양한 설문조사를 통해 밝혀진 국민의식에 대한 자료들을 검토하면서 어떠한 상태에서 시위가 발생·전개되는지에 초점을 맞춰 살펴본다. 우선 2011~2012년 시위 발생 당시의 국민 의식의 상황을 정리하고, 그것이 2014~2015년의 상황과 유사한지 혹은 어떤 차이점이 있는지를 살펴본다. 또한 2018년 연금개혁안에 대한 최근의 국민의식을 살펴보면서, 현재 국민의식의 특성과 향후 사회적 시위 발생의 잠재력과 가능성을 고찰한다.

이상과 같이, 러시아를 연구하는 일곱 명의 학자가 러시아를 다면적·심층적으로 분석해 그 다양한 정보를 독자들에게 제공하고 있다. 이 책을 꼼꼼히 윤독하고 교정한 한울엠플러스(주)에 감사드린다. 글 교정에 참여한 러시아연구소 연구보조원 김현진, 홍수현 대학원생에게도 감사의 마음을 전한다. 또한 이 책을 완성시키기 위해 바쁜 중에도 함께한 일곱 명의 필진에게도 감사를 드린다.

2019년 6월

집필진을 대신하여

1장
'푸틴주의'의 성격과 전망

장덕준(국민대학교 유라시아학과 교수)

● 이 장은 《중소연구》 제42권 3호(2018)에 실린 「푸틴시기 러시아의 정치체제: '푸틴주의'의 특성을 중심으로」를 수정·보완한 것이다.

1. 서론

통치자든 대중이든 민주주의를 드러내놓고 비판하고 부정하는 이는 매우 드물다. 그런 의미에서 민주주의 정치체제는 오늘날 보편적으로 받아들여지는 정치제도이다. 그러나 경우에 따라 민주주의는 대중의 참여와 지지에서 나온다는 정당성을 명분 삼아 초헌법적인 수단을 통해 국가권력을 집중화함으로써 경제적인 침체, 부패, 양극화 등과 같은 부정적인 결과를 초래하기도 한다. 최근 수년간 '민주주의'의 명분 아래 사실상 권위주의 독재의 성격을 띠는 이른바 '신권위주의'가 세계적으로 확산되고 있다. 이러한 신권위주의 체제하에서 권력 당국은 특정한 이념이나 슬로건을 내세워 대내적으로 단결을 도모하고 자신의 권력 기반을 강화하는 한편, 대외적인 위협 세력이나 요소를 강조함으로써 경제난을 비롯한 대내적인 문제를 희석시키는 정책을 펼치는 경향을 보인다.[1] 그러한 신권위주의의 대표적인 사례 가운데 하나가 러시아의 푸틴 체제이다.

러시아는 70년 넘게 이어져 오던 일당 독재를 청산하고 새로운 민주주의와 시장경제의 실험을 시작한 공간인 동시에, 세계화와 서구식 개혁이 가져온 혼란과 부정적 파급효과에 대한 환멸과 자기반성을 통해 서구식 가치와

---

[1] '신권위주의' 담론은 1980년대 후반 중국의 개혁·개방이 이루어지면서 부분적 시장경제와 권위주의 통치가 결합된 형태의 정치체제를 의미하는 개념으로 널리 사용되었다(Li, 2015: 31~45). 이후 이 용어는 1990년 무렵부터 민주주의 정권을 출범시켰던 헝가리, 체코, 폴란드 등에서 경제난과 정치적 불안정이 겹치자 새롭게 권위주의 정권이 등장하면서 다시 유행했다. 그뿐만 아니라, 2010년대에 접어들어서는 세계화가 초래한 부정적인 여파가 서구 민주주의의 심장부에도 새로운 권위주의적 분위기를 가져왔다. 2016년 영국의 유럽연합 탈퇴[브렉시트(Brexit)], 같은 해에 일어난 오스트리아의 극우 연립정부 탄생, 프랑스 대선에서 극우 정당의 선전 등이 그것이다.

제도를 자신의 방식으로 재조정해 나감으로써, 절차적 민주주의의 요소와 권위주의를 결합한 새로운 정치 질서를 만들어냈기 때문이다.

2018년 5월 7일부터 네 번째 임기를 시작한 블라디미르 푸틴(Vladimir Putin) 러시아 대통령은 이오시프 스탈린(Joseph Stalin) 이래 가장 오래 집권하고 있는 러시아의 지도자가 되었다. 푸틴 시기는 통치 기간뿐만 아니라 리더십의 형태, 그것을 떠받치는 엘리트 구조, 통치 엘리트와 대중과의 관계, 주요 국내외 정책 등 여러 측면에서 독특한 특성을 지닌 정치체제를 발전시켰다.

푸틴의 통치 방식은 다음과 같은 복합적인 성격을 나타냈다.

첫째, 푸틴은 자신의 전임자인 보리스 옐친(Boris Yeltsin) 러시아 초대 대통령이 도입한 '민주주의'의 외형을 유지하고 주기적 선거의 실시를 포함한 절차적 민주주의를 유지하고자 했다. 그러나 다른 한편으로 푸틴은 크렘린을 정점으로 삼아 국가권력을 집중시킨 채 의회와 사법부를 자신의 권위에 종속시키고 지방권력과 올리가르히를 비롯한 경제·사회 세력을 철저하게 제어했다. 그렇게 함으로써 절차적 민주주의는 지켜지지만 헌법에 규정된 주요 국가권력 기관들 사이, 그리고 국가와 시민사회 간의 불균형은 두드러지게 나타나는, 이른바 '비자유주의적 민주주의(illiberal democracy)' 현상(Zakaria, 2003: 101~105)이 초래되었다.

둘째, 푸틴은 정책의 효율성과 실용주의를 중시한 반면, 정책 결정 과정에서 엘리트와 대중의 참여는 제한하려고 했다. 실제로 이러한 푸틴 정권의 입장은 '탈정치화'와 '탈민중주의' 또는 '제도적 함정(institutional trap)'이라고 지칭되는 현상 유지 정책으로 이어짐으로써 지속적 성장을 위한 개혁의 걸림돌이 되고, 이는 결국 정부의 무능을 야기한다.[2] 그런 한편으로, 푸틴

---

2) '제도적 함정'이란 개혁보다는 기존의 통치 엘리트들의 정치·경제적 이익을 보존하는 '정치적 균형'

은 자신의 정치적 목적에 따라 대중을 동원하고 자신에 대한 지지를 직접 호소하는 민중주의적 면모를 보였다. 예컨대 푸틴은 2011년에 '전 러시아 인민전선(Общероссийский народный фронт)'을 결성해 선택적 대중 동원을 시도했다. 또한 크림반도 병합 이후에는, 반서방 정서를 내세워 대중에게 자신이 서방의 부당한 간섭과 압력에 결연히 맞서는, 애국적이고 믿음직한 지도자라는 이미지를 각인시켰다.

셋째, 푸틴은 자신을 정점으로 하는 국가권력의 집중화와 수직화를 효과적으로 달성하면서도 민주주의의 외형을 유지하고 법치의 원칙을 벗어나지 않으려 했다. 3선을 위해 헌법의 변경을 시도하는 대신에, 2008년에 푸틴 스스로 드미트리 메드베데프(Dmitry Medvedev)와 권력을 교대하는 방안을 선택했다.

넷째, 푸틴은 탈정치화와 실용주의를 내세우면서도 실제로는 국내외적으로 자신의 권력 기반에 대한 잠재적인 위협을 무력화하기 위해 국가주의, 애국주의 등 새로운 이념을 확산·강화시키려는 노력을 기울여 왔다.

이렇듯 복합적인 성격을 노정해 온 푸틴의 통치 체제는 기본적으로 권위주의의 속성을 점차 강화해 온 가운데서도 절차적 민주주의 요소는 일정 수준에서 유지하는 경향을 나타냈다. 이러한 러시아 정치체제의 특성에 대해 지금까지 러시아 국내외의 연구자들은 권위주의나 민주주의의 요소 가운데 어느 한 측면이나 또는 두 측면을 함께 고려함으로써 푸틴 체제의 성격을 규명하려 시도해 왔다.

이 장에서는 정치체제의 성격에 대한 그러한 기존의 접근법으로는 푸틴

또는 현상 유지 정책으로서, 그러한 '정치적 균형'에 대한 기득권 세력의 합의는 결국 '안정되지만 무능한 균형(ineffective equilibrium)'을 야기함으로써 정권(regime) 내의 모순을 발생시킨다. 그러나 엘리트와 대중 그 어느 쪽도 이러한 균형을 깨려고 하지 않는 성향을 나타냈다. 그렇게 됨으로써 '제도적 함정'은 푸틴 시기 러시아의 주요 문제 중 하나가 되었다는 평가가 있다(Gel'man, 2015: 97).

시기 러시아 정치체제의 복합적 성격을 설명하는 데 한계가 있다는 전제 아래 '푸틴주의(Putinism)'라는 개념을 통해 지난 18년간 전개되어 온 러시아 정치체제의 특성을 분석하는 데 주안점을 두고자 한다.

푸틴의 통치 시기 러시아 정치체제에 대해서는 많은 연구가 이루어졌다. 그것은 권위주의 정치체제,[3] 정치권력 구조(이홍섭, 2001: 251~270)에서부터 엘리트(고상두, 2009: 99~120; 장세호, 2013: 419~450), 선거와 정당(유진숙, 2007: 207~226쪽; 장세호, 2014: 225~262) 등 다양한 양상을 나타낸다. 한편, 푸틴의 통치구조와 방식을 총칭하는 '푸틴주의(Putinism)'에 대한 외국 학자들의 논저는 매우 방대하지만,[4] 이를 직접 다룬 국내의 연구는 아직 희소한 편이다.[5] 이 장에서는 푸틴의 통치체제를 기존의 정치체제 유형과 그 개념에 비추어 푸틴 시기 러시아 정치체제의 특성을 분석하는 데 초점을 맞춘다. 구체적으로 일종의 '하이브리드(혼합)' 체제로서, 러시아의 고유한 특성도 동시에 지니고 있는 '푸틴주의'의 속성 및 그것의 등장 배경을 살펴보는 것을 주된 목적으로 한다.

---

3) 박수헌은 푸틴 체제하의 권위주의 정치체제의 변화를 '경쟁적 선거권위주의(competitive electoral authoritarianism)'로부터 '패권적 선거권위주의(hegemonic electoral authoritarianism)'로 변화했다고 분석했다(Park, 2017: 97~148).

4) 몇몇 대표적인 논저를 들면 다음과 같다. Walter Laqueur, *Putinism: Russia and Its Future with the West*(New York: Saint Martin's Press, 2015); Lev Gudkov, "The Nature of 'Putinism'," *Russian Social Science Review*, Vol.52, No.6(2011), pp.21~47; M. Steven Fish, "What is Putinism?" *Journal of Democracy*, Vol.28, No.4(2017), pp.61~75; Timothy J. Colton, "Paradoxes of Putinism," *Daedalus: The Journal of the American Academy of Arts & Sciences*, Vol.146, No.2(2017), pp.8~18.

5) 예를 들면 강봉구는 푸틴주의의 구체적인 속성과 그것의 권위주의 체제와의 연관성 등에 대해 논의하기보다는 권위주의적 정치 리더십의 한 유형으로서 푸틴주의의 형성 배경과 푸틴 리더십의 평가에 초점을 맞췄다(강봉구, 2010: 3~30). 서동주는 푸틴 시기 러시아 정치체제의 전체적인 속성을 구성하는 하나의 요소로서 푸틴의 리더십하에 발현된 권위주의 통치의 양상을 '푸틴주의'로 지칭했다 (서동주, 2013: 235~266).

2. 파시즘, 권위주의 그리고 하이브리드 체제: 기존 연구 검토와 이론적 논의

푸틴은 집권 이래 대중의 자유를 상당히 제약하고, 개인의 자유도 유보하는 등 권위주의적 통치체제를 강화했다. 동시에 푸틴은 형식적으로 삼권분립을 유지하고 주기적인 선거를 실시함으로써 절차적 민주주의의 외형을 유지해 왔다. 이러한 러시아의 정치체제를 묘사하기 위해 '관리 민주주의(managed democracy)'(Sakwa, 2014: 176; Krastev and Holmes, 2012: 33~45), '주권민주주의(sovereign democracy)', '유사민주주의(pseudo-democracy)', '연성권위주의(soft authoritarianism)', '선거권위주의(electoral authoritarianism)',[6] '경쟁적 권위주의(competitive authoritarianism)', '패권적 권위주의(hegemonic authoritarianism)' 등 다양한 개념이 사용되어 왔다.

이처럼 다양한 수식어가 붙기는 해도 대부분의 분석들은 푸틴 시기 러시아의 정치체제를 기본적으로 '권위주의(authoritarianism)'로 지칭한다. 권위주의란 "개별 지도자 또는 소수 집단이 공식적이고 제도적인 제한 없이 권력을 행사하는 정치체제"로 정의된다(Linz, 1995a: 103~106). 그러나 권위주의적 요소를 담고 있는 정치체제라 할지라도 정치권력이 발휘할 수 있는 자율성의 정도 또는 그것에 가해지는 제약의 정도는 상당한 편차가 있다. 말하자면, 이른바 서구식 민주주의[7]에서 벗어난 정치체제는 전체주의, 파시

---

6) 선거권위주의는 권력 당국이 주기적인 선거를 통해 정당성을 획득하려는 노력을 하는 한편, 정치적 반대자에 대해 노골적인 억압과 폭력을 행사하는 대신 의회에서 절대다수 의석 확보하여 언론에 대한 통제 등 제도적이고 간접적인 통제 방식을 택하는 정권의 유형을 의미한다(Gel'man, 2015: 130). 일부 논자는 이러한 '선거권위주의'에 대해 선거 과정에서 관권 개입의 정도 및 야권과 시민사회에 대한 억압의 정도에 따라 '경쟁적 선거권위주의(competitive electoral authoritarianism)'와 '패권적 선거권위주의(hegemonic electoral authoritarianism)'로 분류하기도 한다(Diamond, 2002: 21~35; Park, 2017: 97~148).

7) 서구식 민주주의의 제도적 특징으로 빈번하게 거론되는 이론은 로버트 달(Robert Dahl)의

즘에서부터 전통적인 권위주의, 민주주의적 요소와 권위주의가 결합한 형태인 '하이브리드 체제'에 이르기까지 다양한 형태를 띠고 있다.

우선 '전체주의(totalitarianism)' 및 '파시즘(fascism)'과 '권위주의' 사이의 차이는 다음과 같다. 전체주의는 전체 국가 구성원들을 정치적으로 통제하고 동원하기 위해 독점적인 정당 조직을 보유하면서, 대중을 세뇌시키고 국가를 일사불란하게 이끌고 가기 위한 분명하고 일관된 프로그램과 정치적 이데올로기를 지니고 있는 체제이다. 그러한 각도에서 전체주의의 가장 중요한 요소 가운데 하나는 그것이 전체 국민들을 대표한다는 구호와 명분을 내세우면서도 실질적으로는 국가의 이념을 독점하고, 전체 국민들을 통제하고 지배하는 완전히 독점적인 정당과 그것에 기반을 둔 리더십이 존재한다는 것이다(Bracher, 1987: 614~616). 그러나 푸틴이 유지해 온 정치적 행태와 체제는 절차적 민주주의 요소를 유지해 왔을 뿐만 아니라 다당제와 시장경제의 틀을 유지해 왔다는 점에서 전체주의적 속성과는 상당한 거리가 있다.

한편, 일부 연구자는 푸틴 시기의 러시아 정치체제를 '파시즘' 체제로 규정한다. 알렉산더 모틸(Alexander Motyl)에 따르면, 파시즘 체제는 권위주의 체제의 하위 유형으로서 독재자 일인이 의회, 사법부, 언론을 포함한 시민사회를 통제하면서 대중의 적극적인 지지와 동원을 이끌어내는 정치체제를 의미한다. 그 반면에 전통적인 권위주의 체제는 반드시 공식적인 지위를 가진 개인이 독재적 권력을 행사하는 체제일 필요는 없으며, 군부의 쿠데타 위원회(military junta) 등 막후 실세 그룹(gray eminence)이 주도하는 정책 결정 구조도 포함하는 정치체제라는 것이다(Motyl, 2016: 25~36). 그러나 통상적으로 파시즘 체제는 일인 독재와 개인숭배라고 하는 리더십의 특징 외에도,

폴리아키(Polyarchy) 체제이다. 그것의 주요한 제도적 특징으로는 ① 선출된 공직자에 의한 정책 결정, ② 자유롭고 공정한 선거, ③ 광범위한 선거권, ④ 제한받지 않는 공직 출마권, ⑤ 표현의 자유, ⑥ 다양한 정보를 접할 수 있는 언론의 자유, ⑦ 결사의 자유 등이다(달, 1999; 16장).

독일 히틀러의 경우처럼 정권이 특정 인종에 대한 억압 또는 외국인 배척을 포함하는 배타적 민족주의 등의 극단주의를 내세우면서 조직화된 폭력을 직접 행사하거나 간접적으로 그것이 실행되도록 용인 또는 방조함으로써, 궁극적으로 새로운 문화 및 그것에 걸맞은 새로운 인간형을 창출하는 것을 목표로 한다(Linz, 1995b: 471~474). 지난 20세기 중반의 역사가 보여주듯이 폭력적이고 배타적인 파시즘 체제의 속성은 특정 인종이나 종교에 대한 박해와 억압을 동반하기 쉽다. 파시즘 체제가 자유주의를 배척 또는 억제하고 질서와 안정을 우선시한다는 점에서는 푸틴의 러시아와 유사한 측면이 있다. 그러나 '홀로코스트'에서 극명하게 나타났듯이, 파시즘은 폭력적 극단주의 활동을 장려하고 체제가 요구하는 새로운 문화와 인간형의 창출을 추구하는 경향을 보인다. 이러한 파시즘의 고유한 속성에 비춰보면 파시즘과 푸틴의 통치체제 사이에는 매우 큰 차이점이 존재한다. 그러한 의미에서 모틸은 푸틴 지배하의 러시아 정치체제를 분석하는 데 '파시즘'의 외연을 다소 지나치게 확장해서 적용하고 있는 것으로 보인다.

앞의 논의에서 살펴보았듯이, 푸틴의 러시아는 '전체주의'나 '파시즘' 체제와는 상당히 거리가 있음을 알 수 있다. 또한 뒤에서 자세히 살펴보겠지만, 푸틴의 통치체제는 주기적인 선거를 실시하는 등 절차적 민주주의의 요소를 지님으로써 '전통적인 권위주의' 체제로 유형화하기에도 애매한 측면이 있다. 그렇다면 푸틴체제는 <표 1-1>에서 볼 수 있는 바와 같이, 전통적 권위주의와 민주주의 사이에 놓여 있는 일종의 혼합 정치 체제인 '하이브리드(hybrid)' 체제에 가깝다고 볼 수 있을 것이다. 하이브리드 체제는 대체로 민주주의적 요소와 독재적 요소가 결합되어 있는 형태의 정치체제를 일컫는다. 이러한 '하이브리드' 체제라는 개념은 포스트소비에트 공간의 정치적 변동을 설명하는 데 일정하게 기여할 수 있다(Hale, 2005: 133~165).

이 부류의 정치체제는 크게 보아 두 가지로 나뉜다. 첫째, 자유롭고 공정

〈표 1-1〉 권위주의, '하이브리드' 체제, 푸틴주의

체제 요소 / 체제 유형	권위주의	'하이브리드' 체제	푸틴주의
리더십	일인 또는 집단(군부) 독재	일인 또는 집단(군부) 독재	일인 지배 리더십
이념	때때로 사용하나 일관성 결여	때때로 사용하나 일관성 결여	애국주의, 민족주의 등 비교적 일관성 있는 국가이념
정당체계 및 정치제도	복수정당을 허용하지만 정당 간 경쟁을 제도적으로 제한	복수정당과 정당 간 경쟁을 제도적으로 허용하지만, 대체로 1.5 정당 또는 패권적 정당체계	복수정당과 정당 간 경쟁을 제도적으로 허용하지만, 통치자에 종속된 '권력당'이 압도적 위치를 차지하는 패권적 정당체계
지배 엘리트	군부 엘리트, 종교 지도자, 전통적 토호세력, 종족 지도자	정통 권위주의 엘리트군, 테크노크라트 및 선출된 엘리트	금융·산업 부문, 실로비키 그룹 및 민간 전문가 그룹의 이익 연합체
경제	부분적으로 자유로운 시장경제: 핵심 경제영역은 지배 엘리트의 영향권 아래에 있음	부분적으로 자유로운 시장경제: 핵심 경제영역은 지배 엘리트의 영향권 아래에 있음	부분적으로 자유로운 시장경제: 핵심 경제영역은 통치자 및 실로비키의 영향권 아래에 있음
대외정책	여론에서 상대적으로 자유로운 대외정책	통치 엘리트 그룹은 선거에서 대외정책 이슈를 활용하는 경향	통치 엘리트 그룹이 대외정책을 정당성 강화의 주요 수단으로 적극 활용: 서구의 발전 방향과는 대비되는 발전 경로의 제시(유라시아 통합정책)

자료: Linz(1995a, 1995b), Hale(2010), Gudov (2011), Motyl(2016) 등을 참고해 필자가 정리했다.

하고 경쟁적인 선거를 통해 공직을 선출한다는 측면에서 민주적인 요소를 갖추고 있지만, 그러한 민주주의적 원칙이 1990년대 이전의 남아프리카공화국처럼 일부 국민에게만 허용되고 다수의 국민들은 배제되는 형태의 정치체제[예컨대 '아파르트헤이트(Apartheid)']이다. 둘째, 러시아를 포함해 대다수의 하이브리드 체제에서 볼 수 있는 바와 같이 주기적 선거와 정당 간 경쟁이 허용되는 한편으로 언론 및 시민적 자유가 부분적으로 유보된 채, 권력의 사용과 자원의 분배가 제도화된 메커니즘을 통하기보다는 후원-피후원 관계 등 비공식적인 인적 네트워크를 통해 이루어지는 경우이다(Hale, 2010:

33~41; Colton, 2017: 8~18).

후술하겠지만, 푸틴 통치하의 러시아는 기본적으로 이러한 하이브리드 체제의 속성을 나타내 왔다. 그러나 푸틴이 통치해 온 러시아의 정치체제에서는, 그러한 '하이브리드' 체제의 일반적 속성 이외에도 엘리트 상호 간 이해관계의 조정자, 권력 당국과 대중 간 이해관계 및 갈등의 중재자 또는 해결자로서 푸틴의 개인적 권위와 역할이 강조되어 왔다. 그뿐만 아니라 푸틴체제는 애국주의, 보수주의 등 러시아 역사에서 오랫동안 사용되었던 전통적 이념을 강조함으로써 국론을 결집하고 권력의 정당성과 정치적 안정성을 확보하는 데 성공했다. 더 나아가 푸틴체제는 '유라시아주의(Eurasianism)'에 입각해 서구의 발전 경로와는 다른 제3의 발전 비전을 강조하면서 포스트소비에트 공간의 통합을 추구해 왔다. 푸틴체제에 의한 그러한 대안적 가치의 강조는 서방국가들과의 긴장과 대립이라는 대외정책의 변화와 표리관계를 이루고 있다.

이와 같이 푸틴의 러시아는 기본적으로 하이브리드 체제에 속한다고 볼 수 있지만, 다른 한편으로는 기존의 정치체제 분류 기준으로는 포착하기 어려운 특성도 있다. 이러한 러시아 정치체제의 독특한 성격은 별도의 개념 틀을 필요로 한다. 따라서 일종의 '하이브리드' 체제의 속성을 가지면서도 일반적인 하이브리드 정치체제 개념으로는 파악되지 않는 푸틴 통치체제의 특성을 파악하기 위해 '푸틴주의' 개념을 분석해 보고자 한다. 다시 말해 이 장에서는 '푸틴주의'가 일반적인 하이브리드 체제를 대체하기보다는, 그 하위 개념의 성격을 띠면서도 그 자체로 독특함이 있다는 의미에서 푸틴 지배하의 러시아 정치체제를 '러시아적 하이브리드' 체제로 보고 '푸틴주의'의 특성과 그 등장 배경을 분석해 보고자 한다.

3. '푸틴주의'의 특성: '러시아적 하이브리드' 체제

앞서 지적한 바와 같이, 18년에 걸친 푸틴의 통치체제와 리더십은 시간의 변화에 따라 상당한 편차를 노정해 왔다. 다시 말해, 집권 1기에는 상대적으로 자유주의적이고 온건한 리더십을 나타냈던 푸틴은 집권 2기 이후 점차적으로 크렘린으로의 권력 집중과 시민사회에 대한 통제를 더욱 강화시켰다. 그러한 경향은 메드베데프 대통령 시기에 자유주의와 현대화 담론이 떠오르면서 다소 완화되었다. 그러나 푸틴-메드베데프 탠덤(tandem) 체제가 사실상 종식된 2011년 12월 국가두마 총선 직후에 터져 나온 푸틴 반대 시위 이후, 크렘린 당국은 시민적 자유를 더욱 제한하고 전통적 가치를 강조하는 등 보수적인 사회 분위기 조성과 함께 시민사회에 대한 통제를 강화하는 일련의 조치를 취함으로써, 러시아에서 권위주의 색채는 더 짙어졌다. 또한 엘리트뿐 아니라 대중의 이익과 요구를 중재하고 해결하는 국정의 최종적 해결사로서 푸틴의 역할이 더욱 두드러지게 되었다. 말하자면, 앞장에서 서술한 바와 같이 이러한 권위주의적 통제는 일반적인 하이브리드 체제의 특성을 넘어 푸틴의 러시아에서만 독특하게 작동하는, 그러한 형태의 권위주의적 성격을 나타내 왔다. 러시아 국내외의 다수 분석가들은 이와 같은 러시아적 권위주의 체제를 '푸틴주의'로 부르고 있다.[8] 이 푸틴주의의 주요 특징은 다음과 같이 정리될 수 있다.

---

8) Эмиль Паин, "Политический режим в России 2000-х гг.: особенности наследственные и приобретенные," https://cyberleninka.ru/article/politicheskiy-rezhim-v-rossii-2000-h-gg-osobennosti-nasledstvennye-i-priobretennye(검색일: 2018.6.30); Gudkov, 2011: 21~47; Fish, 2017: 61~75; Colton, 2017: 8~18.

1) 권위주의적 속성

푸틴주의는 기본적으로 푸틴 개인의 정치적 권위와 영향력에 크게 의존하는 권위주의 통치체제를 바탕으로 한다. 푸틴의 집권 2기가 시작된 이래 러시아의 정치과정에서 자유경쟁과 다원주의는 제한되고 국가권력은 대통령을 정점으로, 중앙정부에서 지방자치 조직에 이르기까지 서열·계층화 구조를 이루게 되었다. 러시아의 정치체제는 외형적으로 삼권분립과 절차적 민주주의를 허용하는 장치를 갖추어 왔다. 그러나 실제로는 수직계열화된 국가권력의 구조 속에서 크렘린이 의회 및 사법부뿐만 아니라 기업과 시민 사회조직들까지 사실상 장악해 왔다는 점에서 푸틴의 통치체제는 권위주의적 성격이 있음이 명백하다. 예를 들어, 푸틴은 자신의 세 번째 임기를 시작하자마자 자신과 자신의 정부에 대항하는 행위를 억제하기 위한 법률을 잇달아 공표했다. 2012년 6월 9일 '집회 및 공무집행 방해에 관한 개정 법률'과 '집회 및 시위에 관한 개정 법률'이 대통령의 서명을 거쳐 발효되었다.[9]

푸틴은 '법의 지배'를 원칙으로 내세웠지만, 2003년 유코스 사태 등에서 나타나는 바와 같이 정적을 다루는 방식에서는 "법의 선별적 적용"을 밀고 나감으로써 실재적·잠재적 반대 세력을 제압하고 자신의 권력 기반을 공고하게 다져왔다(Popova, 2017: 64~75). 그리고 블라디미르 푸틴이 자신의 대중적 인기와 카리스마를 기반으로 의회나 사법부 등 국가조직은 말할 것도 없고, 언론 및 시민단체 등 그 어떤 사회적 행위자들로부터도 별다른 견제를 받지 않고 국정과 사회 전체에 대해 절대적인 영향력을 행사하고 있다는 점

---

9) 새로운 '집시법'에 따르면 불법시위를 조직하거나 가담한 사람은 1000루블에서 평균 근로자 연봉보다 많은 최고 30만 루블에 이르는 벌금형에 처하도록 되어 있다(Sputnik, 2012).

에서, 이러한 푸틴의 권위주의 체제는 '일인 전제정치(personalist autocracy)'의 속성이 있다(Fish, 2017: 62). 더 나아가 푸틴의 집권 후반부로 접어들수록 푸틴에 대한 개인숭배 경향마저 나타났다.[10] 이러한 속성은 정책 결정의 효율성과 일관성을 제고할 수 있다는 장점이 있다. 그러나 이와 같은 구조에서 생겨나는 정책의 부정적 파급효과는 결국 최고 지도자에게 부담으로 돌아갈 가능성이 높다는 점에서, 중장기적인 관점에서는 체제 안정성이 흔들릴 가능성을 배제하기 어렵다.

2) 절차적 민주주의의 요소

푸틴주의가 전통적인 권위주의와 뚜렷한 대조를 이루는 부분 가운데 하나는 푸틴 정권이 민주주의의 외피를 유지하고 '법의 지배' 원칙을 강조해 왔다는 점이다. 푸틴은 기본적으로 전임자 옐친이 도입한 절차적 민주주의의 틀을 유지하는 입장을 취해왔다. 예컨대 푸틴은 최고 지도자가 된 이래 2018년까지 다섯 차례에 걸쳐 실시된 대통령 선거와 네 차례의 국가두마 의원 선거를 한 번도 취소하거나 연기하지 않고 일정에 따라 실시함으로써 절차적 민주주의의 외형을 준수해 왔다. 또한 푸틴은 스스로 '법의 지배'를 강조해 왔으며 2008년 대통령 선거 재출마를 위한 헌법 개정을 단행할 것이라는 러시아 국내외의 예상과는 달리 스스로 대통령직에서 물러남으로

---

10) 예컨대 푸틴은 자신이 직접 참여하는 스포츠 이벤트를 벌임으로써 스스로 강한 지도자의 이미지를 부각시키려고 했다. 구체적인 예를 들면, 2015년 5월 17일 푸틴을 비롯한 고위 관리와 대기업 총수로 구성된 팀은 전직 프로 아이스하키 리그의 스타플레이어들로 구성된 팀과 아이스하키 경기를 벌였다. 이 경기에서 푸틴 팀이 NHL 팀을 18 대 6으로 격파했는데, 푸틴 혼자서 8득점을 기록했다. 권력 당국은 이를 통해 푸틴을 강력하고 카리스마 넘치는 지도자로 부각시키려 했다. 또한 같은 달 카자크족의 한 단체는 푸틴의 고향인 상트페테르부르크에 푸틴의 흉상을 세움으로써 푸틴에 대한 '존경'을 표시하기도 했다. 특히 2014년 크림반도 병합 이후에는 애국주의의 강조와 함께 '지도자' 푸틴에 대한 개인숭배 분위기가 고조되었다(*The Guardian*, 2015.5.17).

써 현행 헌법을 준수하는 모양새를 나타냈다. 물론 푸틴 시기 러시아에서 치러진 대부분의 선거는 기울어진 운동장에서 펼쳐진 정치적 행사였다. 푸틴 집권 이후 러시아의 선거판에는 특정 야권 후보의 등록 거부, 여권 후보의 빈도 높은 언론 노출, 정치자금 운용 차별, 관권선거 자행 등 매우 다양한 형태의 불공정 관행이 존재해 왔다. 그런데도 법과 제도적인 절차에 따라 선거가 주기적으로 그리고 노골적인 선거 조작 논란 없이 치러져 왔다는 점은 푸틴의 러시아를 1990년대 이전의 소련체제와 근본적으로 차별화 시키는 요소라고 할 것이다(Colton and McFaul, 2003: 12~21).

그러나 2004년의 주지사 직선제 폐지, '정당법' 개정,[11] '공공심의원 (Общественная палата)'의 설립[12] 등은 정치적 경쟁의 공정성을 약화시키고 대의제 민주주의와 헌정주의를 침해했다는 비판을 받았다.[13] 또한, 크렘린은 2000년대 초반에 대부분의 텔레비전 방송사들을 국영화함으로써 언론에 대한 통제를 강화했다. 이러한 조치는 민주주의의 핵심 가운데 하나인 국민들의 알 권리를 왜곡하고 건전한 여론의 형성을 제약하는 결과를 낳았다. 더군다

---

11) 2004년 10월에 의회를 통과해 2006년 1월부터 시행된 개정 '정당법'에 따르면, 정당 등록을 위해서는 절반 이상의 연방주체에 지구당을 두어야 하며, 각 지구당에는 500명 이상의 지구당원이 있어야 하고, 총 5만 명의 당원을 보유해야 한다고 규정했다. 크렘린은 이를 통해 정당의 난립을 막고 의회에 대한 영향력을 증대시키고자 했다(Sakwa, 2008: 143~144).

12) '공공심의원'은 2004년 베슬란 초등학교 인질 테러 사건 이후 푸틴이 제안한 여러 정치개혁 조치 가운데 하나로, 정부와 시민사회의 가교 역할을 하는 동시에 각계의 다양한 의견을 정부에 전달하고 이를 법과 정책으로 발전시킬 수 있는 통로 기능을 수행하기 위해 만들어졌다. 총 126명의 위원으로 구성되는 공공심의원은 대통령이 42명의 위원을 임명하면, 그들이 다시 42명의 위원을 선출하고, 이 84명의 위원들이 나머지 42명을 선출하도록 되어 있다. 이 기관은 2005년 7월 1일에 출범했다. 그러나 일부 전문가들은 크렘린이 공공심의원을 설립한 것은 시민사회의 다양한 목소리를 반영한다는 명분으로 오히려 의회의 기능을 잠식하거나 대체함으로써, 러시아연방의 헌정주의 (constitutionalism)를 저해했다고 비판한다(Sakwa, 2011: 48~49).

13) 그러한 절차적 민주주의 제약 조치의 심각성을 강조하는 일부 분석가들은, 푸틴 2기가 끝날 무렵인 2008년경에 러시아에서 선거를 통해 엘리트들이 경쟁을 펼치는 '슘페터식 민주주의'는 종식되고 '완전한 권위주의(full authoritarianism)' 시대로 접어들었다고 평가하기도 한다. 그러한 평가에 대해서는 지머만(Zimmerman, 2014: 256~266) 참조.

나 정부의 정책에 비판적인 언론인들은 여러 가지 불이익을 받거나 심지어 의문사를 당하는 경우도 빈번히 일어났다. 체첸에서 벌어진 인권유린 실태를 취재한 ≪노바야가제타≫ 소속 폴리트콥스카야(Анна С. Политковская) 기자가 2006년 10월에 살해된 것이 그 대표적인 사례이다(Oates, 2014: 130~144).

또한 법치의 영역에서도 논란이 존재해 왔다. 푸틴은 '법의 독재자'라고 불릴 정도로 스스로 법치주의를 강조해 왔다(Wall Street Journal, 2000.12.21; Partlett, 2012.2.28). '법의 독재'는 표면적으로는 법의 공정하고 투명하고 엄격한 집행을 의미한다. 그러나 푸틴 정권이 강조하는 '법의 독재'는, 지도부가 다양한 견해의 수렴과 토론을 거쳐 결정한 정책은 그것에 대한 비판과 이견 없이 집행되어야 한다는 의미를 담고 있다(Mendras, 2012: 192~195). 푸틴체제의 법치주의 담론은 거기에 그치지 않고 법을 권력 당국의 정치적 목적에 따라 편의적으로 적용함으로써 그것을 정권의 목적에 악용해 왔다는 비판을 받아왔다. 예컨대 2003년 유코스(Yukos) 사건처럼 일부 올리가르히(oligarch)에 대해 강도 높은 수사와 사법처리를 강행하고, 2013년 야권 지도자 알렉세이 나발니(Alexey Navalny)에게 공금횡령죄를 적용해 중형을 선고하는가 하면, 2012년 2월 모스크바 구세주 성당에서 기습 공연을 펼친 여성 펑크록 그룹 '푸시 라이엇' 멤버들을 훌리건 혐의로 실형을 언도한 일 등은 당국이 정치적 목적에 따라 법을 선별적으로 적용했다는 논란을 빚었다. 왜냐하면 러시아 사법 당국은 대개 다른 유사한 사건들은 문제 삼지 않거나, 이 사례들보다 훨씬 가벼운 처벌을 내렸기 때문이다(Popova, 2017: 67). 이렇듯 푸틴 정권하에서 '법의 지배'가 제대로 지켜지지 않음으로써, 러시아의 정치체제는 절차적 민주주의를 뿌리내리지 못하고 오히려 권위주의적인 성격을 짙게 드리웠다(이선우, 2017: 49~72).

3) 국가자본주의적 요소

푸틴주의는 시장경제의 뼈대를 유지하면서도 전반적으로 경제에 대한 국가의 영향력과 통제를 강화하는 특징을 보인다. 우선 푸틴 정권은 에너지·자원 산업 등 국가 기간산업이 어느 특정 개인에 속해서는 안 되며 국가와 국민 전체에 귀속되어야 한다는 믿음이 있다. 2003~2004년에 일어난 유코스 사건을 전후해 재국유화가 본격적으로 이루어졌다. 다른 한편으로 푸틴은 미래성장동력을 이끌 수 있는 신기술 기반 산업을 장려함으로써 러시아의 새로운 성장동력을 창출하고자 했다. 그러한 목적을 위해 2000년대 중반 이래 국가법인(state corporation)을 설립해 우주, 에너지, 첨단 기술, 금융 부문 등 주요 기간산업에서 국가의 역할을 강화하고자 했다. 예금보험공사, 대외경제은행(VEB), 러시아원자력에너지(Rosatom) 등이 그것이다.

푸틴 정권은 이처럼 산업의 재국유화와 새로운 국영기업 및 국가법인의 창출을 통해 국가 주도의 경제성장을 촉진시키고자 했다. 다른 한편으로 푸틴 정권은 자신을 지탱하는 핵심 엘리트들, 즉 실로비키와 시빌리키 출신 엘리트들에게 주요 국영기업의 경영을 맡김으로써, 그들이 정치적 영향력뿐만 아니라 경제적 자원에 대한 접근·통제권을 획득할 수 있도록 허용했다. 그 대가로 크렘린은 그들의 충성을 확보해 왔고, 그렇게 함으로써 푸틴 체제는 경제에 대한 국가의 통제를 강화해 왔다. 이뿐만 아니라 푸틴은 이 과정을 통해 지배 엘리트들과 후견-피후견 관계를 형성함으로써 견고한 권력 기반을 마련하고, 스스로 엘리트들 간의 균형과 상호 견제를 유지하는 중재자 역할을 맡게 되었다(Hale, 2017: 30~40).

그 결과로서 푸틴 시기에 러시아 경제의 '국가자본주의화' 경향이 두드러졌던 것이다. 그리하여 2015년 무렵이면 러시아 경제의 55%가 국가의 수중에 놓이게 되었으며 전체 노동력의 28%에 해당하는 2000만 명의 노동자들이 국가 부문에 소속되어 일했다(Aven, 2015: 37~38). 특히 에너지, 교통, 미디어 부문에서 국가의 소유 지분이 점차 증가했다. 또한 석유, 가스 등 에너지 부문에서 국가 통제력 강화가 전략산업의 수출을 대외정책의 영향력 증대와 연계시키는 전략과 맞물려 추진되었다(Djankov, 2015: 1~8).

4) 현상 유지와 보수주의의 요소

푸틴주의는 현상 유지(status quo)와 보수주의의 성격을 띤다. 소련의 붕괴와 혼돈의 1990년대를 목도한 푸틴은 정치·사회적 안정을 가장 중요한 덕목으로 간주하는 경향을 보여왔다. 따라서 그는 마르크주의에 입각한 혁명적인 변화는 물론이고 '발전주의(developmentalism)' 국가들이 보여주었던 급속한 경제성장도 바람직하지 않은 선택으로 간주했다. 안정을 우선시하는 푸틴 정권의 입장에서 본다면, 한국·싱가포르·타이완 등 동아시아 국가들이 추구했던 발전주의 경로는 경제성장과 더불어 막강한 영향력을 지닌 경제 엘리트, 두터워진 중산층, 조직화된 노동 세력 등이 등장함으로써, 그들이 통치 엘리트에게 적지 않은 정치적 도전이 될 수 있다는 것이다. 그러한 측면에서 푸틴의 정치적 접근 방식은 '반혁명주의(anti-revolutionism)'이다 (Sakwa, 2017: 17).

푸틴 정권의 그러한 안정 지향적 성향은 에너지자원에 의존하는 러시아의 산업구조에서 기인하는 바도 크다. 푸틴의 러시아는 석유·가스에 의존하는 산업구조를 근본적으로 혁신하는 대신에 기존 산업구조에 기대어 지대를 추구하는 경제 엘리트 및 통치 엘리트 구조를 그대로 유지시켜 줌으로써, 그들의 충성을 이끌어내는 한편으로 그들에게 의존함으로써 권력 기반을 유지해 왔다(Fish, 2017: 62). 경쟁과 투명성이 결여된 정권과 엘리트 간의 그러한 상호 의존 관계는 기존의 의사결정 구조를 온존시킬 뿐 아니라 광범위한 '부패 네트워크' 생성에 기여했다(Mendras, 2012: 255). 이뿐만 아니라 천연자원 채굴·수출 중심의 러시아 경제는 크렘린을 정점으로 하는 통치 엘리트들에게 재정·금융 자원을 집중시킴으로써, 다수 시민들의 권력 당국에 대한 경제적 의존도를 높였다(Inozemtsev, 2017: 80~85).

또한 푸틴체제는 대중에게 일정한 복지 혜택과 경제적 이익을 제공해 주는 대신 그들의 정치참여를 제한하는 정책을 펼쳐왔다. 이러한 측면에서 푸틴주의는 과거 소련 시기의 레오니트 브레즈네프(Leonid Brezhnev)가 채택했던 현상 유지 정책과 상당히 유사한 측면을 보여주고 있다. 말하자면 권력 당국과 엘리트, 권력 당국과 대중 간에 일종의 묵시적인 사회계약이 존재하고 있다. 그러한 현상 유지가 오랜 기간 지속될 경우 그것은 부패와 도덕적 해이 현상을 가져올 가능성이 높고, 이는 결국 체제의 활력과 발전 가능성을 떨어뜨린다. 다른 한편으로 국가가 그러한 사회계약을 유지할 만큼 충분한 복지와 물질적 보상을 제공하지 못할 경우, 사회계약에 입각한 정권과 엘리트, 정권과 대중의 관계에는 긴장과 갈등이 형성될 가능성이 높아질 수 있다.[14)]

한편 푸틴주의는 사회적 보수주의 색채를 띤 포퓰리즘의 성격을 지니고 있다. 푸틴은 집권 2기 이후 전통적인 가치를 강조함으로써, 그것을 대중으로부터 지지를 획득하는 원천으로 삼아왔다. 예를 들면, 푸틴 정부는 현대 서구 사회와 달리 동성애자 등 성소수자에 대해 부정적 가치관을 강조하는

---

14) 푸틴 정부는 시장경제 발전에 대응해 복지 체계를 개선하고자 복지 시스템의 개혁을 시도했다. 그 일환으로 러시아 정부는 2005년 1월부터 연금생활자 및 취약 계층에게 제공하던 무료 교통 이용 등 복지 혜택을 폐지하는 대신, 그것을 대체해 일정 한도의 현금을 지급하는 방식을 도입하려고 했다. 그러나 많은 연금생활자들은 이 제도의 도입을 위한 입법 과정이 진행되던 2004년 봄부터 이듬해 여름까지 러시아 전역에서 420여 건의 시위를 벌이면서 이 '복지의 현금화' 정책에 강하게 반발했다. 이러한 연금생활자들의 거센 항의 끝에, 러시아연방 정부는 현금 지급 액수를 늘리는 등 복지의 현금화 정책을 상당 부분 수정하지 않을 수 없었다(Maltseva, 2016: 229~256).

한편 가장에 의한 가정폭력 등에는 관대한 정책을 펼침으로써, 러시아가 '퇴폐적이고 개인주의적이며 물질주의적'인 서구 문명에 대한 대안으로서 가치와 전통을 지켜나가야 한다고 강조해 왔다.[15] 말하자면 푸틴정부는 서구의 다문화주의, 페미니즘, 동성애 등 포스트 모더니즘적 가치를 비판하고, 그 대안으로 러시아정교와 러시아의 전통적인 가족 가치 등을 부각시키는 행보를 보여왔다(Kaylan, 2014.5~6: 9~17).

성소수자의 활동을 제약하는 법안이 그중 하나이다. 2013년 6월 30일에 발효된 이 법안의 정식 명칭은 '전통적 가족 가치 부정을 옹호하는 행위로부터 어린이들을 보호하기 위한 법률'(일명 '게이 선동법')이다. 이 법은 레즈비언, 게이, 양성애자, 성전환자 등 성소수자들의 공개적인 활동을 규제하기 위해 마련되었다. 서방측은 이 법률을 표현의 자유를 억압하는 악법이라고 비판했다.[16] 푸틴은 이런 식으로 러시아 역사와 전통의 수호자로서 이미지를 확보하는 데 성공했고, 이는 자신의 권위주의 통치에서 핵심적 요소로 작용해 왔다.

5) 국내 정치의 연장으로서 대외정책 요소

푸틴주의는 대외정책을 권력 당국의 정당성 제고에 적극적으로 활용하는 경향을 나타낸다. 달리 말해, 푸틴은 국민들을 결집시키고 자신에 대한 반대를 희석시키기 위해 '러시아의 적들(Russia's enemies)'을 부각시키거나

---

15) 2012년 12월 연례 국정연설에서 푸틴은 특히 자라나는 어린이들에게 '전통적 도덕 가치'를 잘 교육시켜야 한다고 역설했다(Putin, 2012.12.12).

16) 이 법의 정식 명칭은 다음과 같다. Законопроект № 44554-6 ≪О внесении изменений в статью 5 Федерального закона "О защите детей от информации, причиняющей вред их здоровью и развитию" и отдельные законодательные акты Российской Федерации в целях защиты детей от информации, пропагандирующей отрицание традиционных семейных ценностей≫.

만들어냈다(Grodsky, 2018.5.22). 사실 푸틴은 처음 권좌에 오를 무렵부터 러시아의 강대국 재부상을 핵심적인 국정 목표로 내걸었다. 이를 위해 푸틴은 내부적으로 국가권력을 집중시키는 한편, 과학기술과 경제발전을 촉진시킴으로써 강대국 건설의 토대를 구축해야 한다고 강조했다(Putin, 2005: 221~234).

한편으로 푸틴의 러시아는 스스로를 서구에 의해 '포위된 요새(besieged fortress)'로 인식한다. 다시 말해 푸틴과 그의 측근들은 러시아 국민들과 세계를 향해, 러시아가 미국을 비롯한 서방으로부터 끊임없이 압박받고 안보를 위협받아 왔다고 주장해 왔다(Evans, 2015: 401~426). 이러한 사회적 분위기는 2014년 2월의 소치 동계올림픽과 3월에 이루어진 크림반도 병합 이후에 더욱 공고화되었다.[17] 러시아의 지도자들과 대중은 서구 세력들로부터의 위협을 우크라이나 위기의 원인으로 지목한다. 그뿐만 아니라 러시아인들은 크림반도 병합 이후 미국 등 서방국가들의 러시아에 대한 제재 조치도 러시아에 대한 그와 같은 압박과 고립 시도로 간주한다. 따라서 그들은 서구와는 다른 독립적이고 독자적인 발전의 길을 추구해야 한다고 생각한다. 이러한 입장은 안으로 크렘린에 대한 지지와 충성을 유도하고 밖으로는 서방과 맞서는 강대국 외교 노선을 고무시킨다.[18] 예컨대 크림반도 병합 직전인 2014년 1월 65%에 머물던 푸틴의 지지율은 같은 해 6월 86%로 급등해, 이후 수년간 안정적으로 유지되었다.

---

17) 예컨대 1989년에 실시된 여론조사에서는 13%의 응답자만이 '여러분의 조국이 적들에게 포위되어 있다고 보는가'라는 물음에 긍정적으로 답했다. 그러나 2014년 5월에 실시된 조사에서는 무려 89%의 응답자가 그렇다고 대답했다(Гудков, 2014: 138).
18) 그러한 측면에서 한 분석가는 모스크바의 크림반도 병합을, 1991년부터 유지되어 왔던 러시아의 서방에 대한 협력 행보에 종언을 고한 사건이라고 간주한다(Shevtsova, 2015: 171~182).

6) 대안적 발전경로로서 '유라시아주의'의 비전

푸틴의 러시아는 이 같은 독립·독자 발전 노선의 구체적 대안으로 레프 구밀료프(Лев Н. Гумилев)를 비롯한 일부 사상가들이 주창한, 유라시아주의에 입각한 유라시아 통합을 향후 러시아 국가 발전의 중심축으로 설정하고 있다. 유라시아주의는 유럽과 아시아를 아우르는 대륙국가로서 러시아가 동서양 문명을 이어주는 가교 역할을 맡아야 한다고 주장한다. 유라시아주의는 이 가교 역할의 적임자로 러시아를 내세운다. 그 이유는 러시아가 서구 문명과는 다른 독자적인 문명을 지니고 있을 뿐만 아니라 다양한 인종을 포함하며 지정학적으로도 다양한 문명을 아우르는, 독특한 '제국적' 지위에 있기 때문이라는 것이다. 이 논리에 따라, 러시아는 유라시아 대륙에서 일어나는 군사적 갈등을 중재하고 해결할 수 있는 특별한 사명을 띠고 있다는 것이다(Tsygankov, 1998: 315~334; Paradowski, 1999: 19~32).

그런 속성의 유라시아주의가, 서구의 자유주의와 개인주의에 맞서는 대안적 가치와 정치 공동체 건설을 염두에 두고 옛 소련 지역을 통합하려는 러시아 지도자들의 관심을 끌게 된 것은 전혀 놀라운 일이 아니다. 푸틴은 자신의 집권 3기 출범을 앞두고 옛 소련 지역을 자신의 주도로 통합하기 위해, '유라시아경제연합(EAEU)'을 출범시켜 포스트소비에트 국가들 사이의 통합을 제도화하려는 노력을 경주해 오고 있다. 푸틴은 크림반도를 병합한 2014년 말에 행한 대의회 연례 국정연설에서 "유라시아경제연합은 각 회원국의 주권과 국가이익의 보전뿐만 아니라 평등, 실용주의 그리고 상호신뢰의 원칙에 입각해 조직되었다"고 강조했다(Putin, 2014.12.4). 푸틴의 러시아는 유라시아경제연합을 통해 자신의 주도하에 포스트소비에트 지역을 통합함으로써 글로벌 강대국을 향한 발판을 마련하는 한편, 유럽연합에 맞설 수 있는 지역통합체를 건설함으로써, 그를 통해 서구적 발전 경로에 대한 대안적 발전 모델(더 나아가 서구 문명에 대한 대안적 문명)의 구축을 도모하고 있는 것으로 보인다. 그러나 이러한 러시아의 계획은 2014년 크림반도 병합에 반발해 서방국가들이 취한 대러 경제제재 조치와 국제유가의 급락에 따른 러시아 경제의 침체로 인해 커다란 도전에 봉착했다.

4. 푸틴주의의 배경

앞에서 푸틴주의의 특성을 살펴보았다. 그러면 푸틴주의라고 하는 독특한 하이브리드 체제가 러시아에서 생성되어 견고하게 자리 잡게 된 배경은 무엇인가. 다음의 몇 가지 요소를 중심으로 푸틴주의가 러시아 정치·경제·사회를 작동시키는 프레임으로 발전되어 온 맥락을 살펴보겠다.

1) 제도적 요인

최고 권력자인 대통령에게 권한을 집중시키면서 그것을 효과적으로 제어할 수 있는 견제 장치가 결여되어 있다는 제도적 특성이 푸틴주의의 주요 배경으로 작용해 왔다. 그러한 러시아 정치의 제도적인 특징은 1993년에 제정된 러시아연방 '헌법'(일명 '옐친헌법')에서 비롯된다. 제도적이고 공식적인 권한뿐만 아니라 수많은 비공식적인 권력 자원이 대통령에게 부여되어 있기 때문에 러시아 대통령제는 '초대통령제(super-presidentialism)'라고 불린다. 따라서 막강한 권한을 걸고 싸우는 '승자독식' 게임과 같은 대통령 선거에서, 승자는 막강한 권한을 갖는 반면 패자는 정치적으로 주변화 될 수밖에 없다(Huskey, 1999: 212~222). 그렇게 막강해진 대통령의 권한은 푸틴 시기에 들어와서 러시아의 국가 건설과 현대화 수행이라는 명분으로 정당성을 획득하게 되었다.[19] 실제로 현행 러시아 '헌법'은 대통령에 대한 탄핵 절차를 매우 어렵게 규정해 놓고 있을 뿐만 아니라 의회와 사법부를 압도할 만큼 강력한 권한을 대통령에게 부여하고 있으므로, 크렘린은 별다른 제약 없이 정치적 결정이나 정책을 전개하는 재량권을 발휘할 수 있다.[20]

이와 같은 대통령과 행정부의 제도적 우위를 바탕으로, 옐친 정권은 1994년 말 체첸공화국에 대한 군사 공격을 전격 단행했고, 테러분자들뿐 아니라 수만 명의 민간인을 희생시켜 많은 논란을 야기했다. 또한 푸틴 정권은 2004년 베슬란 초등학교 인질 테러 사태를 진압하는 과정에서 미숙한 대응으로 학생과 학부모 등 많은 인질을 희생시켰다. 그럼에도 크렘린 당국은 별다른 정치적 비판이나 타격을 입지 않았다는 점이다. 푸틴 정권은 베슬란 사태 이후 한 걸음 더 나아가, 주지사의 직접선거 제도 폐지 및 선거·정당법 개정을 통해 권력을 크렘린으로 더욱 집중시켰다. 또한 2016년에는 이른바 '야로바야(Яровая)법'을 제정해서 테러 예방을 명분으로 정보통신 회사의 서비스 제공에 제약을 가했을 뿐만 아니라, 사이버 공간에서 시민들의 자유로운 의사 표현을 제한했다. 이렇듯 푸틴 정권이 시민의 기본권 제약 조치를 거리낌 없이 취할 수 있었던 것은, 제도적으로 대통령의 정치 행위에 대해 견제하기 힘든 헌정 제도에 기인한다. 즉 러시아 대통령은 광범위한 재량을 갖고 있고, 탄핵을 비롯한 권력에 대한 제어장치는 상대적으로

---

19) 이렇듯 막강한 권력을 행사하면서 추진하는 현대화를 어떤 학자들은 "권위주의적 현대화 (authoritarian modernization)"라고 부른다(Kelly, 2017: 1~7).

20) 예컨대 현행 러시아 '헌법'은 대통령의 의회 해산 요건을 상대적으로 느슨하게 규정하고 있다. 반면 의회의 대통령 탄핵에 대해서는 국가두마와 헌법재판소를 모두 거친 다음 최종적으로 상원의 탄핵 결정이라는 또 다른 관문을 설치해 두었을 뿐만 아니라, 탄핵 과정을 3개월 이내에 종료하도록 함으로써 실제로 탄핵이 이루어질 가능성을 상당히 희박하게 만들고 있다. 게다가 원래 상원인 연방회의는 친크렘린 성향을 보여왔고, 국가두마 또한 점차 집권당에 지배당하는 정치 지형이 형성됨으로써, 대통령은 사실상 탄핵 걱정 없이 자신의 정책 추진과 정치적 행보에서 상당한 자율권과 재량권을 누리게 되었다(Gel'man, 2015: 10; Huskey, 1999: 37).

어려운 환경에서 통치하기 때문이다. 즉 러시아 대통령은 광범위한 제도적 재량권을 갖는 반면, 탄핵을 포함한 권력에 대한 제어장치는 상대적으로 어려운 제도적 환경에서 통치할 수 있기 때문이다.

2) 푸틴 리더십

푸틴주의는 무엇보다도 푸틴 자신의 정치적 책략과 리더십에 기인한다.

첫째, 푸틴은 강대국 러시아의 재건을 정치적 슬로건으로 내세우면서, 그러한 비전을 국가권력 강화와 중앙집권화를 강행하는 구실로 삼았다. 푸틴은 1990년대를 '비정상적'인 시기로 규정하고, '비정상의 정상화'를 국정의 기본 방향으로 삼아 국가의 힘을 강화시키고 경제발전을 도모함으로써 러시아를 강대국으로 재탄생시켜야 한다고 강조했다(Putin, 2005: 221~234). 푸틴은 이와 같은 목표 아래 우선 지방 엘리트들을 대통령과 연방정부에 복속시킴으로써 국가권력을 수직 계열화하는 데 성공했다.[21] 그는 이와 함께 정치적인 도전 세력으로 간주된 몇몇 올리가르히를 사법 처리하고 그들의 자산을 국유화함으로써, 정책결정 과정의 자율성을 높이는 한편으로 자신의 권력 기반인 통치 엘리트들에게 재분배할 자원을 확보할 수 있었다.

둘째, 푸틴 정권은 국가 주도의 현대화 담론을 강조함으로써 그를 자신

---

21) 푸틴은 대통령에 취임한 직후에 지방(연방주체)에 대한 통제력을 강화하기 위해 러시아의 89개 연방주체 전체를 7개의 연방관구로 나누고, 각 관구에 대통령 전권대표를 파견해 연방주체들과 중앙정부 사이에 소통과 정책 조율을 담당하도록 하는 '대통령포고령'을 공표했다. 또한 푸틴은 연방주체 수장들이 당연직으로 겸직하던 연방 상원의원 선임 제도를 변경하는 한편, 연방 법률을 위반하는 주지사를 해임할 수 있도록 함으로써 크렘린의 권력을 강화시켰다. 더 나아가 푸틴 정부는 각 연방주체가 갖고 있던 각종 법령들이 연방 '헌법' 및 법률에 저촉될 경우, 그것을 무효화함으로써 단일한 법체계를 갖추도록 했다. 그 밖에도 공화국 수장들이 쓰던 '대통령'이라는 명칭을 비롯한 지역 엘리트들의 각종 특권과 혜택을 철폐하는 조처를 취했다. 푸틴은 그러한 과정을 통해 1990년대에 분산된 국가의 권력을 크렘린을 정점으로 하는 엄격한 위계 구조의 틀 속에서 재정비했다. 이에 대한 자세한 설명은 포르투나토프(Фортунатов, 2017: 454~456), 슬라이더(Slider, 2014: 157~172) 참조.

의 지지 기반 확대와 정당성 확보에 활용해 왔다. 이 담론은 '강한 러시아' 를 위해서는 국가 건설과 함께 경제의 현대화를 추진해야 한다는 과제와 동일시되었다. 러시아가 강대국으로 도약하기 위해서는 국가 주도의 경제 건설을 효과적으로 추진해야 한다는 것이다. 이를 위해 안으로는 다양한 사회세력으로부터 국가권력이 자율성을 확보해야 하며, 밖으로는 외세의 간섭과 압력으로부터 자유로워야 한다는 것이다. 푸틴 정권은 이러한 논리에 바탕을 둔 '주권민주주의(sovereign democracy)'를 내세워 안으로는 시민사회와 개인에 대한 국가의 영향력을 강화하고 밖으로는 서방의 대러 영향력 행사에 대한 적극적 대응을 강조해 왔다.[22]

셋째, 푸틴 정권은 통치 엘리트 그룹 내의 균형을 적절히 유지함으로써 자신의 권력 기반을 관리해 왔다. 구체적으로, 푸틴은 정보·공안 부서 출신의 엘리트인 실로비키(силовики)와 민간 전문가 출신 엘리트 시빌리키(цивилики) 그룹 사이의 세력균형을 유지함으로써 자신의 영향력을 극대화하려고 했다. 다양한 엘리트 분파 간의 이해 충돌이 일어날 경우, 푸틴은 스스로 중재자 역할을 맡음으로써 엘리트 간 갈등이 체제 위기로 번지는 것을 막는 한편, 자신에 대한 통치 엘리트들의 확고한 지지를 유지해 왔다.[23] 이 과정에서 크렘린과 정치·경제 엘리트 그리고 엘리트 자신들 사이에 상호의존적 네트워크가 구축되었다. '트리키타(Три кита)'라는 가구회사의 관세포탈 사건[24]에서 보듯이 때때로 엘리트 분파 간 갈등이 노출되기도 했지

---

22) 2006년 2월 푸틴의 측근 중 하나인 블라디슬라프 수르코프(Vladislav Surkov)가 '통합러시아'당의 집회에서 제안한 개념이다. '주권민주주의'는 서방의 영향을 받은 반정부 세력이 러시아의 정치적 안정을 해치는 것을 막고 기존 집권 세력의 권력 기반을 강화하기 위해 국가의 주권과 사회에 대한 국가권력의 우위를 강조하며 경제 부문에 대한 국가 통제를 정당화하는 한편, 국제무대에서 러시아가 강대국의 지위를 회복하고 민족주의를 유지해야 한다는 내용을 담고 있다(Sakwa, 2014: 22).
23) 리처드 삭와(Richard Sakwa)는 이를 '내적인 등거리 용인술'이라고 이름 붙이기도 했다(Sakwa, 2011: 109).

만, 크렘린 측은 선별적 처벌 정책을 통해 그들 간에 '강요된 합의'를 이끌어냄으로써 그러한 분파 갈등을 관리해 나갔다(Gel'man, 2005: 242). 이처럼 푸틴 체제는 엘리트 분파들 간의 균형 유지에 노력을 기울이는 한편, 그 균형 상태를 깨뜨리지 않는 범위 내에서 엘리트들이 음성적으로 이권을 추구하는 관행을 묵인해 주었다.

그렇기 때문에 푸틴 통치하에서 때때로 '반부패 캠페인'이라는 정치적 수사가 내세워짐에도 불구하고, 엘리트에 의한 광범위한 부패 네트워크가 존재하는 것으로 알려져 있다. 앞에서 푸틴주의는 '일인 전제주의'의 성격을 띤다고 지적했거니와, 이라크의 사담 후세인(Saddam Hussein), 칠레의 아우구스토 피노체트(Augusto Pinochet) 등 몇몇 권위주의 국가의 사례를 보더라도, 일인 독재체제에서는 체제 유지를 위해 폐쇄적이고 불투명하며 경쟁이 결여된 정책 결정 과정을 나타냄으로써 후견-피후견 네트워크가 형성되기 쉽다(Baturo and Elkink, 2016: 75~98). 푸틴의 러시아도 그런 특성을 잘 보여준다. 푸틴의 핵심 측근[25]을 비롯한 실로비키 및 시빌리키 그룹과 유력 정치인들은

---

24) 2000년 8월에 불거진 '세 마리 고래'라는 이름의 수입가구 판매회사의 밀수 및 관세 포탈 사건을 둘러싸고, 러시아 관세청·마약통제국과 연방보안청(FSB)·연방검찰청 사이에 일어난 일련의 파벌 투쟁을 일컫는다. 이 갈등의 배후에는 대통령 경호실장 빅토르 졸로토프(Виктор Золотов) 및 연방마약통제국장 빅토르 체르케소프(Виктор Черкесов)와 푸틴 측근인 로스네프트의 이고르 세친(Игорь Сечин) 및 FSB의 니콜라이 파트루셰프(Николай Патрушев) 사이의 파워게임이 작용한 것으로 알려졌다. 초기에 세친 그룹 쪽으로 유리하게 기울던 이 사건은, 연방마약통제국장 체르케소프에게 힘을 실어줌으로써 FSB를 자신의 온전한 통제하에 두고자 했던 푸틴의 암묵적인 지지에 힘입어 관세청이 처음에 제기했던 관세 포탈에 대한 책임이 강조됨으로써, 2006년경에 체르케소프 측의 판정승으로 끝나게 되었다. 이 사건에 관련된 실로비키 파벌 경쟁에 대해서는 레다웨이(Reddaway, 2018: 11~21) 참조.

25) 푸틴의 핵심 측근으로는 대통령과 가장 가까운 수십 명의 측근 인사들(고위 관료, 공기업 대표, 대기업 총수 등)과 법조계, 실로비키 그룹, 정·재계 및 테크노크라트 그룹, 의회의 야당 지도자 및 약간 명의 주지사를 꼽을 수 있다. 민첸코(Минченко) 컨설팅사의 분석에 따르면, 2012년 여름 무렵 푸틴의 최측근 인사로는 메드베데프 총리를 비롯해 그와 거의 동등한 영향력을 지닌 엘리트로서 이고르 세친(Игорь Сечин) 로스네프트 이사회 의장, 세르게이 체메조프(Сергей Чемезов) 로스텍 이사회 의장, 세르게이 이바노프(Сергей Иванов) 대통령행정실장, 뱌체스라프 볼로딘(Вячеслав Володин)

푸틴을 중심축(hub)으로 푸틴과 수직적인 관계를 맺는 동시에 엘리트 상호 간에 수평적인 연결망을 형성하면서, 때로는 각각의 엘리트가 상대적으로 소규모의 독자적이고 수직적인 후견-피후견 관계를 형성하고 있다.[26]

대다수의 러시아 지배 엘리트들은 기업인들로부터 상당한 액수의 자금을 받고 그들의 이권을 챙겨주는 방식의 일명 '시스테마(систeма)'라고 불리는 거대한 공생관계 네트워크를 형성하고 있다고 알려져 있다. 이 같은 관행은 모스크바공국 시기인 이반 3세의 치세 무렵부터 국왕에 대한 봉사의 대가로 귀족들에게 부여되었던 평민들로부터의 자원 수취 특권(кормление, feeding)과 소련 시대에 노멘클라투라 계층이 누리던 특권 등의 전통과 직간접적으로 연관되어 있다(Ledeneva, 2013: 1135~1162). 기본적으로 그러한 후견-피후견 관계의 광범위한 네트워크는 푸틴의 통치를 떠받쳐 주는 기둥 역할을 한다. 이와 같은 후견-피후견 네트워크는 정책결정 과정에서 경쟁과 투명성을 제약함으로써 러시아가 필요로 하는 '현대화'를 위한 효율적이고 전향적인 정책의 제안과 실행을 어렵게 만들 가능성이 높다고 할 것이다.

넷째, 푸틴은 '법치주의'의 외피를 유지함으로써 정치적 정당성을 확보하는 데 성공했다. 취임 초부터 푸틴은 스스로 '헌법'을 개정하지 않을 것이며 '헌법' 조항들을 준수할 것이라고 여러 차례 천명했다(Sakwa, 2010: 29). 시민사회가 무력화되고 반대 세력이 약화된 정치 지형하에서도 푸틴은 절

대통령행정실 부실장, 세르게이 소바닌(Cepгей Coбянин) 모스크바 시장, 겐나디 팀첸코(Геннадий Тимченко) 군보르(Gunvor) 그룹 회장, 유리 코발추크(Юрий Ковальчук) 로시야 은행 회장, 아르카디 로텐베르크(Аркадий Ротенберг) 등이 거론되었다. 또한 그해 연말경에는 세르게이 쇼이구(СергейКу Шойгу) 국방장관이 푸틴의 최측근 실세 그룹에 합류한 것으로 평가되었다(Minchenko Consulting, 2017).

26) 그러한 푸틴의 위상으로 인해, 푸틴은 러시아의 후견-피후견 네트워크에서 가장 중요한 역할을 한다. 따라서 볼로딘 전 대통령행정실 부실장의 표현을 빌리면, "푸틴이 있으면 러시아가 존재하고, 푸틴이 존재하지 않으면 러시아도 없다"는 것이다(Baturo & Elkink, 2016: 90).

차적 민주주의의 외형을 준수하는 모양새를 취해왔다. 그것은 절차적 민주주의의 요소를 유지함으로써 권력의 안정성 유지에 필요한 정당성을 확보할 수 있기 때문이다. 푸틴 정권은 선거를 주기적으로 실시해 왔고, 다당제를 근간으로 하는 복수정당제를 제도화했으며, 의회정치의 외형을 유지해 왔다.

다섯째, 강대국주의 및 애국주의를 지지 기반의 확대·강화에 활용해 왔다. 푸틴은 국가 이데올로기로서 특정 이념을 공식적으로 주창하지는 않았다. 그러나 그는 취임 초기부터 러시아의 애국주의를 강조함으로써 그것을 국가권력 강화 논리의 보강에 활용한 것으로 보인다. 정치 이념에 관한 한, 푸틴은 집권 초기에는 실용주의적 입장을 보였으며, 이념의 비중을 최소화하려는 태도를 보였다. 집권 초기에 푸틴은 경제발전과 국력의 강화 등 국가에 의한 현대화 과정에서 조국과 역사에 대한 국민들의 자부심을 의미하는 '애국주의(patriotism)'를 강조했다(Putin, 2005: 227). 그러나 집권 후기로 접어들면서 전체 시민들을 포괄할 수 있는 애국주의, 민족주의를 통치 이념으로 적극 동원하기 시작했다. 실제로 푸틴 3기가 시작된 2012년 이후, 러시아 정부는 '집회 및 시위에 관한 법률'을 더욱 엄격히 개정함으로써 시민들의 표현의 자유에 대한 제한을 더욱 강화하고 서방의 자유주의적 요소들을 배격하는 데 앞장서는 등 점점 더 방어적 민족주의의 성격을 띠게 되었다(Ziegler, 2016: 555~573). 특히 크림반도 병합 이후에는 여론을 결집하고 크렘린에 대한 정치적 지지를 동원하는 유력한 수단으로 애국주의를 활용했다. 그리하여 푸틴을 지지하고 크림반도 병합을 찬성하는 것은 애국적이고 바람직한 태도인 반면 서방측을 지지하거나 권력 당국에 반대는 것은 비애국적이고 바람직하지 않은 태도로 규정됨으로써, 흑백논리적인 사회적 분위기가 형성되었다.

3) 대외적 환경

앞서 지적한 바와 같이 러시아인들은 일찍이 서방국가들로부터의 '부당한' 압력이 러시아의 생존과 안보에 심각한 위해를 가해왔다는 인식을 갖고 있었다. 무엇보다도, 탈냉전 초기에 미국이 중심이 되어 추진했던 중유럽·동유럽 국가들의 북대서양조약기구(NATO) 편입, 즉 나토의 동진정책이 러시아인들의 안보 불안감을 자극하고, 그들의 서방에 대한 인식을 악화시켰다. 특히 서방측이 2004년에 발트 3개국을 나토 회원국으로 받아들인 데 그치지 않고 조지아와 우크라이나로까지 나토의 영역을 확대하려 한 정책이 러시아에는 실존적인 안보 위협으로 간주되었다.

한편 2008년 8월 조지아 정부군이 압하지야와 남오세티야의 독립 요구를 제압하기 위해 군사행동을 취한 것에 반발해, 러시아가 조지아 침공을 감행한 것은 국익을 위한 정당한 행위로 간주되었다. 러시아의 이러한 공세적인 행보는 다수의 시민에게 강대국 러시아의 위상을 과시한 것으로 받아들여졌으며, 이는 푸틴의 리더십이 공고화되는 데 기여했다.

또 한편, 2000년대 중반에 조지아, 우크라이나, 키르기스스탄 등 러시아 주변국가들에서 발발한 '색깔혁명(color revolution)'은 러시아 정치의 권위주의적 성격을 더욱 강화시켰다. 주변국가들의 친서방적인 민주화 정변은 크렘린을 비롯한 러시아 통치 엘리트들에게 불안감과 함께 서방에 대한 경계심을 심어주기에 충분했다. 이른바 '색깔혁명'에 대한 그 같은 부정적 인식은 러시아의 지배 엘리트들로 하여금 양면 전략을 펼치도록 만들었다. 첫째는 시민사회에 대한 직접적인 통제 정책이다. 앞에서 언급한 바와 같이, 러시아 권력 당국은 2000년대 중반 이후 서방 정부나 비정부조직(NGO)으로부터 재정·행정적 지원을 받는 사회단체의 활동을 엄격히 규제하는 법안을 마련했다. 둘째는 서구의 정치적 영향력과 서구적 가치가 러시아 사회와 정치 과정에 스며들지 못하도록 막는, 일종의 방파제 역할을 하는 정치 이념을 확산시키는 것이었다. 2006년에 처음 선을 보인 '주권민주주의' 논리가 그것이다.

서방에 대한 러시아인들의 그러한 반감과 부정적인 인식은 2007년부터 미국과 북대서양조약기구가 체코와 폴란드에 미사일방어(MD)체계를 설치하려는 계획을 추진함으로써 더욱더 악화되었다. 더 나아가 유럽연합은 2009년부터 옛 소련 소속 국가들을 비롯한 유럽의 비회원국들과 함께 이른바 유럽적 가치의 기반 위에 협력의 틀을 만들어나가자는 '동방 파트너십(Eastern Partnership, EaP)' 프로그램을 밀어붙이는 한편, 유럽연합과 비회원국들 간에 자유무역 및 경제협력을 확대하기 위한 '협력협정(Association Agreement)' 체결을 강행했다. 이러한 유럽연합의 조치들로 인해 러시아인들은 자국의 국익이 침해되고 안보에 심각한 위협을 받게 되었다고 인식했다. 서방측과 러시아의 갈등은 2013년 말에 터져 나온 우크라이나 위기와 2014년 3월에 일어난 러시아의 크림반도 병합의 중요한 원인으로 작용했다. 크림반도 병합은 러시아 사회를 견고히 단결시켰고, 푸틴에 대한 지지율을 급격히 상승시켰다. 이러한 분위기 속에서 반서방 정서는 더욱 강화되었다. 심지어 러시아의 권력 당국에 반대하는 야권 세력이나 서방과 연계를 맺고 있는 것으로 의심되는 시민단체들이 '반역자(traitor)' 또는 서방의 '제5열'로 낙인 찍혀 법적·정치적 불이익을 받는 일이 빈번하게 일어났다(Myers, 2015: 422). 그리고 크림반도 병합 이후 취해진 유럽의 대러 제재 조치는 러시아의 엘리트와 대중이 서방에 대한 비판과 반감을 공개적으로 표출시키는 결정적인 계기가 되었다. 주목할 만한 것은 러시아의 여론 주도층뿐만 아니라, 대다수의 대중 또한 푸틴의 반서방적 행보에 자발적인 지지를 보냈다는 사실이다(Волков, 2015).

4) 러시아의 정치 문화적 요인

전통적으로 러시아 시민은 개인의 권리보다는 국가의 권력과 역할에 더 큰 비중을 두어왔다. 이러한 전통은 러시아정교회의 문화가 낳은 '소보르노스티(соборность)' 개념에 그 연원을 둔다. '소보르노스티'는 개인보다는 집단을 우선시하는 러시아정교회의 정신과 함께 제정러시아 시대 농촌공동체의 협동적인 생활에 바탕을 둔 러시아 특유의 공동체의식을 의미한다.[27] 그것은 개인주의를 반대하고 집단주의를 내세우면서 서구식의 다원주의적 대의제도를 배격한다(Sakwa, 2008: 355). 그러한 공동체의식이 군주 일인과 동일시되는 국가[28]에 대한 절대적 복종과 결합됨으로써, 개인의 권리보다 국가의 권력이 우위에 서게 되었다. 이러한 국가 우위의 정치문화는 통치 엘리트들이 국가의 이름으로 개인과 시민사회의 자유와 자율권을 유보하고 그들을 통제하는 데 유리한 환경을 부여한다고 할 수 있다. 또한 비슷한 맥락에서 러시아의 대중은 사회적 안정과 개인의 복지를 위해 국가를 이끌어나가는 그런 지도자에게 의존하는 경향을 보여왔다.

전제군주제가 타도된 뒤에 건설된 소비에트 국가체제 역시 개인보다는 공산당이라는 집단을 압도적 우위에 두는 이념과 정책을 펼쳤다. 그리하여 소련공산당은 정치·사회·경제·문화 등 모든 영역에서 모든 사회 구성원의

---

27) 이 용어를 처음 만들어 쓰기 시작한 사상가는 초기 슬라브주의자 이반 키레옙스키(Иван В. Киреевский)와 알렉세이 호먀코프(Алексей С. Хомяков)로 알려져 있다. *Wikipedia*, https://en.wikipedia.org/wiki/Sobornost(검색일: 2018.9.9).

28) 러시아에서 국가(государство)라는 말의 어원이 군주 또는 지배자(государ)라는 용어에서 비롯되었다는 것은 처음부터 러시아의 국가체제가 일인 통치체제의 성격을 띠고 있었다는 것을 의미한다. 이러한 전통 때문에 러시아 역사상 경쟁적인 선거를 통해 정권이 교체된 사례는 찾아볼 수 없으며, 저항 세력의 정권에 대한 반대는 기존 지배 세력과 대항 엘리트 사이에 대중의 지지를 놓고 벌이는 경쟁이라기보다는 단지 후자의 최고 지도자에 대한 도전으로 취급해 왔다는 것이다 (Inozemtsev, 2017: 81).

삶을 지도하는 역할을 담당했다. 그러한 공산당의 일당독재 체제는 오래전에 사라졌지만, 오늘날 러시아의 정치적 행태와 가치는 과거 소련 시대와 많이 비슷하다. 예컨대 지도자(대통령)가 대중은 물론이고 엘리트, 언론기관, 사회집단 등에 대해 통제력을 행사하는 것이 당연시되는 경향이 그것이다. 미디어 같은 공공재의 관리에서 어떠한 특정한 개인이나 집단보다는 국가 또는 국가를 대표하는 지도자가 통제력을 발휘하는 것이 정당하다는 인식이 널리 퍼져 있다. 그러한 인식은 입법, 행정, 사법, 미디어 등 모든 권력기관이 '공산당의 노선'에 의해 지도되어야 한다는 소련의 전통과 그 맥이 닿아 있다(Ledeneva, 2013: 1135~1162).

포스트소비에트 시기 러시아 시민들은 개인의 자유를 기본으로 하는 민주주의적 가치를 선호하는 경향을 보였다. 그러나 오늘날 러시아 시민들은 상당히 실용주의적인 민주주의관을 갖고 있는 것으로 보인다. 다시 말해, 자유가 자신의 물질적 복지를 저해하지 않는 범위 안에서 민주주의를 지지한다는 것이다. 만약 시민적 자유의 증대가 사회적 혼란과 개인의 경제적 안정을 훼손하는 상황이 발생할 경우, 러시아 시민들은 후자를 위해 전자를 덜 중시하는 경향을 나타낸다(Remington, 2012: 125). 더 나아가 러시아 시민들은 강한 국가와 민주주의는 양립할 수 있다는 인식을 갖고 있으며, 만약 이 두 가치가 충돌할 경우에는 오히려 강한 국가를 더 중시해야 한다는 입장이다(Colton and McFaul, 2003: 222). 그러한 측면에서 러시아의 정치 엘리트뿐만 아니라 시민들도 1990년대 경제적 위기와 정치·사회적 혼란을 '비정상적'인 상황으로 인식했다. 그리하여 1990년대 말 무렵 그러한 혼란을 극복하고 질서를 회복해야 한다는 사회적 합의가 형성되었다. 러시아 시민들은 기본적으로 강한 국가를 재건할 강력한 리더십을 원했다. 그와 같은 시대적 상황과 정서를 배경으로, 푸틴은 '강한 국가'를 바탕으로 혼란의 시대를 종식시키자는 것을 슬로건 삼아 새로운 지도자로 등장했던 것이다(Hill and Gaddy, 2015: 38). 그러나 다른 한편으로, 지도자와 국가에 대한 대중의 지지와 의존 경향은 최고 지도자에 대한 책임과 부담을 가중시킨다. 요컨대 러시아 시민들은 지도자의 정책이 자신들의 물질적인 이익(복지)과 충돌할 경우, 많은 수가 신뢰와 지지를 철회한다. 예를 들면, 2018년 여름 푸틴 정부가 내세운 연금개혁안에 대한 러시아 시민들의 반발로 인해 고공행진 하던 푸틴의 지지율이 큰 폭으로 떨어진 바 있다.[29] 그런 면에서, 일견 공고하게 보이는 러시아 시민들의 푸틴 지지는 조건부이거나 잠정적이라고 볼 수 있을 것이다(강봉구, 2010: 24).

5. 결론

앞에서 논의한 바와 같이 '푸틴주의'는 상당 부분 권위주의 체제 및 하이브리드 체제와 유사한 특성이 있다. 그러나 푸틴주의가 권위주의 및 혼합 체제라는 기존 개념만으로는 설명되지 않는 러시아 정치체제의 고유한 특징을 포함하고 있음도 살펴보았다. 보수주의적인 포퓰리즘에 민족주의와 애국주의를 가미함으로써, 푸틴주의는 엘리트는 물론이고 대중의 절대적인 지지를 이끌어내고 국론을 결집시키는 데 성공했다. 더 나아가 푸틴주의는 유라시아주의 논리를 앞세워 서구식 자유주의와 개인주의에 대해 대안

---

[29] 2018년 6월에 연금 지급 개시 연령의 상향 조정을 골자로 하는 연금개혁안이 발표되었다. 이 개혁안에 따르면, 남자는 2028년까지 60세에서 65세로, 여자는 2034년까지 55세에서 63세로 연금 수령 연령을 단계적으로 상향 조정하도록 되어 있었다. 이후 푸틴은 여성의 수령 연령을 60세로 다시 내린다고 발표했으나, 이러한 연금개혁안은 러시아 시민들의 광범위한 불만을 야기했고 푸틴의 지지율을 급속히 떨어뜨렸다. 연금개혁안이 발표된 지 한 달 뒤인 2018년 7월의 푸틴 지지율은 67%까지 떨어졌는데, 이는 2014년 크림반도 병합 이후 최저치로 기록되었다. "Одоврение деятельности Владимира Путина," ЛЕВАДА-ЦЕНТР, https://www.levada.ru/indikatory/odobrenie-organov-vlasti/(검색일: 2018.9.3).

적 발전 경로를 제시했다. 그러한 비전은 유라시아경제연합을 통해 포스트 소비에트 지역을 통합하려는 대외적인 행보로 구체화되었다. 이렇듯 푸틴주의는 러시아적 특성이 내재된 독특한 '러시아식 하이브리드 체제'를 만들어냈다고 볼 수 있다.

푸틴주의의 개념 분석에서 도출된 러시아 정치체제의 특성은 다음과 같다. 첫째, 현대 러시아의 정치체제는 지난 1991년 독립 러시아 공화국이 출범한 이래, 주요 선거를 예정대로 실시함으로써 절차적 민주주의 요소를 온존해 왔다. 그러한 양상은 2000년 푸틴이 집권한 이후에도 그대로 지속되었다. 둘째, 현대 러시아 정치체제는 그러한 절차적 민주주의의 요소와 더불어 권위주의 통치의 색채를 강하게 띠고 있다. 푸틴 집권기에 국가권력의 집중화와 언론 및 시민사회에 대한 통제가 강화되어 왔다는 점이 그러한 특성을 반영한다. 셋째, 푸틴 시기의 러시아는 시장경제질서를 유지하고 있기는 하지만, 경제에 국가의 통제가 가해지는 이른바 '국가자본주의'의 특성을 갖고 있다. 넷째, 푸틴 시기 러시아는 권위주의의 강화와 더불어 개혁보다는 기득권 유지를 위한 '후견-피후견' 네트워크에 의존해 현상 유지와 보수주의적 분위기를 조성해 왔다. 다섯째, 푸틴의 통치체제는 서방과의 갈등을 불사하면서 강대국 지향의 대외정책을 펼쳤다. 집권 세력은 그러한 정책을 통해 대중의 요구를 반영하기도 했지만, 다른 한편으로는 그것을 자신들의 정치적 정당성 강화의 원천으로 삼았다. 여섯째, 푸틴과 통치 엘리트들은 대외정책을 추진하면서 그것을 단지 자신들의 지배를 강화하는 수단으로 삼는 데 머물지 않고, '유라시아주의' 등 서구의 가치와 발전 방향에 대한 대안적 발전 경로 중 하나로 인식하기 시작했다. 그것은 2015년 1월에 정식으로 출범한 '유라시아경제연합'을 통해 구체적으로 드러났다.

푸틴주의에 기반을 두고 있는 오늘날 러시아 정치체제의 안정성은 기본적으로 푸틴의 인기에 의존하고 있다. 또한 앞서 살펴본 바와 같이, '권력의 수직화'라는 상황에서 이루어지는 러시아의 정책 결정 과정은 대단히 위계적인 성격을 띤다. 이와 같은 체제 아래에서 정치·사회·경제적 문제의 모든 해결 책임은 최고 통치자에게 돌아가게 되어 있다. 따라서 그러한 정치적 환경에서는 이슈에 따라 지지율이 하락할 수 있으며, 그 경우 '푸틴주의'에 입각한 통치체제는 취약성을 나타낼 수도 있다(Sakwa, 2014: 134). 그럼에도 중단기적으로 볼 때, '푸틴주의'에 입각한 러시아 정치체제는 일정한 안정성을 유지하면서 국내외 정책을 주도해 나갈 것으로 보인다. 그러나 장기적인 관점에서는 다른 전망도 가능하다.

향후 러시아가 안으로 국민들의 복지를 향상시키고 밖으로 강대국의 위상을 유지해 나가기 위해서는, 산업 다각화와 국가·사회 시스템의 생산성 및 경쟁력 제고가 요구된다. 그러나 국가중심주의 기조 아래 보수적이며 일인 지배적 권위주의의 성격을 내포하고 있는 '푸틴주의'가 그러한 과제를 달성하기는 쉽지 않아 보인다. 푸틴 정권은 스스로 감당할 수 있는 범위 내에서 정책 변경을 시도할 수는 있겠지만, 정권의 존립을 위협할 수 있는 수준의 개혁에는 착수할 수 없을 것이다. 이러한 점이 푸틴주의의 불확실성을 높여주는 요소라고 하겠다.

참 고 문 헌

강봉구. 2010. 「푸틴주의 정치 리더십의 권위주의적 특성과 전망」. ≪국제지역연구≫, 제14권 2호, 3~30쪽.

고상두. 2009. 「푸틴시기 러시아 권력엘리트의 교체」. ≪슬라브학보≫, 제24권 1호, 99~120쪽.

달, 로버트(Robert Dahl) . 1999. 『민주주의와 그 비판자들』. 조기제 옮김. 문학과지성사

서동주. 2013. 「러시아 푸틴시기 정치체제의 특성」. ≪슬라브학보≫, 제28권 4호, 235~266쪽.

유진숙. 2007. 「푸틴 집권2기 러시아 정당체계의 성격: 패권정당모델 적용가능성의 검토」. ≪한국정치학회보≫, 제41집 2호, 207~226쪽.

이선우. 2017. 「민주주의의 공고화에 있어서 '법의 지배'의 우선성: 탈공산 러시아의 사례」. ≪한국정치학회보≫, 제51집 1호, 49~72쪽.

이홍섭. 2001. 「러시아의 초대통령 중심제: 등장배경, 성격 및 파급효과」. ≪국제정치논총≫, 제41집 2호, 251~270쪽.

장세호. 2013. 「푸틴 3기 내각 대통령행정실 인적구성의 특징과 함의」. ≪슬라브학보≫, 제28권 4호, 419~450쪽.

_____. 2014. 「2008~2014년 러시아 선거제도 변화연구」. ≪슬라브학보≫, 제29권 3호, 225~262쪽.

Волков, Денис. 2015. "Настроения Российских элит после Крыма." http://carnegie.ru/2015/11/10/ru-61925/ildv (검색일: 2018.8.30).

Гудков, Лев. 2014. "Путинский рецидив тоталитаризма." *Pro et Contra,* No.18, cc.129~147.

ЛЕВАДА-ЦЕНТР. 2018. "Одоврение деятельности Владимира Путина." https://www.levada.ru/indikatory/odobrenie-organov-vlasti/ (검색일: 2018.9.3).

Паин, Эмиль. 2009. "Политический режим в России 2000-х гг.: особенности наследственные и приобретенные." https://cyberleninka.ru/article/politicheskiy-rezhim-v-rossii-2000-h-gg-osobennosti-nasledstvennye-i-priobretennye (검색일: 2018.6.30).

Фортунатов, В. В. 2017. *История: для Бакалавров и специалистов.* Москва: ПИТЕР.

Aven, Petr. 2015. "1990s: Back to the USSR?" *The World Today*, Vol.71, No.3, pp.37~38.

Baturo, Alexander and Johan A. Elkink. 2016. "Dynamics of Regime Personalization and Patron-Clinet Networks in Russia, 1999~2014." *Post-Soviet Affairs*, Vol.32, No.1, pp.75~98.

Bracher, Karl Dietrich. 1987. "Totalitarianism." in Vernon Bogdanor(ed.). *The Blackwell Encyclopaedia of Political Institutions.* New York: Basil Blackwell Ltd., pp.614~616.

Colton, Timothy J. 2017. "Paradoxes of Putinism." *Daedalus: The Journal of the American Academy of Arts & Sciences,* Vol.146, No.2, pp.8~18.

Colton, Timothy J. and Michael McFaul. 2003. "Russian Democracy under Putin." *Problems of*

Post-Communism, Vol.50, No.4, pp.12~21.

Colton, Timothy J. and Michael McFaul. 2003. *Popular Choice and Managed Democracy: The Russian Elections of 1999 and 2000*. Washington, DC: Brookings Institution.

Diamond, Larry. 2002. "Thinking about Hybrid Regimes." *Journal of Democracy*, Vol.13, No.2, pp.21~35.

Djankov, Simeon. 2015. "Russia's Economy under Putin: From Crony Capitalism to State Capitalism." *Policy Brief*, Peterson Institute for International Economics, No.PB15~18, pp.1~8.

Evans, Alfred. 2015. "Ideological Change under Vladimir Putin in the Perspective of Social Identity Theory." *Demokratizatsiya*, Vol.23, No.4, pp.401~426.

Fish, M. Steven. 2017. "What is Putinism?" *Journal of Democracy*, Vol.28, No.4, pp.61~75.

Gel'man, Vladimir. 2005. "Political Opposition in Russia: A Dying Species?" *Post-Soviet Affairs*, Vol.21, No.3, pp.226~246.

_____. 2015. *Authoritarian Russia: Analyzing Post-Soviet Regime Changes*. Pittsburgh: University of Pittsburgh Press.

Grodsky, Brian. 2018.5.22. "Russia, Putin lead the Way in Exploiting Democracy's Lost Promise." *The Conversation: Academic Rigour, Journalistic Flair*. http://theconversation.com/russia-putin-lead-the-way-in-exploiting-democracys-lost-promise-94798(검색일: 2018.8.22).

Gudkov, Lev. 2011. "The Nature of 'Putinism'." *Russian Social Science Review*, Vol.52, No.6, pp.21~47.

Hale, Henry E. 2005. "Regime Cycles: Democracy, Autocracy, and Revolution in Post-Soviet Eurasia." *World Politics*, Vol.58, No.1, pp.133~165.

_____. 2010. "Eurasian Politics as Hybrid Regimes: The Case of Putin's Russia." *Journal of Eurasian Studies*, Vol.1, pp.33~41.

_____. 2017. "Russian Patronal Politics Beyond Putin." *Daedalus: The Journal of the American Academy of Arts & Sciences*, Vol.146, No.2, pp.30~40.

Hill, Fiona & Clifford G. Gaddy. 2015. *Mr. Putin: Operative in the Kremlin*. Washington, D.C.: Brookings Institution Press.

Huskey, Eugene. 1999. *Presidential Power in Russia*. Armonk. NY: M. E. Sharpe.

Kaylan, Melik. 2014. "Kremlin Values: Putin's Strategic Conservatism." *World Affairs*, pp.9~17.

Kelly, Donald R. 2017. *Russian Politics & Presidential Power: Transformational Leadership from Gorbachev to Putin*. Thousand Oaks. CA: SAGE.

Krastev, Ivan and Stephen Holmes. 2012. "An Autopsy of Managed Democracy." *Journal of Democracy*, Vol.23, No.3, pp.33~45.

Laqueur, Walter. 2015. *Putinism: Russia and Its Future with the West*. New York: Saint Martin's Press.

Ledeneva, Alena V. 2013. "Russia's Practical Norms and Informal Governance: The Origins of Endemic Corruption." *Social Research*, Vol.80, No.4, pp.1135~1162.

Li, He. 2015. *Political Thought and China's Transformation: Politics and Development of Contemporary China*. London: Palgrave Macmillan.

Linz, Juan J. 1995a. "Authoritarianism." in Seymour Martin Lipset(ed.). *The Encyclopedia of Democracy*, Vol.1, London: Routledge.

_____. 1995b. "Fascism." In Seymour Martin Lipset(ed.). *The Encyclopedia of Democracy*, Vol.2, London: Routledge.

Maltseva, Elena. 2016. "Framing a Welfare Reform: the Social Benefits Reform in Russia and Kazakhstan." *Canadian Slavonic Papers*, Vol.58, No.3, pp.229~256.

Mendras, Marie. 2012. *Russian Politics: The Paradox of a Weak State*. New York: Columbia University Press.

Minchenko Consulting. 2017. Politburo 2.0: Renovation instead of Dismantling.

Motyl, Alexander J. 2016. "Putin's Russia as a Fascist Political System." *Communist and Post-Communist Studies*, Vol.49, pp.25~36.

Myers, Steven Lee. 2015. *The New Tsar: The Rise and Reign of Vladimir Putin*. New York: Vintage Books.

Oates, Sarah. 2014. "Russia's Media and Political Communication in the Digital Age." In Stephen White, Richard Sakwa, and Henry E. Hale(eds.). *Developments in Russian Politics*. 8th ed. Durham, N.C.: Duke University Press.

Paradowski, Ryszard. 1999. "The Eurasian Idea and Leo Gumilev's Scientific Ideology." *Canadian Slavonic Papers*, Vol.41, No.1, pp.19~32.

Park, Soo-Heon. 2017. "Putin's 'Reset' since the Rise of Protest Movement: Toward Hegemonic Electoral Authoritarianism?" ≪슬라브학보≫, 제32권 3호, 97~148쪽.

Partlett, William. 2012.2.28. "Vladimir Putin and Law." The Brookings Institution. https://www.brookings.edu/opinions/vladimir-putin-and-the-law/(검색일: 2018.8.28).

Popova, Maria. 2017. "Putin-Style 'Rule of Law' & the Prospects for Change." *Daedalus: The Journal of the American Academy of Arts & Sciences*, Vol.146, No.2, pp.64~75.

Putin, Vladimir. 2005. "Russia at the Turn of the Millenium." In Andrei Melville and Tatiana Shakleina(eds.). *Russian Foreign Policy in Transition: Concepts and Realities*. Budapest: Central European University Press.

_____. 2012.12.12. "Address to the Federal Assembly." the Kremlin, Moscow. http://en.kremlin.ru/events/president/news/17118(검색일: 2018.8.27).

_____. 2014.12.4. "Address to the Assembly." The Kremlin, Moscow. http://en.kremlin.ru/events/president/news/47173(검색일: 2018.8.27).

Reddaway, Peter. 2018. "Origins of the Cherkesov-Zolotov and Sechin Groupings, and of the Fierce Rivalies Between *Siloviki* Groups." In P. Reddaway. *Russia's Domestic Security Wars*. https://doi.org/10.1007/978-3-319-77392-6_2, pp.11~21.

Remington, Thomas F. 2012. *Politics in Russia*. Glenview, IL: Longman.

Sakwa, Richard. 2008. *Russian Politics and Society*. 4th ed. New York: Routledge.

_____. 2011. *The Crisis of Russian Democracy: The Dual State, Factionalism and the Medvedev Succession*. New York: Cambridge University Press.

Sakwa, Richard. 2014. *Putin Redux: Power and Contradiction in Contemporary Russia.* London: Routledge.

Shevtsova, Lilia. 2015. "Russia's Political System: Imperialism and Decay." *Journal of Democracy,* Vol.26, No.1, pp.171~182.

Slider, Darrell. 2014. "A Federal State?" In Stephen White, Richard Sakwa, and Henry E. Hale(eds.). *Developments in Russian Politics 8.* Durham, NC: Duke University Press.

Tsygankov, Andrei P. 1998. "Hard-line Eurasianism and Russia's Contending Geopolitical Perspectives." *East European Quarterly,* Vol.32, No.3, pp.315~334.

Zakaria, Fareed. 2003. *The Future of Freedom: Illiberal Democracy at Home and Abroad.* New York: W.W. Norton & Company.

Ziegler, Charles E. 2016. "Russia as a Nationalizing State: Rejecting the Western Liberal Order." *International Politics,* Vol.53, No.5, pp.555~573.

Zimmerman, William. 2014. *Ruling Russia: Authoritarianism from the Revolution to Putin.* Princeton: Princeton University Press.

2장
푸틴 시기의 러시아,
글로벌 강대국 부활의 조건과 과제

홍완석(한국외국어대학교 국제지역대학원 러시아·CIS학과 주임교수)

● 이 장은 한국외교협회가 발행하는 ≪외교≫, 제123호(2017)에 실린 「푸틴의 러시아, 글로벌 강대국으로의 부활은 가능한가?」를 수정·보완한 것이다.

> 소련의 붕괴를 애석해하지 않은 사람은 '가슴'이 없는 사람이다.
> 예전의 소련으로 되돌아가기를 바라는 사람은 '머리'가 없는 사람이다.
>
> 블라디미르 푸틴

1. 푸틴, 강대국 재건을 위한 시동을 걸다

신러시아가 새천년의 경계선에서 재강대국화를 향한 반전의 기회를 맞이했다. 무명의 정치 신인 블라디미르 푸틴(Влади́мир Пу́тин)이 방향타(方向舵)를 잃고 침몰해 가던 난파선 러시아호(號)를 구할 새로운 선장으로 혜성처럼 등장한 것이다. 1999년 8월 러시아연방 보안국(FSB) 국장에서 제1부총리로, 7일 후엔 러시아연방 총리로, 다시 같은 해 12월 31일 옐친의 조기 사임에 따라 대통령 권한대행으로 벼락출세한 그는 2000년 3월 치러진 대선에서 옐친의 가신 그룹이 깔아준 정치적 양탄자를 사뿐히 밟고 제3대 러시아 대통령에 당선되었다.

당시 정치 초년생 푸틴의 대권 가도에서 국민들의 지지를 빨아들인 가장 유효한 선거 구호는 다름 아닌 민족주의 슬로건 "강력한 국가, 위대한 강대국 러시아의 부활"이었다(홍완석, 2000: 80). 소련의 몰락 이후 노정된 극심한 정치적 불안과 경제 파탄, 국제질서의 '들러리' 내지는 주변부화 현상에 깊이 상처 입은 루스키(русский)들의 대국적 자존심을 자극한 푸틴은 압승을 거두었다.

쓰러져 가던 러시아제국의 '부활'이라는 극적인 대변화를 이끌어온 '푸

<표 2-1> 푸틴 대통령의 주요 이력

연도	주요 경력	비고
1952	상트페테르부르크 출생	구(舊) 레닌그라드
1975	상트페테르부르크 국립대 법학부 졸업 KGB 입사	
1985~1990	KGB 동독 드레스덴 지부 근무	
1991~1996	상트페테르부르크 시장 보좌관 상트페테르부르크 제1부시장	
1996.8	대통령 총무실 부실장	총무실장 파벨 보로딘
1997.3	대통령 행정실 부실장	행정실장 알렉세이 쿠드린
1998~1999	러시아연방 보안국(FSB) 국장	FSB는 KGB의 후신
1999.8	러시아연방 제6대 총리	
1999.12	러시아연방 대통령 권한대행	옐친 대통령의 조기 사임
2000.5	러시아연방 제3대 대통령	
2004.5	러시아연방 제4대 대통령	
2008.5	러시아연방 제10대 총리	메드베데프 대통령 집권 시 대통령 6년 중임제로 헌법개정
2012.05	러시아연방 제6대 대통령	
2018.5	러시아연방 제7대 대통령	

틴의 시대'가 2019년 현재 만 19년째에 이른다.[1] 지난 2018년 3월 실시된 대선에 다시 출마해 당선됨으로써, 푸틴은 2024년까지 무려 24년 동안 러시아의 국정을 책임진다. 임기를 다 마칠 경우, 현대 러시아 역사에서 부국

---

1) 푸틴 대통령은 2000년 5월 첫 임기를 시작한 이래 2004년에 재집권에 성공해 2008년까지 재임했다. 대통령 중임제에 관한 러시아 '헌법' 조항에 따라 2008년 3월 대선에서는 드미트리 메드베데프(Dmitry Medvedev) 총리를 후계자로 지명하고 대권을 물려주었다. 메드베데프 집권기에 푸틴은 총리로 재직했으나 국방과 대외정책을 독자적으로 관장하는 등 사실상 '최고권'을 행사했다. 말하자면 상왕 총리와 후계자 대통령이라는 사상 초유의 정권 교체를 한 것이다. 메드베데프는 푸틴 권력의 충실한 관리인 역할을 했기 때문에, 그가 집권한 4년도 '푸틴 시기'에 포함시킬 수 있다. 메드베데프 집권기에 러시아는 개헌을 통해 대통령의 임기를 4년 중임제에서 6년 중임제로 바꿨다. 이 개정 '헌법'에 따라 2012년 푸틴은 다시 대선에 출마해 당선되었고, 현재 6년 임기의 세 번째 대통령직을 수행하고 있다(강봉구, 2014: 2).

	통치자	재임 연도	재임 기간
1	이오시프 스탈린(Joseph Stalin)	1924~1953	29년
2	블라디미르 푸틴(Vladimir Putin)	2000~2024	24년
3	레오니드 브레즈네프(Leonid Brezhnev)	1964~1982	18년
4	니키타 흐루쇼프(Nikita Khrushchov)	1953~1964	11년
5	보리스 옐친(Boris Yeltsin)	1991~1999	8년
6	블라디미르 레닌(Vladimir Lenin)	1917~1924	7년
7	미하일 고르바초프(Mikhail Gorbachev)	1985~1991	6년

강병을 통해 러시아를 초강대국 반열에 올려놓은 이오시프 스탈린(Joseph Stalin)에 이어 두 번째 장기 집권자가 된다. 최고 통치자로서 푸틴의 재임 기간과 행사 권력의 절대성으로 볼 때, 그는 '현대판 차르'로 회자되기에 충분하다. 그러므로 푸틴과 21세기 러시아의 미래는 분리해서 설명하기 힘들다.

푸틴 시기는 21세기 러시아의 국가 발전 방향과 글로벌 세계 전략에 대해 명확한 청사진을 제시하고 그것을 용의주도하게 실천해 나간 시기에 해당한다. 그리고 그의 모든 대내외 정책은 강대국 러시아의 재건이라는 키워드로 수렴된다. 그렇다면 1990년대 무너진 '제국'의 잔해 위에서 이 스트롱맨(Strongman, 마초)은 어떤 방식으로 러시아 국가를 다시 일으켜 세웠는가? 다극적 세계의 독자적 중심부 세력으로 부상하기 위해 푸틴이 채택한 강대국 노선은 어떤 변화의 경로를 걸어왔고, 얼마나 성과를 거두었는가? 총체적 국력 면에서 현재의 러시아를 과연 강대국으로 평가할 수 있는가? 러시아가 유라시아 지역 강대국에서 글로벌 패권국으로 도약하는 것을 제약하는 요인은 무엇인가? 이 장의 목적은 이런 질문에 대한 답을 순차적으로 찾는 가운데, 러시아가 지구촌 강대국으로서 재부상할 가능성을 전망하는 데 있다.

2. '푸틴주의'로 강한 러시아를 재조직하다

푸틴의 집권기 18년은 전체적으로 러시아의 부국강병과 국제적 위상 제고를 위한 전열의 재정비 기간이라 할 수 있다. 시장민주주의라는 새로운 토대 위에서 러시아적 방식으로 정치·경제·군사·사회·문화 등 국가의 제(諸) 발전을 최적화하기 위한 통치 시스템의 재조직화 시기였다. 대외정책 측면에서는 국력의 재건을 통해 힘(Power)과 영향력(Influence)의 외부 투사를 점진적으로 확대하면서 '강대국으로의 복귀'를 시도한 시기이기도 하다. 전 러시아 역사를 관통해 볼 때 푸틴 시기는 표트르 대제와 스탈린 시대에 이어 세 번째로 강대국화의 길을 모색하고 있는 전환기에 해당한다.

엘친 시기의 신러시아는 사회주의에서 시장민주주의로의 체제 전환 과정에서 불거져 나온 보수와 혁신 간의 첨예한 권력투쟁의 인질이 되어 국가 시스템이 마비되는 난맥상을 드러냈다.[2] 푸틴은 전임 엘친 정부로부터 파탄 일보 직전의 경제 상황과 정치·사회적 혼돈을 유산으로 물려받았다. 이 가운데 가장 심각한 위기는 국가체제의 허약성 문제였다. 소비에트연방의 붕괴에 이어 러시아연방 해체까지 우려될 정도로 국가 기강이 심하게 뒤흔들렸다. 심지어 지방(支邦)정부의 분리주의 움직임까지 일어났다. 이런 상황에서 푸틴은 러시아적 전통과 '국가성'에 입각해 강한 국가를 만들기 위한 일련의 고단위 처방전을 내놓는다.

푸틴은 국가의 재조직화를 통해 연방정부의 정책 집행 능력을 강화하는 문제에 최우선적 노력을 경주했는데(우준모, 2004: 215), 그 첫 조치가 법

---

2) 엘친 시기 신러시아는 지하경제와 마피아의 창궐, 부정부패의 만연, 국제통화기금(IMF)의 긴급
   수혈에 의존하는 만성적인 경기침체, 약탈 자본주의의 횡행에 따른 부익부빈익빈 현상의 심화,
   올리가르히(과두 재벌)에 의한 경제의 집중화와 이들의 정치적 득세, 지방 토호 세력들의 발호와 지역
   이기주의 기승 등으로 현대판 '동란의 시대'를 경험했다.

의 독재를 통한 이른바 '권력수직화(вертикальность власти)' 작업이다. 러시아연방(聯邦)을 구성하는 89개 지방(支邦) 정부 및 공화국을 7개의 연방관구(федеральный округ)로 묶고 각 관구의 전권대표(полномочный представитель, 총독)를 대통령이 직접 임명해 파견했다. 동시에 주지사와 지방의회 의장이 당연직으로 맡던 상원의원을 선출직으로 변경해 지방 토호들의 힘을 약화시켰다. 국가평의회를 설치해 지방 수장의 권한도 대폭 축소했다. 옐친 시기에 느슨해진 러시아연방의 영토적·법적 통일성을 다시금 공고히 하고 수직적 권력 위계를 확립함으로써 지방에 대한 중앙의 통제를 강화한 것이다. 탈법 수사와 세무 사찰 방식을 동원해 언론을 길들였고 동시에 국가를 포획하고 있던, 보리스 베레좁스키(Борис Березовский)와 블라디미르 구신스키(Владимир Гусинский)로 대표되는 올리가르히(과두재벌) 세력도 타도했다. 측근 세력인 '실로비키(силовики)'[3]와 '피테르 마피아(питер мафия)'[4]를 중용함으로써 안정적인 푸틴 1인 절대 지배체제를 강화해 나갔다.

전격적인 권력수직화 조치는 민주주의의 퇴행을 야기했지만 사회 전반에 질서와 안정을 가져다주었다. 서구는 이런 통치 방식을 경찰국가로의 회귀, 권위주의로의 복귀라고 비난하지만, 크렘린은 러시아식 민주주의, 즉 '주권민주주의(Sovereign Democracy)'라고 강변한다. 나라마다 전통과 문화가 다르듯이 정치 제도가 발전해 온 역사적 조건 역시 다르므로 러시아는 자신의 방식과 속도에 따라 민주주의를 정착·발전시켜 나가겠다는 논리를 펼쳤다(강봉구, 2014: 9).

'주권민주주의'는 서구 민주주의의 러시아적 수용을 의미한다. 동일한

---

3) '실로비키(силовики)'는 연방보안국(FSB), 군, 경찰 등 보안기관 출신의 푸틴 시기 권력 실세를 일컫는다.
4) '피테르 마피아(питер мафия)'는 일종의 가신(家臣) 그룹으로서 푸틴의 고향인 상트페테르부르크 출신의 정치 실세를 지칭한다.

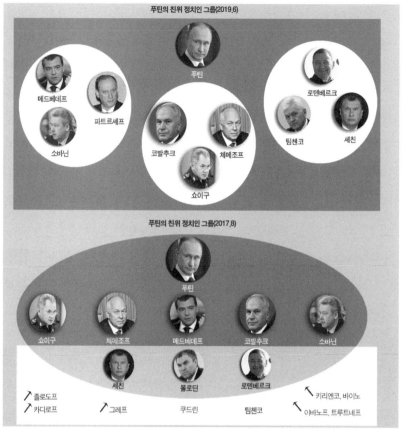

〈그림 2-1〉 푸틴의 이너 서클, 그들은 누구인가?

푸틴의 친위 정치인 그룹(2019.6)

푸틴

메드베데프
파트르셰프
소바닌

코발추크
체메조프
쇼이구

로텐베르크
팀첸코
세친

푸틴의 친위 정치인 그룹(2017.8)

푸틴

쇼이구
체메조프
메드베데프
코발추크
소바닌

세친
볼로딘
로텐베르크

↗ 졸로도프
↗ 카디로프
↗ 그레프
쿠드린
팀첸코
↗ 키리엔코, 바이노
↘ 이바노프, 트루트네프

자료: https://inshe.tv/politics/2019-06-05/442759/

방식의 논리가 경제정책에도 적용되었는데, 이는 시장에 대한 국가의 개입을 강화하는 이른바 '국가자본주의(State Capitalism)' 형태로 나타났다. '국가자본주의'는 자본주의와 다른 원리로 작동되는 것이 아니라, 기본적으로 시장경제 원칙에 바탕을 두면서도 핵심 기간산업과 전략산업에 대해서는 국가가 적극 통제하고 관리하는 것을 그 특징으로 한다(성원용, 2012: 114).

엘친 시기 러시아는 국가의 공적 기능이 급격히 붕괴되면서 노른자위 국영기업들이 마구잡이로 민영화되었고, 그럼으로써 약탈적 시장경제의 횡행과 함께 국가의 막대한 부(富)가 아무런 제약 없이 서구 세계로 유출되는 부작용을 경험했다. 푸틴은 이런 국부(國富)의 해외 유출을 막고 핵심 기간 산업을 국가경제 발전의 추동력으로 삼기 위해 옐친 시기에 민영화되었던 국가의 주요 기간산업을 재국유화하는 조치를 단행했다. 이를테면 석유·가스 등의 에너지 산업과 우주·항공·원자력 등 전략산업 부문에서 국유화 및 기업합병을 통해 정부의 통제와 지배력을 강화해 나갔다.

국가자본주의는 자유시장경제 원리에는 일면 역행하지만, 러시아 경제가 국부를 키우고 성장의 발판을 마련하는 데 크게 기여했다. 중앙정부 주도의 집중화 경제정책의 채택을 통해 세수(稅收) 기반 확대, 하이퍼인플레이션의 제어와 플러스 경제성장세로의 전환, 외환보유고 증가 등 짧은 시간 안에 적지 않은 성과를 거두었다. 푸틴 집권 1·2기(2000~2008) 동안 국가경제는 연평균 7~8%의 고도성장을 구가했고, 러시아 주식의 시가총액 증가에서 알 수 있듯이 외형적인 경제 규모가 현저히 확대되었다. 물론 러시아 경제를 회생시킨 일등공신이 세계적인 고유가 추세였다는 점을 부인할 수 없지만, 국가자본주의 정책의 추진이 없었다면 경제회복이 장기간 어려웠으리라는 것이 중론이다.

강한 국가 건설을 표방한 푸틴의 국정 철학과 통치 이념을 '푸틴주의(Putinism)'[5]로 설명한다. '주권민주주의'와 '국가자본주의'를 근간으로 하는 이 푸틴주의의 작동 논리는 이렇다. 푸틴 자신의 강력한 리더십으로 국가의 질서와 안정 및 경제성장을 구현하고 대외적으로는 위대한 강대국 러시아의 위상을 확보할 테니, 그 과정에서 정치·시민적 권리와 자유, 시장원리 등은 당분간 유보할 수 있다는 것이다. 푸틴주의는 그 구현 과정에서 민

---

5) 푸틴주의에 관한 자세한 내용은 우평균(2014: 22~49), 피시(Fish, 2017: 60~75), 라거(Laqueur, 2015: 2~5), 애플바움(Applebaum, 2013: 1~10) 참조.

주주의 체제의 '규범적 정당성'을 훼손했지만, 실적과 업적을 통한 '도구적 정당성'을 확보함으로써 국민들의 지지를 확보할 수 있었다(제성훈, 2012: 154). 아무튼 국가 운영 원리로서 푸틴주의의 구현을 통해 러시아는 최단 시일 내에 정치적 안정과 경제성장의 기틀을 마련했고, 여기에 국제유가의 고공 행진으로 고도성장을 거듭하자 국제사회는 러시아를 신흥 경제 강국으로 주목하기 시작했다(김선래 외, 2007: 32~39).

3. 독자적 강대국 노선으로 지정학적 위상을 회복하다

푸틴은 국력의 회복과 증강을 바탕으로 유라시아 강대국 러시아의 지정학적 위상과 지위를 제고하고자 노력했다. 그런 지향성은 대외정책 영역에서 '강대국 노선'으로 발현되었다. 푸틴 시기를 관통해 온 강대국 노선은 그 기조의 조정과 변화라는 맥락에서 '실용적' 강대국 노선과 '독자적' 강대국 노선의 두 단계로 나누어 설명할 수 있는데, 그 변곡점은 2007년 2월 독일에서 열린 제43차 뮌헨 국제안보회의이다.

첫 번째 단계는 국제사회로부터 러시아의 발언권이 존중받도록 외교적 노력을 전개하지만, 무너진 국가의 기강을 확립하고 상실된 내적 동력을 회복하는 데 국가적 에너지를 우선적으로 집중해야 했기 때문에 가급적 미국을 대표로하는 서구와의 충돌을 회피하면서 방어적 자기주장(defensive self-assertion)'(Lipman and Malashenko, 2013: 10)을 펼쳤던 시기이다.

비유적으로 설명하면 어둠 속에서 빛을 감추고 힘을 길렀던 이른바 러시아판 '도광양회(韜光養晦)'의 시기이다. 푸틴은 독점적 투자 역량을 지닌 서방 자본을 유치하고 러시아를 조속히 국제경제 체제에 통합시키기 위해 미국 및 서구와의 긴밀한 협력관계 유지를 강조했다. 소진된 국력을 다시 회

〈그림 2-2〉 제43차 뮌헨 국제안보회의에서 연설하는 푸틴 러시아 대통령

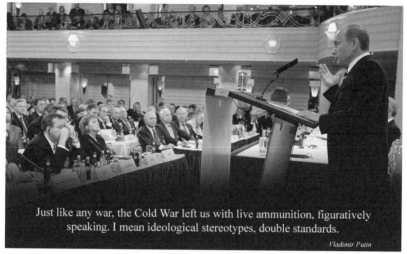

Just like any war, the Cold War left us with live ammunition, figuratively speaking. I mean ideological stereotypes, double standards.

Vladimir Putin

자료: "'Wars not diminishing': How Putin's iconic 2007 Munich speech sounds today," RT, 10 Feb, 2017, https://www.rt.com/news/376901-putin-munich-speech-2007/

복하고 비축하기 위해 2001년에는 나토 가입 의사까지 밝혔다. 이 과정에서 2001년 9·11 테러사건이 미국과 우호 관계를 형성하는 데 유익한 환경을 조성했다. 모스크바는 자발적으로 워싱턴의 대테러 전쟁에 적극 협력했는데, 이것이 미러 관계 긴밀화를 위한 중요한 돌파구를 제공했다. 2002년에 체결된 미러 전략공격무기감축협정(SORT)은 당시의 우호적 분위기를 잘 반영한다. 하지만 밀월은 오래가지 못했다. 대아프가니스탄 반테러 전쟁이 종식된 이후 유라시아 지배권을 둘러싼 패권 투쟁이 재개되면서, 좀 더 정확히 말하면 미국이 '자유와 민주주의 증진'이라는 이름으로 대러 포위전략을 강화하면서, 미러 관계는 다시 갈등의 대치 전선으로 바뀌었다.

크렘린은 2003년부터 탈소비에트 공간에서 도미노처럼 확산된 색깔혁명을[6] 러시아를 고립·봉쇄하기 위한 워싱턴의 치밀한 기획 작품으로 인식했다.

---

6) 2003년 조지아에서 '장미혁명'이, 이듬해 2004년 겨울에는 우크라이나에서 '오렌지 혁명'이 발생했다. 크렘린은 연이은 색깔혁명의 배후에 CIS 지역 국가들의 권위주의 정부를 전복하고 자유주의적·친서

뒤이은 2004년 동유럽 10개국의 NATO 가입과 지속적인 나토의 동진(東進) 팽창, 2006년 폴란드와 체코에서 러시아를 겨냥한 미국의 MD(미사일방어체계) 구축 추진 등은 크렘린의 안보 위기의식을 고조시켰다. 갈수록 옥죄어오는 대러 봉쇄망은 모스크바로 하여금 배타적 안보 이익 확보와 탈소 공간에서 '고유한' 영향권역 수호를 위한 좀 더 강경한 대응책의 강구를 요구했다.

두 번째 단계는 푸틴주의 국가 개혁이 이룩한 정치·사회적 안정과 경제의 고도성장을 토대로 자신감을 회복한 러시아가 미국을 향해 고개를 들고, 실력 행사를 통해 자신의 전통적 세력권 복원을 거침없이 모색했던 일종의 '대국굴기(大國屈起)'의 시기이다. 이 시기 크렘린은 러시아의 강대국 복귀를 제어하려는 서구의 파상공세에 대해 전면 강압 수비 형태로 전략을 수정했고, 안보 이익의 옹호를 위해 군사력의 선제 사용도 불사했다.

2007년 2월 제43차 뮌헨 국제안보회의에서, 작심하고 미국의 패권적 전횡을 공개적으로 비판한 푸틴의 연설(정은숙, 2007: 1~2)은 방어적 성격의 실용주의적 강대국 노선에서 위세(威勢)적 강대국 노선으로의 전환을 알리는 일종의 '신호탄'이었다. 서구 세계와의 냉각된 관계는 미국의 국제문제에 대한 일방주의적 태도와 유엔 안보리의 동의 없는 타국 침공 등을 강하게 비난한 푸틴 대통령의 뮌헨 국제안보회의 연설에서 극명하게 드러났다(강봉구, 2014: 9).

2008년 4월 루마니아에서 열린 NATO 정상회의에서 미국은 급기야 러시아의 지정학적 급소를 건드렸다. 모스크바의 배타적 세력권인 우크라이나와 조지아를 NATO 회원국으로 받아들이자고 주장한 것이다. 러시아의 격렬한 반발과 독일 및 프랑스의 반대로 결국 우크라이나와 조지아의 나토 가입은 무산되었지만, 이것은 크렘린 인내의 한계를 실험하는 행위였다. 소

방적 정부로 교체하려는, 해외 세력의 '정권 교체' 의도가 있다고 보았다(강봉구, 2014: 9).

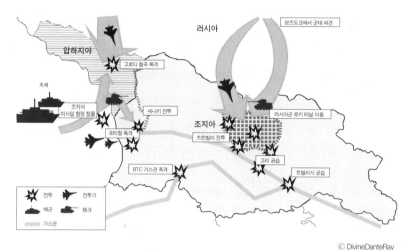

〈그림 2-3〉 러시아-조지아 전쟁 전개도

자료: Wikimedia Commons, https://commons.wikimedia.org/wiki/File:Georgia-War-2008-08-11.jpg

련의 해체 이후 러시아의 경고를 무시한 채 모스크바의 세력권을 야금야금 잠식해 온 서방에 대한 크렘린의 축적된 적의는 마침내 2008년 8월 러시아-조지아 전쟁으로 표출되었다.[7]

남오세티야 내 자국민 보호를 명분으로 한 러시아군의 조지아 침공은 지정학적 맥락에서 두 가지 중요한 의미가 있다. 하나는 신러시아연방 출범 이후 처음으로 국경선 밖에서 군사력을 전개했다는 점이고, 다른 하나는 친미 정권인 조지아에 대한 군사적 '손보기'가 서구를 향해 러시아의 지정학적 '반격'을 알리는 시그널이었다는 점이다.

---

7) 러시아-조지아 전쟁 또는 남오세티야 전쟁(Война в Южной Осетии 2008 года)은 2008년 8월 7일 조지아 정부군이 자국 내 친러 성향의 분리주의 세력이 장악하고 있던 남오세티야의 수도 츠힌발리에 진군해 군사작전을 시작하자, 여기에 크렘린이 남오세티야 내 러시아 민간인 보호를 명분으로 전차와 야전포 등의 지상부대를 투입하면서 전투가 본격화되었다. 유럽연합 의장국인 프랑스의 중재로 러시아는 8월 16일 평화협정안에 서명했다. 이후 조지아는 러시아가 주도하는 독립국가연합(CIS)에서 탈퇴하겠다고 선언했다. Виталий Лейбин, Виктор Дятликович, Павел Бурмистров, Дмитрий Великовский, Александр Цыганков, Руслан Хестанов, Юлия Идлис. "Викиликс: война в Осетии," http://www.rusrep.ru/article/2013/08/08/osetia/(검색일: 2018.8.11).

2008년 조지아 전쟁을 전후해 크렘린은 미국과 유럽을 겨냥해 러시아의 사활적 이익을 침해하면 더는 좌시하지 않겠다는 경고성 군사력 시위를 부쩍 늘려나갔다. 이를테면 소련의 와해 이후 중단했던 러시아 전폭기의 역외 정찰 활동을 재개했고, 2008년 11월에는 러시아 핵추진 순양함 '표트르 대제'호가 미국의 턱밑인 중남미 카리브해 해역까지 진출해 베네수엘라와 합동 해상 훈련을 실시했다. 또한 미국 MD 시스템의 폴란드·체코 배치에 대한 보복 조치로 폴란드에 인접한 러시아의 역외 영토 칼리닌그라드에 이스칸데르 미사일 배치를 선언했다.

2014년 2월 러시아 소치 동계 올림픽의 화려한 개최와 종합 성적 1위 달성은 지난 25년간 겨울잠을 자던 북극곰이 다시 깨어났다는 것을 만천하에 알리는 상징적 의미였다.[8] 푸틴 정부도 그런 의도를 애써 감추지 않았고, 실제로 지정학적 고토(故土) 회복을 위한 군사 안보적 공세를 강화해 나갔다.

우선 일차 목표는 러시아 고유의 세력권인 CIS 지역의 안정적 관리와 통제였다. 크렘린은 2014년 3월에 일어난 우크라이나 야누코비치 친러 정권의 축출을 서구의 사주에 의한 것으로 보고, 크림반도를 전격 접수함으로써 국제사회를 놀라게 했다. 이와 함께 동부 지역 반군에 대한 군사 지원을 통해 우크라이나의 러시아 세력권 이탈을 방지했다. 그동안 아프가니스탄 전쟁 수행을 명분으로 키르기스스탄에 장기 주둔 중인 미군이 크렘린의 '눈엣가시'였는데, 푸틴은 키르기스스탄의 아탐바예프 정권을 압박·회유해 2014년 마나스 기지에서도 미군을 축출했다. 2015년에는 EU와 NATO에 대항하기 위해 러시아가 주도하는 유라시아경제연합(EAEU)을 출범시켜 옛 소련 지역에 대한 통제권을 강화하는 발판을 마련했다.

---

8) 소치 동계 올림픽에서 러시아는 푸틴의 기대에 부응해 금메달 13개를 따내며 노르웨이, 캐나다, 미국 등을 제치고 종합 순위 1위에 올랐다.

푸틴은 배타적 세력권을 넘어서 동유럽과 중동 등 전통적 영향권의 복구를 위한 군사적·외교적 노력도 눈에 띄게 강화했다. 2012년에 시작된 시리아 내전에서 미국에 대해 첨예하게 대립각을 세웠고, 2015년 10월에는 기습적인 군사 개입을 통해 친러 성향의 아사드 독재정권을 끝까지 보호해 주었다. '유럽 속의 러시아'가 유럽 밖에서 처음으로 군사력을 행사한 시리아 내전 개입은 이해득실의 치밀한 계산에 따른 전략적 포석의 일환이었다. 우선 우크라이나에 쏠린 서구의 시선을 시리아로 돌리는 가운데 강대국으로서 러시아의 묵직한 위상과 존재감을 국제사회에 새롭게 과시할 수 있었다. 아사드 정권에 대한 후원을 통해 중동 지역에 대한 러시아의 영향력을 안정적으로 유지·강화할 수 있는 기회를 얻었다. 동시에 시리아 라카티아 지역에 위치한 흐메이밈 공군기지를 임차하는 한편, 지중해 연안 항구 타르투스를 영구 주둔 역외 해군기지로 확보함으로써,[9] 중동과 유럽을 향해 군사적 기동을 더욱 용이하게 할 수 있는 발판을 마련했다.

유럽연합(EU) 가입이 무산되어 실망한 터키를 포용해 나토의 분열도 시도했다. 러시아는 2016년 7월 터키 내 군부 쿠데타 정보를 사전에 알려줘 레제프 에르도안(Recep Erdogan) 대통령의 축출을 막는 데 도움을 주었다. 이 사건은 러시아와 NATO의 핵심 성원국 터키와의 관계를 밀월 관계로 전환시키는 데 결정적인 역할을 했다. 2017년 터키는 미국의 불편한 심기를 아랑곳하지 않고 20억 달러에 이르는 러시아산 첨단 방공 미사일 시스템 S-400의 구매를 결정했다(≪연합뉴스≫, 2017년 9월 13일 자). 푸틴의 터키 '껴안기' 전략이 성공해 NATO 회원국들의 결집력에 구멍을 낸 것이다. 나아가 '테러와의 전쟁'이라는 명분을 내세워 터키와 함께 미국을 따돌린 채 시

---

9) Paul Antonopoulos, 2016.12.08. "Russia finalizing deal for permanent naval base in Syria," *AMN NEWS*, https://www.almasdarnews.com/article/russia-finalizing-deal-permanent-naval-base-syria/ (검색일: 2018.8.5).

〈그림 2-4〉 2017년 11월 22일 소치에서 열린 러시아·이란·터키 3국 정상회담

자료: https://news.v.daum.net/v/20171123152907084

리아 내전의 휴전협정을 주도하면서, 중동에서 크렘린에 유리한 세력균형을 조성해 가고 있다.

최근 러시아는 나토 군사력의 동진 확장에 단호히 대처하며 맞서고 있다. 푸틴은 나토의 새 미사일 기지가 들어서는 폴란드와 발트삼국에 대해 경고성 무력시위를 강도 높게 전개했다(윤성학, 2017). 2017년 9월 러시아군은 폴란드 및 발트삼국과 인접한 칼리닌그라드와 벨라루스 일대에서 10만여 명의 대규모 병력을 동원해 '자파드-17' 군사훈련을 실시했다. 이 군사력 시위가 동유럽 주변국들에 위협적인 이유는 지난 2014년 반테러 군사훈련을 빙자해 병력을 집결시킨 뒤 우크라이나의 크림반도를 전격 합병한 전례가 있기 때문이다(≪동아일보≫, 2017년 9월 14일 자).

2018년 9월(11~17일)에는 영토의 동쪽 날개 지역에서 소련 붕괴 이후 최대 규모인 '동방-2018' 군사훈련을 실시했다. 우랄산맥부터 태평양 해안에 이르는 방대한 지역에서 전개된 이 훈련에는 러시아 전 병력의 3분의 1가량인 30만 명 이상이 동원되었고, 전투기 1000여 대, 전차와 장갑차 3만

〈그림 2-5〉 2017년 러시아의 '자파드 2017' 군사훈련

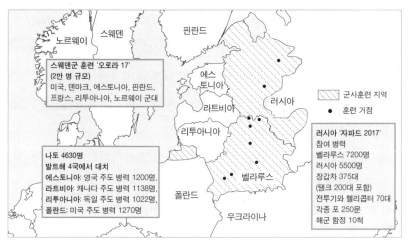

스웨덴군 훈련 '오로라 17'
(2만 명 규모)
미국, 덴마크, 에스토니아, 핀란드,
프랑스, 리투아니아, 노르웨이 군대

나토 4630명
발트해 4국에서 대치
에스토니아: 영국 주도 병력 1200명,
라트비아: 캐나다 주도 병력 1138명,
리투아니아: 독일 주도 병력 1022명,
폴란드: 미국 주도 병력 1270명

러시아 '자파드 2017'
참여 병력
벨라루스 7200명
러시아 5500명
장갑차 375대
(탱크 200대 포함)
전투기와 헬리콥터 70대
각종 포 250문
해군 함정 10척

자료: ≪동아일보≫(2017.9.14)를 참고해 작성했다.

6000대, 북해함대와 태평양함대 군함 80척이 참가했다.[10]

앞서 기술한 것처럼, 푸틴의 러시아는 2007년 2월 제43차 뮌헨 국제안보회의를 기점으로 서구에 대해 위세적 외교·안보 정책을 펼치고 있고 점진적으로 그 강도를 높여나가고 있다. 과거와 달리 자국의 사활적 이해가 침해될 경우 서구의 눈치를 보지 않고 즉각 대응하는 푸틴의 이런 거침없는 군사적 행보를 국제사회는 강대국 러시아의 부활이라 표현하고 있다.

4. 푸틴의 강대국 건설, 절반의 성공에 그치다

소련 해체 이후 초강대국의 지위에서 하루아침에 국제질서의 피동적

---

10) '동방-2018' 군사훈련은 중국 및 몽골과의 합동훈련으로 실시되었고, 양국에서 약 2만 5000명의 군 병력이 투입했다. ≪동아일보≫, 2018년 9월 8일 자; ≪연합뉴스≫, 2018년 9월 16일 자.

'관객'으로 전락했던 러시아의 국력과 국제적 위상은, 푸틴이 등장한 2000년 이후 18년이 지나는 동안 몰라보게 달라졌다. 적어도 외면적으로는 국제사회에서 미국 중심의 일극 우위적 패권 질서를 강단 있게 견제하는 강대국 이미지를 회복했다. 과거 소련이 누렸던 세계적 위상에는 미치지 못할지라도 정치 안정과 경제성장, 군사력 재건을 바탕으로 조금씩 제국적 역량을 되찾아 가고 있는 것은 분명하다.

그러나 다시 글로벌 강대국으로 발돋움하려는 총체적 노력에도 러시아는 아직 세계질서의 주도적 형성자로서 국제적 지위에는 이르지 못했다. 속주들을 거느린 헤게모니 국가로서 유라시아 강대국의 위상을 확보하고 싶어 하지만 이마저도 여의치 않다. 국제 세력 관계에서 전략적 독자성을 유지하면서 다극적 세계의 독자적 중심부 세력으로 러시아를 자리매김하기 위한 국가적 노력은 지난(至難)했다.

러시아는 재래식 무기 및 핵전력과 군사력의 운용 능력, 문화 수준, 국제적 분쟁의 조정자로서 외교 역량 면에서는 미국과 어깨를 나란히 할 수 있는 글로벌 강대국의 면모를 갖추고 있다. 하지만 현 수준의 물적 토대와 제도적 환경, 사회적 인프라, 국제적 지도력 등으로는 글로벌 패권 국가는 고사하고 유라시아 강대국으로조차 인정받기 어렵다. 그러므로 푸틴의 강한 국가, 강대국 건설이라는 목표는 아직 미완인 '제한적 성공', '절반의 성공'으로 평가할 수 있겠다(강봉구, 2014: 44).

재강대국화를 위한 푸틴의 국가 개혁을 절반의 성공으로 평가하는 근거는 러시아가 도달한 다음 세 가지 수준으로 간명하게 정리할 수 있다. 첫째는 권력수직화 작업을 통해 러시아연방체제가 원활하게 작동되는 행정적·법적 위계질서를 확립했고, 그럼으로써 정치·사회적 안정을 이루었다는 점이다. 둘째는 석유·가스 자원의 개발과 수출 호황으로 국가 부흥의 기반이 마련되었고, 고도성장을 토대로 러시아 경제의 규모가 과거에 비해 현저히 커졌다는 점이다. 셋째는 국력의 회복과 푸틴의 강력한 리더십에 힘입어 러시아의 국제적 발언권과 지정학적 위상도 크게 고양되었다는 점이다. 이란의 핵 개발과 시리아 화학무기 문제의 평화적 해결 사례에서 확인할 수 있듯이, 푸틴은 외교적 기동 공간을 확대할 수 있는 여러 계기와 기회를 적절히 활용해 러시아의 대외 정치적 역량과 존재감을 성공적으로 부각시켰다.

푸틴의 러시아가 강대국주의를 내세움으로써 얻은 '빛'도 있지만 '그늘'도 있다. 자국이 강대국이라는 환상 또는 강대국이 되어야만 한다는 자기충족적인 인식, 이를테면 '제국증후군'(고상두, 2005: 361)에 사로잡혀 러시아의 현실 국력에 맞지 않게 너무 일찍 힘과 영향력을 외부에 과잉 투사하고 있다는 점이다. 푸틴이 영도하는 위세적 강대국 노선은 사활적 국익의 요구에 따라 단호히 행사된 것이지만, 러시아 자신의 힘을 신중히 계량치 않은 모험주의적 측면이 없지 않다.

2014년 3월 전격적인 크림반도 합병 이후 서구의 경제제재와 이와 맞물린 국제유가의 폭락으로 인해 심각한 경제적 자상(刺傷)을 입고 있는 것이 러시아가 처한 오늘의 현실이다.[11] 이런 상황에서 우크라이나 동부 반군을 지원하는 군사비 지출이 '밑 빠진 독'이 되어 러시아 경제에 동맥경화 현상을 초래했다. 뒤이은 시리아 내전에의 군사 개입은 악화일로의 재정 여건을 더욱 심화시켰다. 여기에 압하지야, 남오세티야, 아르메니아, 벨라루스, 타지키스탄, 키르기스스탄 등 구 소비에트 공간의 해외 군사기지와 역외 지역에 새롭게 확보한 시리아의 타르투스 및 라타키아, 이집트의 시디바라니 군사기지 등을 유지·운용하는 데도 막대한 비용이 투입되어야 한다.

일련의 전쟁 수행과 과도한 군비 지출이 경제 피로 현상을 가중시킬 수

---

11) 2012년 배럴당 119달러였던 브렌트 원유 가격은 2016년 27달러까지 추락했다. 최근 70달러 선까지 회복됐지만, 2011~2012년 최고점을 찍던 때와 비교하면 현저히 낮은 수준이다.

밖에 없다는 것은 자명하다. 자기 역량의 과부하 상태를 초래한 군사력 투사의 '오버스트레칭(overstretching)' 현상을 보이고 있는 것이다. 과거 소련이 사회주의 발전의 내적 동력을 상실했음에도 불구하고 미국과 벌인 무리한 군비 경쟁, 아프가니스탄 침공 및 10년 전쟁으로 경제를 거덜 내고 결국 몰락의 길로 들어섰던 역사적 교훈이 새삼 상기된다.

최근 푸틴 정부가 전개한 위세적 강대국 노선은 일면 성공적인 것으로 보인다. 실제로 러시아의 힘과 영향력을 대외적으로 과시했고 이를 통해 전통적·역사적 세력권을 일부 복구하는 데 성공했다. 무엇보다도 제국증후군으로 목말라 하던 러시아인들에게 카타르시스를 선사한 것은 가장 큰 성과 중 하나일 것이다. 하지만 애국심 마케팅과 군사력만 내세워 러시아가 유라시아 강대국이 되기에는 한계가 있다. 러시아가 강대국이라는 최면은 일시적 자기만족일 뿐 오히려 현실을 더욱 악화시킬 수 있다(황성준, 2001: 20).

영민한 푸틴이 '당위'와 '현실'의 괴리를 모를 리 없다. 그래서 자국의 역량과 한계에 대한 냉철한 분석에 기초한 그의 강대국 노선은 성동격서·합종연횡과 같은 현란한 군사·외교적 기교를 수반한다. 시의적절하게 강한 근육질의 군사력을 과시하면서도, 기초 체력을 갉아먹는 힘의 오버스트레칭을 최소화하기 위해 미국의 반대편에 서 있는 중국의 힘을 이용하고, 이란과 연대하고, 유럽연합을 분열시키고, 서구의 단일대오에서 터키와 일본을 이탈시키고, 북한·인도·쿠바·베트남 등 친러 세력을 규합하는 등 팔색조 외교 전략을 구사하고 있다.

5. 글로벌 강대국으로의 부상: 조건과 과제

푸틴 집권기 18년은 위대한 강대국 러시아의 재건을 향한 험난한 여정이었다. 그사이 국제무대에서 러시아의 발언권은 높아지고 대외적 위상은 강화되어 왔다. 현재 러시아는 에너지 부국으로서 잠재력, 첨단 기초과학과 방위산업의 비교우위를 바탕으로 다시 세계 최고 수준의 강대국 반열로 도약하고자 하는 분명한 목표를 갖고 있다(장덕준, 2012: 66). 하지만 아직까지 러시아는 강대국의 현대적 조건에 부합하는 국력과 국제적 지위에는 도달하지 못했다는 게 객관적인 평가일 것이다. 그렇다면 향후 러시아는 글로벌 거버넌스의 상위 행위자로 다시 부상할 가능성이 있는가? 러시아가 지구촌 강대국으로 웅비하는 것을 억제하는 제약 요인은 무엇이고, 이것을 극복하기 위해서는 어떤 노력이 요구되는가?

기본적으로 러시아는 강대국으로서 갖추어야 할 삼박자, 즉 영토, 자원, 인구 모두를 구비하고 있다. 지구 육지 1/8 면적의 광활한 영토에, 지구상에 존재하는 거의 모든 자원이 부존하고 그 매장량은 세계 최고를 자랑하며 1억 4220만 명의 인구가 살고 있다. 특히 방대한 에너지자원의 부존이라는 신의 축복을 받았다. 여기에 높은 교육수준과 기초 과학기술력, 강한 군사력, 대외적 이익을 증진·관철시킬 수 있는 고도의 외교 역량까지 보유하고 있다.

이처럼 러시아가 강대국의 위상에 버금가는 조건을 갖추고 있지만, 그것을 현재화하지 못한 데는 그럴만한 충분한 이유가 있다. 무엇보다도 취약한 경제력을 지적할 수 있다. 2016년 기준 러시아의 GDP(국내총생산) 규모는 1조 1327억 달로로 세계 14위 정도다. 미국의 1/18, 중국의 1/11 수준이고 심지어 우리 대한민국보다도 낮다. 국제유가 폭락과 서구의 경제제재 영향으로 GDP 규모가 하락한 측면이 있지만, 일본, 독일, 영국 등 여타 서방 선진국들과 비교해도 경제력에서 큰 차이가 난다. 경제의 기초체력이 상대적으로 허약한데 세계를 호령하는 강대국이 된다는 것은 언감생심(焉敢生心)이다. 튼튼한 물적 기초가 강대국의 전제조건이라는 것은 상식이다.

이보다 더 심각한 문제는 기형적인 경제구조다. 러시아가 1999년 이래

한동안 고도성장을 구가했지만, 그 성장의 내용을 자세히 분석해 보면 경제 체질의 구조적 문제가 확연히 드러난다. 석유·가스 부문이 전체 수출의 54%, 재정수입의 50%, GDP의 15%를 차지할 정도로 산업 생산에서 에너지를 포함한 원자재 수출 비중이 과도하게 높다는 것이다. 이른바 자원의존형 경제구조인 것이다. 러시아가 사우디아라비아, 베네수엘라, 나이지리아 등처럼 에너지자원 수출로 경제를 꾸리고 일부 계층의 배를 불리는 형태의 권위주의 국가를 의미하는, '원유국가(petro-state)'화되는 것이 아닌가 하는 우려가 크다. '원유국가'의 전형적인 특징은 수출, 세수 증대 및 경제성장은 있으나 일자리 창출은 되지 않고 안정·지속적인 성장 기반이 마련되지 않는다는 데 있다(강봉구, 2005: 4).

러시아는 고유가의 경제호황기에 제조업 위주의 산업 다각화 노력을 적극 경주했어야 했는데, 절호의 기회를 놓쳤다. 정경유착으로 연결된 지배 계층들의 안이한 지대 추구 경향이 첨단 산업과 고부가가치 중소기업의 육성을 방해했다. 산업구조 재편을 게을리한 결과 오늘날 러시아가 세계시장에서 국제경쟁력을 갖춘 상품은 무기와 원전을 제외하고 찾기 힘들다. 이처럼 러시아 경제가 안고 있는 내적 결함, 즉 경제 역량 증대를 위한 토대의 취약성이 글로벌 거버넌스의 핵심적 행위자로 도약하는 것을 어렵게 한다.

경제력 증대와 건강한 경제구조로의 재산업화 못지않게 내부 통합력의 유지 문제도 러시아의 재강대국화에 영향을 미치는 중요 요인이다. 러시아는 종교와 민족이 매우 다양한 연방제 국가이다. 다민족·다종교·다문화 연방국가를 하나의 이데올로기와 정체성으로 통합시키지 못할 경우, 국가의 '위치 에너지'를 '운동 에너지'로 전환시키는 데 심대한 지장을 초래할 수 있다. 상황 여하에 따라서는 소련의 붕괴 경험처럼 러시아연방의 해체 가능성도 배제할 수 없다.

푸틴 정부가 슬라브 전통과 문화유산을 강조하는 가운데 러시아정교 이

<그림 2-6> 러시아의 인구증감 추세

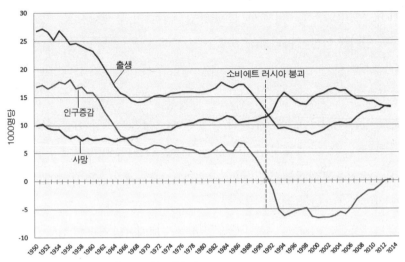

자료: https://en.wikipedia.org/wiki/Demographics_of_Russia

념과 유라시아 정체성을 내세워 국가 통합을 모색하고 있지만, 타타르스탄·체첸·사하 공화국과 같은 비슬라브계 이민족들의 자발적 동의와 호응을 얻기가 쉽지 않다. 권력수직화 조치로 지방에 대한 중앙의 통제가 강화되어 표면화되지 않을 뿐, 유라시아주의로 포장된 슬라브 중심적 세계관에 대한 이민족들의 저항감도 만만치 않다. 차르 체제나 소비에트 체제가 그러했듯이, 억압적 수단에 의한 강권적 중앙지배는 단기적으로만 효율적일 수 있다. 따라서 러시아연방 민족 구성원 모두를 응집시킬 수 있는 새로운 통치이념의 제시와 국가 정체성의 재구성이 필요하고, 이에 입각해 내부 통합력을 유지·강화하는 문제가 성공적 재강대국화의 중요한 조건이다.

글로벌 강대국으로의 부상을 방해하는 또 한 요인은 인구학적 기반의 악화, 즉 심각한 인구 감소 위기이다. 1991년 신러시아연방 출범 당시 약 1억 4900만 명이었던 인구가 25년이 지난 2016년에는 1억 4220만 명 수준으로 줄어들었다. 소련의 해체 이후 매년 44만 명씩 인구가 감소한 것이다. 현재의 추세라면 2050년에는 1억 1100만 명 수준으로 감소할 것이라는 전망이 나온다(Rosenberg, 2018.3.6). 문제는 인구 급감이 정치·군사적 격변 등에 의한 일시적 현상이 아니라, 출산율 저하에 따른 구조화된 만성적 현상이라는 데 위기의 심각성이 있다. 러시아는 영토 면적이 일본의 45배인데, 인구 규모는 거의 비슷해져 가고 있다. 세계에서 가장 많은 나라와 국경선을 접하고 있는 러시아에 인구의 절대 감소 문제는 국가적 재앙이다. 인구 격감이 광활한 국토의 효율적 관리와 운영, 국가안보, 산업생산, 경제성장 등 국가 발전 전반에 악영향을 주는바, 이는 재강대국화에 지장을 초래하는 중요한 걸림돌이 아닐 수 없다.

역사적으로 러시아는 두 차례에 걸친 국가 대개혁의 성공에 힘입어 강대국으로 부상했다. 표트르 대제 시대에는 유럽의 강국으로, 스탈린 시대에는 세계를 지배하는 초강대국 반열에 올라섰다. 그러나 차르 체제와 소비에트 체제는 새로운 국제적 환경 변화에 민감하지 못한, 세계적 흐름과 절연된 권위주의 지배 체제였다. 이것이 러시아의 지속적인 강대국 유지를 어렵게 만들었다. 제정러시아와 소비에트 러시아의 급작스러운 와해 이유를 바로 여기에서 찾을 수 있다(강윤희, 2005: 7).

푸틴이 추구하는 세 번째 강대국화 전략에서는, 강대국에 물리적으로 도달하는 것뿐 아니라 강대국의 지위를 지속적으로 유지할 수 있는 제도적 환경, 요컨대 푸틴주의를 넘어서는 새로운 통치 시스템의 구축이 시급한 과제로 떠오른다. 내부 통합력을 공고히 할 수 있는 민주적 통치이념과 부강한 경제발전을 촉진하는 투명하고 효율적인 국가 운영 시스템을 주조(鑄造)해야, 21세기 러시아가 유라시아 강대국을 넘어 글로벌 강대국으로 부상할 수 있을 것이다. 이것이 2018년 5월 네 번째 집권을 시작한 푸틴 대통령에게 부여된 시대적 과제이다.

참 고 문 헌

강봉구. 2005. 「세계정치에서 러시아의 영향력」. ≪이슈와 대안≫. 미래전략연구원. http://www.kifs.
　　org/contents/sub3/issue.php?method=info&sId=1733(검색일: 2017.05.21).
＿＿＿. 2014. 「'강대국으로의 복귀?': 푸틴시기의 대외정책(2000~2014)」. ≪슬라브 연구≫, 제30권
　　1호. 1~57쪽.
강윤희. 2005. 「러시아 역사를 통해 본 러시아 강대국화의 가능성」. ≪이슈와 대안≫. 미래전략연구원.
　　http://www.kifs.org/contents/sub3/issue.php?method=info&sId=1736(검색일: 2017.05.30).
고상두. 2005. 「푸틴의 전방위 외교정책: 제국증후군의 극복」. ≪한국정치학회보≫, 제39집 1호.
　　347~647쪽.
김선래·박상남·박정호·이종문. 2007. 『푸틴의 러시아』. 한울.
성원용. 2012. 「푸틴주의와 러시아 국가자본주의: 역사적 기원과 현대적 변용」. ≪비교경제연구≫,
　　제21권 2호. 113~159쪽.
우준모. 2004. 「푸틴의 러시아: 국가 재조직화 노력의 의미와 전망」. ≪세계지역연구논총≫, 제2집 2호.
　　1~19쪽.
우평균. 2014. 「현대 러시아의 통치 이념: 푸틴주의(Putinism)의 성격 및 평가」. ≪민족연구≫, 제57권,
　　22~49쪽.
윤성학. 2017. 「21세기 차르 푸틴」. ≪신동아≫, 2월 호. http://shindonga.donga.com/3/all/13/839294/1
이진구. 2018.9.8. "'러시아, 군사·경제대국 부활' G3 꿈꾸는 푸틴의 야망". ≪동아일보≫. http://news.
　　donga.com/3/all/20180908/91889780/1
장덕준. 2012. 「러시아의 재부상과 동북아」. ≪아시아리뷰≫, 제2권 1호, 63~93쪽.
정은숙. 2007. 「제43차 '뮌헨 안보정책회의'와 미·러관계」. ≪세종논평≫, No.77, 9~11쪽
제성훈. 2012. 「푸틴의 귀환, 러시아의 미래: 2012년 대선 이후 러시아의 대내외정책 전망」.
　　≪세계지역연구논총≫, 제30집 1호, pp.137~158.
홍완석. 2000. 「푸틴시대 러시아의 대외정책과 전략: 분석과 전망」. ≪국가전략≫, 제6권 3호, 79~
　　116쪽.
황성준. 2001. 「러시아는 과연 강대국인가?」. ≪주간조선≫, 1669호.
≪동아일보≫. 2017.9.14. "러시아, 4년 만에 최대 규모 군사훈련... 나토 초긴장". http://news.
　　donga.com/3/all/20170914/86318153/1(검색일: 2017.10.17).
≪연합뉴스≫. 2017.9.13. "러시아-터키 S-400 미사일 거래액 2조 3천억 원 넘어". http://news.
　　donga.com/3/all/20180908/91889780/1
＿＿＿. 2018.9.16. "러 국방 '동방-2018' 같은 대규모 군사훈련 5년마다 추진". https://www.yna.
　　co.kr/view/AKR20180916057600108?section=search

Эксперт. "Викиликс: война в Осетии." http://www.rusrep.ru/article/2013/08/08/osetia/ (검색일: 2018. 8.11).

Antonopoulos Paul. 2016.12.8. "Russia finalizing deal for permanent naval base in Syria." *AMN NEWS*. https://www.almasdarnews.com/article/russia-finalizing-deal-permanent-naval-base-syria/ (검색일: 2018.8.5).

Applebaum, Anne. 2013. "Putinism: The Ideology." *Strategic Update*, Vol.13, No.2, pp.1~10.

Clunan, Anne L. 2009. *The Social Construction of Russia's Resurgence: Aspiration, Identity, and Security Interests*. Baltimore: The Johns Hopkins University Press.

Fish, Steven M. 2017. "What is Putinism?" *Journal of Democracy*, Vol.28, No.4, pp.61~75.

Laqueur, Walter. 2015. *Putinism: Russia and Its Future* with the West Kindle Edition. New York: Thoma Dunne Books.

Lipman, Maria and Alexey Malashenko. 2013. *The End of An Era in EU-Russia Relations. Moscow: Carnegie Moscow Center*. http://carnegieendowment.org/files/new_era_russia_eu.pdf (검색일: 2017.10.3).

Rosenberg, Matt. 2018.3.6. "Population Decline in Russia: Russia's Population Set to Decline From 143 Million Today to 111 Million in 2050." *Thoughtco*.

Tsygankov, Andrei P. 2003. "Mastering space in Eurasia: Russia's geopolitical thinking after the Soviet break-up." *Communist and Post-Communist Studies*, Vol.36, Issue 1, pp.101~127.

3장
러시아 혁신성장 정책의 평가와 과제

박지원(대한무역투자진흥공사 연구위원)

● 이 장은 한국슬라브·유라시아학회의 《슬라브연구》 제34권 4호(2018)에 실린 「러시아 혁신성장 정책의 평가와 과제」를 수정한 것이다.

1. 서론

시장경제를 도입한 이후 러시아 경제는 국제 원자재 가격의 등락에 따라 극명한 상승과 하락의 기조를 보여왔다. 1990년대 원자재 가격 하락 시기에는 심각한 침체의 모습을 보였으며, 2000년대 자원 가격 호황기에는 연간 7~9%가량의 높은 경제성장이 이어졌다. 자원 가격 하락기에는 수출 감소, 정부 재정 악화, 환율 상승 등의 영향으로 경제가 역성장하면서 침체 국면에 빠졌으며, 상승기에는 자원에 대한 의존도가 높아져 제조업 등 다른 부문의 성장을 저해하는 패턴이 반복되고 있다. 이와 같은 러시아 경제의 자원 의존성 문제는 오래전부터 계속되어 왔으며 러시아 경제의 안정적 성장을 위해 반드시 해결되어야 하는 해묵은 과제이다.

러시아 정부는 자국 경제의 자원 의존성을 해소하고 다양한 산업 육성을 통한 안정적인 경제성장을 위해 노력을 기울여왔다. 정부의 노력은 주로 제조업 육성을 위한 '유도 계획(indicative planning)' 형태의 프로그램 개발 및 재원 투여 방식으로 계속되었다. 그러나 정부의 노력에도 불구하고 러시아 경제의 자원 의존도는 여전히 높은 수준이며[1] 식품 등 몇몇 부문을 제외하고는 역점을 두고 있는 제조업 부문의 성장이 현재까지 두드러지게 나타났다고 보기 어려운 것이 사실이다. 자원 기반 경제의 특성상 일반적인 제조업을 중심으로 한 경제구조로의 전환이 쉽지 않으며 중국과 같이 저렴한 인건비와 양호한 사업 환경을 갖춘 국가들과 경쟁하는 것 또한 녹록지 않은

---

1) 러시아 통계청의 자료에 따르면, 러시아 수출에서 자원 부문이 차지하는 비중은 2016년 기준 59.2%로, 원유 가격이 높은 수준이었던 2013년의 71.3%에 비해 낮아지기는 하였으나, 이는 자원 가격의 하락으로 인한 현상으로, 타 부문의 성장으로 인한 자원 부문의 대체로 보기 어렵다.

일이다.

따라서 러시아 경제가 산업 다각화를 통해 자원 의존 구조를 개혁하기 위해서는 단순히 생산 효율성을 중심으로 한 저가 제품의 양산을 넘어서는 부가가치 창출과 경제구조의 개혁이 필요하다. 다행히 최근 세계경제의 흐름은 후발 산업화 국가들이 본격적인 경쟁에 뛰어들기에 더 나은 조건을 조성하고 있다. 인터넷 환경을 기반으로 한 글로벌 혁신 생태계의 발전은 생산 기반이 없어도 충분히 경쟁력 있는 기업의 등장이 가능하도록 하고 있다. 제4차 산업혁명과 같은 산업 패러다임 전환의 분위기 또한 그동안 주류 산업국가에 속하지 못했던 국가들이 혁신기술 개발을 바탕으로 새로운 경쟁에 나설 수 있는 기회를 제공한다고 볼 수 있다. 현재 많은 국가는 저마다 이와 같은 새로운 사업 환경 변화에 직면해 국가 차원의 경쟁력 확보를 위한 정책 마련에 힘쓰고 있다. 러시아로서도 지금의 글로벌 경제 환경 변화는 지난 수십 년간 이루지 못한 경제구조 개혁을 이룰 수 있는 호기이다. 이미 '러시아의 구글'이라 일컫는 '얀덱스(Яндекс)' 같은 러시아의 일부 기업들은, 인터넷을 기반으로 한 플랫폼 생태계를 구축하고 택시, 음악, 음식 배달 등 생활 전반에 걸친 혁신적 비즈니스 모델을 성공적으로 만들어내고 있다. 또한 '카스퍼스키 랩(Kaspersky Lab)'과 같은 인터넷 보안 기업은 IT 분야에서 독보적인 영역을 구축하고 있는 러시아의 글로벌 기업이다.

이처럼 민간 영역에서 몇몇 러시아의 기업들은 혁신적인 사업 기반 마련을 통해 자국에서, 나아가 해외에서 사업을 성공적으로 추진하고 있다. 그렇다면 혁신산업을 육성하고자 하는 러시아 정부의 지난 노력과 그 성과는 어떻게 평가할 수 있는가, 정부의 혁신성장 정책의 의미를 어떻게 해석할 수 있을 것인가, 그리고 최근 러시아 정부의 혁신정책의 방향은 어떤 것인가라는 의문에 대한 해답을 찾는 것이 이 장의 목적이다. 따라서 2010년 이후 본격화된 러시아 경제의 혁신 성과를 다양한 지표를 통해 분석하고 정부가 추진하는 혁신 주도 성장의 함의와 과제를 도출하고자 한다.

2. 러시아 혁신성장정책: 과정과 함의

러시아 정부의 초기 주요 혁신정책은 경제특구를 통한 혁신기술의 유입에 초점을 맞추었다. 2006년 정부는 신경제특구를 지정하면서, 4개의 경제특구 범주 가운데 산업 경제특구와 기술혁신 경제특구의 2개 특구를 통해 생산 및 기술 혁신을 달성하고자 했다. 특히 모스크바 및 페테르부르크 인근에 주로 지정된 기술혁신 경제특구는 과거의 산업 클러스터를 기반으로, 전자·정보통신·바이오 등의 신산업 육성에 대한 기술 도입 및 육성에 초점을 맞춘 것이었다. 또한 2009년 당시 메드베데프 대통령은 ① 신연료원의 개발과 에너지의 활용·운송·효율성 관련 기술력 향상, ② 핵에너지 기술의 질적 향상, ③ 슈퍼컴퓨터와 데이터 네트워크 기술을 포함한 정보기술의 발전, ④ 지표면 탐사 및 우주 기술을 포함한 정보전달 기술, ⑤ 의약 기구, 진단 장비 및 각종 질병에 대한 신약 개발 등을 중심으로 한 혁신 육성안을 내놓았다(Газета.ru. 2009.9.9). 이후 러시아 정부는 주요 산업별 발전 전략을 추가 발표해 정보 기술, 의료 및 제약, 항공, 중공업 등 각종 산업의 구체적인 발전안을 제시하는 등 혁신산업 육성을 위한 정책을 지속해 왔다.

그리고 푸틴 3기 이후의 러시아 혁신정책은 기존의 정책에 더해 경제구조 개혁을 위한 '디지털 경제(digital economy)' 구축을 추진해 왔으며, 현재는 디지털 경제 구현과 혁신산업 육성의 두 부문에 초점을 맞추고 있다. 즉, 과거의 산업기술 혁신의 기반 위에 새로운 디지털 경제를 구현함으로써, 양 부문의 시너지 효과와 성장이라는 목표를 달성하기 위해 힘쓰고 있다.

OECD의 연구·조사에 따르면 혁신을 위한 정책으로 정부가 우선순위에 두어야 하는 전략 중 하나는 디지털 경제를 구축하는 것이다. 인터넷 기반의 플랫폼은 소비자들의 연결성 강화와 아이디어 공유를 통해 기업가 정신을 함양하고 다양한 실험을 가능하게 하는 등의 혁신 활동을 촉진한다(OECD, 2015: 12~13). 21세기 들어 정보 기술이 비약적으로 발전했고 러시아 내에서도 해당 부문의 성장이 두드러지게 나타나는 등 시장 환경도 우호적이다. 그동안 러시아 시장은 지나치게 넓은 국토와 산재한 인구로 인해 온라인 시장의 성장이 더딘 것으로 관측되어 왔으나, 최근 모스크바 등 대도시를 중심으로 온라인 시장이 빠른 속도로 성장하고 있다.[2] 빠른 온라인 시장의 성장은 연관된 정보통신 기능의 발전도 함께 촉진시키고 있다.

러시아 정부는 이미 지난 2011년 발표한 '2020년까지 러시아연방 혁신발전 전략(Стратегия инновационного развития Российской Федерации на период до 2020 года)'과 2017년의 '러시아연방 디지털 경제화 프로그램(Программа Цифровая экономика Российской Федерации)'을 통해 디지털 경제 구축을 위한 목표와 방향을 설정하고, 혁신을 통한 경제성장 동력을 확보하기 위해 노력하고 있다. 다음의 < 표 3-1 >은 2020년까지 러시아 혁신·발전 전략의 주요 부문을 보여주고 있다. 표에 나타난 것처럼 혁신·발전 전략의 대부분은 구체적인 혁신의 상세한 분야와 방법을 나타내기 보다는 특정 지표의 개선 목표를 보여주고 있다. 그리고 이러한 정부의 목표를 이루기 위한 주요 과제로 정부가 노력을 기울이는 분야는 교육과 과학기술이지만, 구체적으로 어떤 방식의 교육과정 개발 및 교육을 강화할 것이며 이를 통해 어떤 분야에

---

2) 모스크바나 페테르부르크 등의 대도시를 중심으로 물류 환경이 개선되고 온라인 쇼핑몰의 지불·결제 편의성이 눈에 띄게 향상된 데다, 2014년 이후 경기 불황이 지속되면서 저가 상품을 찾는 소비자들이 온라인 시장으로 눈을 돌리게 되었다. 아직까지는 오프라인 상품 판매가 온라인 상품 판매를 앞서고 있으나, 여러 기관들의 시장 예측에 따르면 2020년까지는 온라인 매출이 오프라인 매출을 넘어설 것으로 보이는 등 러시아의 온라인 시장 성장세는 뚜렷하다.

<표 3-1> 2020년까지 러시아연방 혁신·발전 전략: 주요 부문

국가 프로그램	목표 지표	달성 목표	달성 기간
과학 및 기술 발전	과학 R&D 분야의 총제품에서 혁신적 제품의 비중	34%	2020
	과학 R&D 분야의 기술 혁신 총지출에서 기업 자체 여력으로 실시하는 기술 혁신 지출 비중	69.9%	2020
	기술 혁신 총지출에서 기계, 장비, 프로그램 구입 지출 비중	15.9%	2020
경제발전 및 혁신 경제	과학 R&D 분야 혁신적 상품, 노동, 서비스 시장에서 새로운 혁신적 상품, 노동, 서비스 비중	16.7%	2020
	전체 기관(기업) 수에서 기술 혁신을 수행하는 기관 비중	25%	2020
산업 발전 및 산업 경쟁력 제고	산업 기업의 상품, 노동, 서비스에서 기술 혁신에 대한 지출 비중	2.5%	2020
	산업 기업의 혁신적 활동(전체 연구기관에서 기술, 조직, 마케팅 혁신기업 비중)	60%	2020
	IT 발전 지수 국제 순위에서 러시아의 순위	TOP 10	2016
정보사회 (2011~2020)	전자문서 형태로 중앙정부 및 지방자치단체의 서비스를 받는 국민의 비중	70%	2018
	통신 분야에서 고생산성 일자리 수	483,000	2020
	정보 발전 통합지표별 러시아연방 주체들의 차별화 정도	1.8	2019

자료: Стратегия инновационного развития Российской Федерации на период до 2020 года.

서 혁신 기반을 마련할 것인지에 대한 구체적인 방안 마련은 부족하다(ПРАВИТЕЛЬСТВО РОССИЙСКОЙ ФЕДЕРАЦИИ, 2011: 1~108).

매킨지 보고서에 따르면(Mckinsey, 2017: 1~132), 러시아 GDP에서 디지털 경제가 차지하는 비중이 2015년 기준 3.9%에 머물고 있어서, 2025년까지 디지털 경제가 3배 성장한다면 러시아 GDP 성장에 대한 기여율이 19~34%에 이를 것으로 평가하고 있다. 같은 해 기준 미국, 중국, EU 등은 각각 디지털 경제 비중이 10.9%, 10.0%, 8.2%에 이르고 있어, 러시아의 디지털 경제화는 아직 갈 길이 요원하다고 할 수 있다. 2018년부터 2020년까지 러시아의 경제성장률은 2% 내외에 그칠 것으로 보이며(Центральный банк Российской Федерации, 2018: 27), 현재의 경제구조하에서 급격한 원자재 가격의 상승 없이는 2000년대에 경험했던 고성장의 시기는 다시 오기 어려울 것으로 예측된다. 그것은 대체 에너지 개발의 가속화로 전통 에너지 수요가 크게 늘어나기 어려운 데다, 미국의 셰일가스 개발 등 새로운 공급 요인도 자원가격 하락에 영향을 줄 것으로 보이기 때문이다. 세계은행(World Bank)은 원자재 가격 동향 보고서에서 석탄, 원유 등 2015년에 바닥을 형성했던 전통적인 에너지 가격은 2020년 이후에도 전반적인 안정세를 유지할 것으로 보이며 2000년대 초반과 같은 가파른 가격 상승은 어려울 것으로 판단했다(World Bank, 2018: 31). 이러한 상황에서 러시아 혁신정책의 수립 배경에는 현재의 자원의존형 경제구조하에서 러시아 경제가 저성장 기조를 탈피하기 어렵다는 판단이 작용한 것으로 보인다. 그러므로 현재의 산업구조나 정부의 재정지출 확대 여력, 경상수지 증가 가능성 등을 고려하여, 현 시점에서 성장의 동력으로 삼을 수 있는 기제를 디지털·혁신 부문으로 설정·추진하고 있는 것이다.

러시아 정부는 디지털 경제 구축의 주요 과제로 ① 지식정보화 공간 구성, ② ICT 인프라 개발, ③ ICT 분야 글로벌 경쟁력 강화, ④ 경제·사회 발전을 위한 기술 기반 마련, ⑤ 디지털 경제 분야에서 국익 확보 등의 5가지를 선정하여(ПРАВИТЕЛЬСТВО РОССИЙСКОЙ ФЕДЕРАЦИИ, 2017: 1~87), 디지털 사회 구축과 이를 기반으로 한 성장을 추진하고 있다. 푸틴 러시아 대통령은 지난 2018년 5월 7일 제4기 취임과 동시에 '2024년까지 러시아연방 발전을 위한 국가 목표 및 전략 과제'를 대통령령으로 공표했다. 여기에 언급된 9대 국정과제 가운데 3개 과제가 경제혁신 부문과 직접적인 연관을 갖는데, ① 기술 발전의 가속화와 기술혁신기업 수의 50% 증가, ② 사회·경제 영역에서 디지털 기술 도입의 가속화, ③ 제조업, 농공단지 등 기초 경제 분야에서 첨단 기술과 고급 인력에 기반한 고생산성 수출 부문 육성 등이다(Russian Presidential Executive Office, 2018.5.7). 이를 통해 정부는 디지털 경제 부문 육성과 혁신 육성의 두 가지 부문에서 성장을 지속해 나가겠다는 계획이다.

사실 2010년대에 발표된 러시아 정부의 혁신전략들은 그 내용이 대체로 유사하다. 혁신성장의 일환으로서 디지털 경제 구축은 2010년대 초반부터 추진해 온 전략의 일부이자 변형된 모습이다. 다만 정부가 발표하는 혁신전략의 주요 목표로 수출다변화와 확대라는 과제가 제시된 것은, 산업 다각화에 혁신산업 육성을 활용하려는 러시아 정부의 의지가 얼마나 강한지 그리고 이를 통한 성장이 얼마나 중요한지를 잘 보여주고 있다.

3. 러시아 혁신성장정책의 평가

1) 혁신성장의 평가모델

러시아 혁신성장 정책과 결과를 평가하기 위한 모델로는 인시아드(INSEAD) 대학의 마흐롬(Sami Mahroum) 교수를 중심으로 개발된 '혁신효과성 지수(Innovation Efficacy Index, IEI)'를 사용했다. 혁신효과성 지수는 한 국가의 혁신 효율성을 '역량(capacity)'과 '실행(performance)'의 두 가지 영역으로 구분하고, 각 영역을 ① 접근(access), ② 기저(anchor), ③ 확산(diffusion), ④ 생산(creation), ⑤ 활용(exploitation) 등의 5가지 항목으로 평가했다(Mahroum and Alsaleh, 2013: 320~332). 상기 5가지 항목에는 평가를 위한 각각의 지표들이 포함된다.

<표 3-2>는 혁신을 위한 러시아의 혁신 역량과 혁신실행 결과를 평가하기 위해 '혁신효과성 지수'의 각 영역에서 일부 지표를 필자가 선정한 결과이며, 각 지표의 값을 통해 러시아의 혁신 효과성을 평가한다. 각 지표는 마흐롬이 사용한 변수 중에서 '세계경제포럼(World Economic Forum)'의 '글로벌 경쟁력 보고서'(Klaus Schwab and World Economic Forum, 2017) 등의 변수를 중심으로 필자

<표 3-2> 러시아 혁신 효과성 평가를 위한 지표 선정

구분	혁신 역량(capacity)	혁신실행 (performance)
① 접근	종합적인 인프라의 질	가치사슬의 범위
② 기저	투자자 보호, 외국인 제한, 범죄와 폭력에 대한 비즈니스 비용	클러스터 조성, FDI와 신기술 유입
③ 확산	교육 시스템의 질, 과학자와 엔지니어 접근성, 직원 교육 정도, 특화된 제품과 서비스의 로컬 접근성	기업의 기술 유입, 기술 인지도, 생산 과정의 심화 정도
④ 생산	기업의 R&D 비용, 지적재산권 보호, 과학 연구기관의 질	고등교육기관 진학 비중
⑤ 활용	벤처 캐피털 접근성, 비즈니스 스쿨의 질, 주식시장 접근성, 고급 기술 제품의 정부구매	전체 수출에서 상품 수출 비중

자료: 사미 마로움(Sami Mahroum)과 야세르 알살레(Yasser Alsaleh)의 지표에서 필자가 선택 또는 변형했다.

가 부분적으로 선택했다.

이 글에서는 상기 지표들을, 2010년(러시아의 혁신정책이 본격화하기 이전)을 전후한 자료와 2017~2018년(푸틴 집권 4기의 새로운 혁신정책 추진 이전)의 자료를 중심으로 비교·분석한다. 2010년은 메드베데프 정권 시기로서 당시에 러시아의 혁신산업 육성을 위한 정책들이 적극 추진되었고, 2011년은 2020년까지의 혁신 성과 창출을 위한 정책이 본격화되던 시기였다. 또한 2010년대는, 2000년대의 국제 원자재 가격 상승기와 2008년의 글로벌 금융위기를 겪은 후 러시아의 자원 의존 경제구조 탈피를 위한 논의와 전략 수립이 본격화된 시기라는 의미가 있다. 그러므로 푸틴 4기의 핵심 정책인 디지털 경제로의 전환과 혁신성장 정책이 다시 본격화되기 시작하는 2018년의 시점에서, 지난 2010년대 러시아 혁신정책의 진행 과정을 되돌아보고 평가하는 데 이 연구의 의미가 있다 할 것이다. 특히 러시아가 가진 혁신 역량과 그 역량의 발현인 혁신실행의 결과를 평가함으로써, 혁신 역량을 단편적인 측면에서 보기보다는 투입과 산출의 개념하에서 입체적으로 측정하여 러시아 혁신정책의 효과성을 파악하고자 했다. 다만 러시아의 혁신정책 추진 기간이 10여 년으로 길지 않아 평가 기간이 짧은 것은 연구의 한계로 볼 수 있다.

2) 러시아 혁신성장정책 추진결과의 평가와 시사점

세계경제포럼의 지수를 중심으로 2010년과 2018년의 러시아 혁신 역량을 비교한 결과는 < 표 3-3 >과 같다.

지표상으로 드러난 러시아의 혁신 역량은 2010년에 비해 대체로 향상된 것으로 나타났다. 접근·확산·생산·활용 등의 네 가지 항목은 개선된 것으로 측정되었으며, 기저를 나타내는 항목만 소폭 하락했다. 특히 큰 폭의 개선이 이루어진 것은 혁신에 대한 접근과 생산 역량이다.

이 글에서 접근성에 대한 직접적인 측정 지표로 사용되지는 않았으나 혁신 역량의 접근성 평가지표로 많이 언급되는 것이 일반적인 인터넷 및 브로드밴드 사용자 수 등으로, 이를 통해 한 국가의 혁신 접근성을 평가할 수 있다(Mahroum and Alsaleh, 2013: 320~332). '국제전자통신연합(International Telecommunication Union)'이 측정하는 'ICT 발전 지수(ICT Development Index)'의 '접근성 지수(access sub-index)'에 따르면, 러시아의 접근성 지수는 2017년 기준 7.23으로 세계 176개국 중 50위를 차지하여 2016년의 7.12 및 54위보다는 개선된 모습을 보였다(ITU, 2017: 32). 또한 2010년의 6.42나 2011년의 6.69에 비해서도 지표가 향상되어(ITU, 2012: 38), 2010년대 초반에 비해

〈표 3-3〉 러시아 혁신 역량 평가: 2010~2018년

구분	① 접근	② 기저	③ 확산	④ 생산	⑤ 활용
2010년	3.3	3.9	4.0	3.4	3.2
2018년	4.0	3.8	4.1	3.9	3.3

주: 각 항목의 값은 1~7까지이며 값이 클수록 양호한 상태를 나타낸다.
자료: World Economic Forum, The Global Competitiveness Report 2009~2010 and 2017~2018에서 필자가 계산했다.

객관적인 항목의 평가에서는 좋은 점수를 받고 있다. 그런데 수치상의 개선에도 불구하고 다른 국가들과의 상대적인 평가는 오히려 악화되는 모습을 보이고 있다. 동일 지수에서 2010년 39위였던 순위는 2011년 36위로 올라갔으나, 2017년에는 오히려 50위로 하락했다. 이 같은 결과는 러시아에 비해 다른 국가들의 혁신 접근성이 더 빨리 개선되었음을 의미하는데, 2010년 61위로 러시아에 비해 낮은 순위였던 오만은 2017년에는 48위로 러시아보다 좋은 평가를 받았으며, 이전에는 순위 안에 없었던 모나코와 안도라가 2017년에는 각각 13위와 33위를 차지하는 등 접근성에 대한 타 국가들의 개선이 두드러지게 나타났다. 이는 인터넷과 통신 기반을 조성하는 데 영토가 작은 소국이 러시아처럼 영토가 넓은 국가보다 유리하다는 점이 작용한 것으로 보인다.

러시아의 혁신생산 역량도 2018년 평가에서 2010년에 비해 큰 폭으로 개선되었다. 이 항목에 포함된 지표는 기업의 R&D 지출과 지적재산권 보호 그리고 과학 연구기관의 질인데, 가장 큰 개선이 이루어진 것은 지적재산권 보호 부문이었다. 러시아는 그동안 지적재산권 보호가 가장 취약한 국가 중 하나로 간주되어 왔다. DVD와 CD 등 영상·음반 관련 소프트웨어 시장에서 불법 복제가 매우 광범위하게 이루어졌으며, 컴퓨터 소프트웨어 시장에서도 정품보다는 불법 제품이 더 많이 활용되었다. 이로 인한 외국 기업들의 손실도 상당히 큰 것으로 추정되었으므로, 미국은 러시아에 지속적으로 개선을 요구했다. 특히 러시아의 WTO 가입이 가시화되기 시작한 2010년을 전후로 러시아 정부도 지적재산권 보호와 불법 복제품 생산을 막기 위해 적극적인 정책을 걸쳐 적극적인 정책을 도입했고, 의회를 중심으로 입법도 이루어졌다(Lane, 2012: 198~199). 지적재산을 보호하는 역량과 기반이 개선된 것은 러시아의 혁신성장을 위한 소프트웨어 산업의 발전 및 혁신생산 역량과 직접적인 관계가 있다고 보인다. 특히 디지털 경제 구축을 중시하는 신정부의 정책 추진에서 혁신생산 역량의 개선은 의미가 있다고 볼 수 있다.

확산 역량은 2018년의 개선 폭이 그다지 크지 않은 항목이다. 2010년 4.0에서 2018년 4.1로 소폭 개선되었다. 혁신의 확산 역량을 측정하는 지표로 사용된 것은 주로 대학이나 기업의 교육의 질과 현지에서 특화된 제품과 서비스를 어느 정도 이용할 수 있는지에 대한 것이다. 대학이나 기업에서 교육의 질이 뛰어나다면 교육 수요자는 이를 통해 혁신적인 아이디어나 성과를 낼 수 있는 기회가 더 커질 것이다. 현지에서 특화된 제품과 서비스 이용이 가능하다면 이를 활용하거나 파생된 또 다른 혁신적인 상품이나 서비스의 재생산이 용이하다. 그러나 이 부문에서 러시아의 개선도는 지표 측정의 결과가 말해주는 것처럼 그다지 크지 않다. 서비스 부문의 경우, 비록 러시아에서 서비스 시장이 차지하는 비중이 과거보다 확대되기는 했으나 IT 서비스 시장을 제외하고는 시장의 활성화가 이루어지지 않고 있으며, 일부 서비스는 모스크바나 페테르부르크 등 일부 인구 밀집 도시에만 집중되어 있어, 서비스 부문이 혁신을 견인하기에는 아직 멀었다(Rodriguez and Melikhova, 2016: 674~675). IT 서비스 시장은 클라우드 시스템 등 일부 분야의 발전이 확대되는 추세이나(박지원, 2016: 11~12) 전반적으로 혁신 확산을 주도하기에는 부족한 듯 보인다.

활용 역량 역시 2010년 3.2에서 2018년 3.3으로 소폭 개선에 그쳤으며 평가 값도 가장 낮은 수준에 머물렀다. 활용 역량을 측정하기 위한 지표로는 주식시장과 벤처 캐피털 시장 등 금융시장 접근성 및 고급 제품의 정부 구매 가능성 등이 포함되었다. 금융시장에 대한 접근성이 좋을수록 혁신기업이 자금 활용을 통해 혁신 제품이나 서비스를 생산하고 출시할 기회가 커진다. 따라서 최근에는 혁신기업들에게 자금을 제공해 주는 벤처 캐피털의 역할이 확대되었으며, 일반 기업의 경우에도 주식시장이 활성화된 경우 자금 활용을 통한 신사업 진출 및 신제품 개발 등이 용이하다. 이런 측면에서 러시아 금융시장의 발전 속도는 빠르지 않다고 평가되고 있다.

기저 역량의 경우, 2018년의 평가가 2010년의 평가보다 낮은 유일한 항목인데, 지표가 3.9에서 3.8로 악화되었다. 기저 역량의 악화에는 러시아의 소액투자자 보호 미흡이 부정적인 영향을 주고 있다. 세계은행의 2018년 「두잉 비즈니스(Doing Business) 보고서」에 따르면, 러시아에서는 소액투자자가 기업의 경영진에 대해 경영 책임을 물을 수 있는 제도나 환경이 매우 미흡한 것으로 나타났다(World Bank Group, 2018: 65~74). 즉 기업경영에서 내부 경영진의 경영상 잘못된 판단이나 운영이 계속될 경우, 이를 외부에서 견제하거나 바로 잡을 수 있는 사회적 환경이 조성되어 있지 않다는 의미이다.

1990년대 기업의 사유화 초기 과정이 내부 거래자들에게 유리하도록 만들어졌고, 외부인들은 기업의 내부 사정을 명확히 알 수 없는 상태에 놓였다(Filatotcheva et al., 2001: 299). 러시아 기업의 문화적 특징으로 기업 소유자 또는 경영진에게 과도한 소유권과 권한이 집중된다는 점이(Dolgopyatova, 2007: 7~23) 지속적으로 지적되어 온 것을 볼 때, 이러한 관행이 결국 현재의 기업경영 환경에도 영향을 주고 있다고 볼 수 있다. 소수에 대한 과도한 경영권과 권한의 집중이 결국 기업 외부 소액투자자들의 권익 침해로 나타나는 것이다. 기업의 혁신 기저 역량을 강화하기 위해서는 결국 기업 대내외의 다양한 의견을 수렴하고 이를 기업의 발전과 혁신에 활용할 수 있는 기반이 마련되어야 하지만, 러시아 기업들의 경우 기업 경영진에 대한 과도한 권한 집중으로 인해 혁신을 위한 기반 구축이 저해되고 있다고 평가할 수 있다.

세계은행 발전 지수와 「글로벌경쟁력보고서」의 지수를 중심으로 2010년과 2018년의 러시아 혁신 실행을 비교한 결과는 <표 3-4>와 같다.

혁신 역량에서 접근성이 크게 개선된 것과 마찬가지로 혁신 실행에서도

<표 3-4> 러시아 혁신실행 평가: 2010~2018년

구분	① 접근	② 기저	③ 확산	④ 생산	⑤ 활용
2010년	3.1	3.6	3.7	74.7	14.1
2018년	3.8	3.6	3.9	80.4	22.3(2017)

주: ①~③ 각 항목의 값은 1~7까지로 값이 클수록 양호한 상태를, ④·⑤는 %를 나타낸다.
자료: World Bank Development Indicators와 World Economic Forum, The Global Competitiveness Report 2009-2010 and 2017-2018에서 저자가 계산했다.

접근성 지표는 2010년 3.1에 비해 2018년 3.8로 크게 개선되었다. 혁신 실행에서 접근성 측정에 활용된 지표는 '가치사슬의 범위(value chain breadth)'로, 이는 제품을 생산하는 특정 가치사슬 안에 내재된 다양한 산업의 조합을 통해 구성된다(Strugeon, 2001: 10~11). 한 국가나 지역 내에서 가치사슬의 범위가 폭넓게 발달한 국가는 해당 산업에서 다양한 기업 활동의 조합을 통해 클러스터를 촉진시키고 대외경쟁력을 강화시킬 수 있다. 특정 산업에 속한 기업과 공급 업체, 관련 서비스 시설 등이 지리적으로 인접한 곳에 위치할 경우, 제품 생산의 효율성이 높아질 뿐만 아니라 제품 생산을 위한 혁신이 촉진되는 장점이 있다. 따라서 러시아의 가치사슬의 범위가 개선되었다는 것은 러시아 정부가 추진하는 산업화와 제조업 육성에서 일정 부분 기업의 수가 확대되고 서비스 질이 개선되었음을 의미한다. 실제로 러시아 현지 공급기업의 수와 질은 절대적인 지표나 상대적 순위에서 모두 향상되었다. < 표 3-5 >는 러시아 현지 기업의 수와 제품 또는 서비스의 질을 연도별로 비교한 것이다.

현지 공급기업의 수에서 2009~2010년에 비해 2017~2018년의 지표상 개선은 0.1에 불과했으나, 순위는 약 8년 만에 19 계단이 상승한 83위로 나타났다. 이 순위는 여전히 세계적인 수준에서 높다고 볼 수는 없지만, 과거에 비해 러시아 제조기업의 수가 양적인 측면에서 확산되고 있다는 증거이다. 현지 공급기업의 질적 개선은 더욱 두드러진다. 지표는 3.9에서 4.4로

<표 3-5> 러시아 현지 공급기업의 수와 질 변화

구분	현지 공급기업의 수		현지 공급기업의 질	
	지표	순위	지표	순위
2009~2010년	4.3	102위	3.9	110위
2017~2018년	4.4	83위	4.4	66위

주: 지표의 값은 1~7까지로, 값이 클수록 양호한 상태를 나타내며 순위는 2010년은 133개국, 2018년은 137개국 중의
　　순위를 나타냈다.
자료: World Economic Forum, The Global Competitiveness Report 2009-2010 and 2017-2018.

개선되었으며 글로벌 시장에서 순위는 110위에서 66위로 크게 향상되었다.

혁신 실행의 기저 항목은 크게 개선되지 않은 채 같은 값으로 측정되었다. 기저 실행의 지표로 활용된 것은 클러스터 조성 및 외국인 직접투자(foreign direct investment, 이하 FDI)와 신기술 유입에 대한 것이다. 후자의 지표는 FDI가 러시아 신기술 유입에 얼마나 기여했는지를 평가하는 지표로서[3] 2017~2018년의 평가는 이전에 비해 오히려 하락했고, 글로벌 순위도 103위에서 109위로 떨어졌다. 이러한 결과는 러시아의 경기침체로 인한 FDI 유입이 줄어든 것이 직접적인 영향을 미치고 있다고 판단된다.

러시아에 대한 FDI는 주로 광업과 제조업, 도소매업 등을 중심으로 이루어지고 있는데, 광업을 제외하고는 전반적인 FDI 금액이 경제위기 이전보다 감소한 상황이다. 2013년 FDI 금액은 700억 달러에 가까웠으나 2017년에는 300억 달러에도 못 미치고 있다. 특히 기술 유입과 직접적인 관련이 있는 제조업에 대한 투자가 큰 폭으로 감소해 2017년에 약 29억 달러에 그친 것은 혁신 기저 실행 결과에 부정적 영향을 미친 요인으로 판단할 수 있다. 다만 과학기술 분야에 대한 투자는 2017년에 급증했는데, 이로 인한 기술 유입 효과가 지표로 드러나기에는 미미한 것으로 보인다.

---

3) Klaus Schwab and World Economic Forum, *The Global Competitiveness Report 2017-2018*, p.348.

<표 3-6> 분야별 FDI 순유입 금액 변화: 2013~2017년

(단위: 100만 달러)

구분	2013	2014	2015	2016	2017
광업	7,101	4,545	11,489	22,304	8,329
제조업	16,494	1,173	6,839	4,884	2,867
도소매 및 자동차정비	20,542	3,240	3,996	1,701	1,826
정보통신	-1,292	-2,361	-6,514	-362	780
금융보험	14,456	7,842	-2,825	3,301	7,136
부동산	1,728	-830	339	399	1,402
과학기술	75	79	90	15	2,523
서비스	3,053	3,870	-2,345	634	0
기타	7,062	4,473	-4,216	-639	3,704
Total	69,219	22,031	6,853	32,539	28,557

자료: Центральный банк Российской Федерации.

혁신확산의 실행 평가에서도 지표 개선은 두드러지게 나타나지 않고 있다. 앞선 혁신확산 역량도 미미한 개선에 그쳤으며, 확산 실행도 비슷한 양상을 보이고 있는 것이다. 확산 실행의 평가지표는 기업의 기술 유입, 기술 인지도, 생산 과정의 심화도 등인데, 기업의 기술 유입은 앞선 지표인 기저 실행과 마찬가지로 최근의 외국인 직접투자 감소가 영향을 미치고 있는 것으로 보인다. 기업과의 협력 및 투자가 감소하면서 기업의 기술경쟁력과 생산 과정의 심화도가 약화된 것이다.

혁신 실행에서 앞의 세 가지 지표를 통한 시사점은 러시아에서 제조업 및 생산기업의 수와 질은 향상되어 혁신을 위한 접근성은 향상되었으나, 혁신기술과 이를 활용한 제조업 성장을 통한 혁신확산은 미흡하게 나타나고 있다는 점이다. 제조업에 대한 외국인 투자 감소와 기업으로의 기술 유입이 더디다는 것이 그 주요 원인이다.

혁신생산의 실행은 고등교육 진학 비중에 의해 측정되었는데, 러시아의 고등교육 진학률은 2010년 측정 기준으로 74.7%였으나 2018년에는 80.4%로, 고등교육 진학이 크게 늘어난 것으로 나타났다. 고등교육을 이수한 학생의 경우 산업의 각 부문에서 필요로 하는 혁신적인 분야에서 활동하는 경우가 많다(Avvisati, Jacotin and Vincent-Lancrin, 2013: 25~29). 따라서 고등교육을 위해 진학하는 학생 수가 늘어나면, 장기적으로 각 산업에서 이들이 혁신을 촉진하는 역할을 수행할 수 있다. 특히 과학기술 분야는 고등교육을 통한 혁신적인 기술개발과 상품화 등이 중요하다. 그러나 글로벌 경쟁력 지수에 따르면 러시아의 수학 및 과학 교육의 질은 2009~2010년 4.7로, 글로벌 순위 42위로 평가되었으나 2017~2018년의 지표는 4.4, 순위는 52위로 하락하는 등 혁신생산을 위한 과정이 일정 부분 퇴보하고 있다.

마지막으로 혁신 활용의 실행은 한 국가의 최종적인 상품의 수출에서 공산품이 차지하는 비중으로 측정되었다. 러시아의 2010년도 수출에서 공산품이 차지하는 비중은 전체의 14.1%에 불과했으나 2017년에는 22.3%로, 대체로 크게 증가했다. 2010년은 2008~2009년 글로벌 금융위기에서 회복하기 시작하던 시기로 위기 당시 급락했던 국제 원유 가격이 빠른 속도로 제자리를 찾아가던 때였다. 당시 국제 원유 가격은 WTI(서부 텍사스산 원유) 기준 배럴당 약 78달러(EIA, 2013: 29)로 2017년 평균인 배럴당 51달러에[4] 비해 높은 수준을 유지했다. 따라서 전체 수출에서 공산품 비중이 높아진 것은 국제 원유 가격 하락에 따른 원자재 수출 금액의 상대적 감소의 영향으로 판단되며, 같은 기간 제조업의 성장을 통한 혁신 제품의 수출이 절대적으로 증가했다고 보기는 어렵다.

---

4) EIA, "Crude oil prices increased in 2017, and Brent-WTI spread widened," https://www.eia.gov/todayi-nenergy/detail.php?id=34372(검색일: 2018.9.11).

4. 혁신성장의 주요 기제와 과제

러시아 정부의 혁신성장을 위한 중요한 기제는 크게 두 가지 방향으로 전개되고 있다. 첫째는 고부가가치 산업에서 외국계 기업의 자국 내 생산 기지화와 유치를 통한 기술이전과 혁신 촉진이다. 시장경제가 도입된 지 수십 년이 지났음에도 러시아는 기업하기 어려운 환경으로 평가되어 왔다. 법규의 미비, 법 체제의 불완전성, 고질적 병폐인 부패 등은 특히 기업의 거래 비용을 증가시켜 기업의 혁신 역량에 부정적인 영향을 미치는 것으로 나타났다(Chadee and Roxas, 2013: 32). 그러나 최근 러시아는 기업하기 좋은 환경을 만들기 위해 많은 노력을 기울이고 있다. 그리고 정부의 노력이 일부 실질 지표의 개선으로 나타나고 있다.

<표 3-7>에서 보는 바와 같이 러시아의 종합적인 사업 환경은 40위로, 2013년의 120위에서 단기간에 급속도로 개선되었다. 특히 중국에 비해 많은 항목이 우위에 있으며 한국에 비해 앞선 부분도 나타날 정도로 최근 사업 환경이 눈에 띄게 개선되고 있는 것이 사실이다. 다만 통관 등과 같은 몇몇 분야에서는 여전히 개선될 것이 많다.

러시아 정부가 기업 환경 개선에 많은 노력을 기울이는 이유는 이를 통해 외국 기업의 투자 유치를 확대하기 위한 것이다. 투자의 증가는 그 자체만으로도 성장 요인이 되지만, 부가가치가 높은 기술의 자국 유입을 통해

〈표 3-7〉 러시아의 사업 환경 비교: 2017년

구분	종합	비즈니스 시작	자산 등록	세금 납부
러시아	40	26	9	45
중국	78	127	42	131
한국	5	11	39	23

주: 각 수치는 조사 대상 190개국 중 순위를 나타낸다.
자료: World Bank, Doing Business, 각 국가별 자료(2017).

기술이전과 고부가가치 제품의 생산을 기대할 수 있기 때문이다. 지난 2000년대 후반부터 모스크바나 페테르부르크 등 서부 지역을 중심으로 한 신경제특구 지정이나 최근의 극동 지역에 대한 선도개발구역 지정 및 자유항 도입 등은 모두 같은 맥락의 정책이라고 볼 수 있다. 다만 세제 혜택을 중심으로 한 제도와 환경 조성이 외국인 투자 유입을 보장하는 만능열쇠는 될 수 없다.

둘째는 최첨단산업에서 정부 주도의 자원 투입 및 배분을 기반으로 한 직접적인 혁신 육성이다. 이러한 방식의 자원 배분을 통한 산업 육성은 천연자원 수출을 통해 얻은 수익을 정부가 직접 배분하는 방식으로 혁신에 투자하는 것이다. 중동의 많은 자원 의존국들이 제조업 육성을 위해 사용했던 방식이며 러시아도 이러한 방식의 산업 육성에 익숙하다. 정부가 펀드나 기관 등을 설립하고 이들을 통해 기업에 재원을 투여하는 것이다. 이 방식을 통한 몇 가지 러시아의 혁신 기제 중 하나가 '러시아 벤처 컴퍼니(Russia Venture Company)'라는 기업을 통한 혁신기업 육성이다.

2006년에 설립된 이 국영기업의 역할은 러시아 내 하이테크 기업에 벤처 자금을 지원하는 것이다. 이 기업은 혁신기업들에 대한 투자 환경을 조성하고 기업 육성을 통해 러시아의 과학기술 기반을 다져, 궁극적으로 러시아의 수출 잠재력을 강화하는 데 목표를 두고 있다.[5] 러시아 벤처 컴퍼니는 러시아 정부의 혁신산업 육성·지원 정책인 '국가 기술 이니셔티브(Национальная Цехнологическая Инициатива) 2035'의 수행 기관이기도 하다. '국가 기술 이니셔티브 2035'는 4차 산업혁명에 대한 논의가 본격화된 2014년 12월에 푸틴 대통령이 이와 관련된 계획 수립을 언급하고서, 2015년에 발표한 전략이다. 기존의 다른 혁신전략과는 달리 '국가 기술 이니셔티브 2035'

---

5) Russia Venture Company 홈페이지, https://www.rvc.ru/investments(검색일: 2018.9.12).

〈표 3-8〉 국가 기술 이니셔티브 9개 전략 분야

영역	분야	중점 과제
안전 및 자원	EnergyNet	개인형 전력 생산과 스마트그리드
	FoodNet	개인형 식품 생산 및 공급 시스템
	SafeNet	개인형 안전 시스템
수송 체계	AutoNet	무인 자율주행 자동차
	AeroNet	무인 항공기
	MariNet	무인 자율 해상운송 시스템
삶의 질	HealthNet	개인 맞춤형 의료
	NeuroNet	인공의식 및 지능
	FinNet	분산화된 금융 시스템 및 통화

자료: NTI 홈페이지(https://www.nti2035.ru).

는 4차 산업혁명에 대응해 러시아 정부가 육성하고자 하는 미래산업을 목록화한 것이다. 러시아 벤처 컴퍼니는 해당 산업에 대해 자원과 행정적 지원을 수행하고 있으며, 정책 총괄 및 위원회 지원은 '러시아 전략 이니셔티브청(Agency for Strategic Initiatives, ASI)'이 맡아 민간의 자발적 이니셔티브 어젠다 지원, 투자 환경 개선과 사회적 기업 및 교육·신기술 분야 육성 등을 지원한다. 2009년 메드베데프 전 대통령에 의해 창설된 '스콜코보(Skolkovo) 혁신센터'도 러시아 혁신 생태계를 활성화하기 위한 정부 기관 중 하나다. 러시아 정부는 특히 스타트업에 대한 각종 세금 감면을 통해 IT·의료 분야 등의 다양한 스타트업 입주가 활발해지기를 기대하고 있다.

　그러나 혁신성장을 위한 러시아의 정책이 단순히 기업의 사업 환경 개선이나 혁신기업에 대한 자금 지원에 머물러서는 안 된다. 혁신성장을 위한 역량과 실행의 평가에서 대체로 러시아의 혁신 역량과 실행 결과는 지난 2010년 이후 일정 수준 개선되었으나, 사실 몇 가지 지표를 제외하고 그 결과는 미미하다. 또한 혁신성장의 주요 기제인 사업 환경 개선을 통한 외국인 투자 유입과 기술이전, 혁신기업 육성 측면에서도 그간 경제위기 등의 시기를 거치면서 눈에 띄는 성과를 내지 못하고 있는 것이 사실이다. 혁신산업 육성을 통해 경제성장을 촉진하고 재원을 집중하는 방향이 잘못된 것은 아니다. 특정 혁신산업과 기업에 대한 정부의 집중적인 지원은 단기간 내에 산업 성장을 촉진시킬 수 있는 장점이 있다. 다만 전통적인 산업군의 혁신을 위해 경제특구 등을 조직하고 외국계 기업의 유치를 촉진하는 것을 넘어서는, 더욱 적극적인 협력 전략이 필요하다는 것이다. 이를 통해 기존 산업의 성장은 물론이고 혁신적인 제품의 육성이 가능하다. 또한 이와는 반대로, 완전히 새로운 산업군에 대한 정부의 역할은 자원을 제공하고 배분하는 데 그쳐야 하며, 정부의 규제는 신산업군에 속하는 기업들의 자유로운 활동을 지원하는 정도에 그쳐야 할 것이다.

5. 결론

혁신산업 육성과 이를 바탕으로 한 경제성장이라는 러시아 정부의 노력은 지금도 진행 중이다. 특히 최근 전 세계적인 4차산업 육성 열풍은 러시아에게 신산업 육성의 필요성을 인식하게 했다. 러시아의 혁신성장 정책은 이미 2000년대 중반에서 2010년대 초반 사이에 시작되었다. 2006년 당시 신경제특구에서 기술혁신 경제특구의 지정은 혁신산업 육성에 대한 정부의 의지를 처음으로 보여준 것이었으며 2009년 메드베데프 대통령은 5대 혁신산업 육성안을 내놓은 바 있다. 이후 2010년대 들어 러시아 정부는 혁신 발전을 위한 전략과 디지털 경제 육성 방안 등을 내놓으며 혁신을 러시아의 주요 경제 동력으로 삼고자 노력하고 있다.

이 장에서는 지난 2010년대 초반부터 현재까지 러시아 정부의 혁신발전 전략의 성과를 평가하고 향후 과제를 살펴보았다. 먼저 혁신 역량을 평가한

다섯 가지 항목에서 러시아의 접근성과 생산성 지표는 객관적으로 2010년에 비해 2018년에 눈에 띄게 개선된 결과를 나타냈다. 전자의 경우 인터넷 사용자 등이 확대되면서 IT를 기반으로 한 정보접근성이 개선된 영향이 크며, 후자의 경우는 그동안 러시아의 지적재산권 보호 정책이 강화되면서 혁신적인 콘텐츠나 아이템 생산을 위한 저변이 확대된 것으로 평가할 수 있다. 다만 접근성의 경우, 상대적 순위가 2010년대 초반보다 하락했다는 것은 타 국가들의 정보 접근성이 러시아보다 더 빠르게 개선되고 있음을 보여준다. 혁신역량 평가의 다른 세 가지 항목인 기저, 확산, 활용의 경우는 2018년까지 크게 개선이 나타나지 않았다. 기저 역량의 경우에는 러시아의 소액투자자 보호 제도와 관련한 개선이 미흡해, 2010년대 초반보다 악화된 결과를 보여주었다. 확산과 활용 역량의 경우도 기존보다 각각 0.1 포인트 상승한 데 그쳐 개선의 정도가 낮았음을 보여주고 있다. 앞의 평가를 통해 본 러시아의 혁신 역량은, 정보 접근성과 생산 역량은 개선되었지만 이를 활용하여 기업이 혁신적인 서비스를 만들거나 상품을 내놓는 등 혁신 아이디어를 확산하는 역량은 크게 나아지지 않았음을 보여준다.

　혁신실행을 평가한 결과에서는 접근성과 생산성에 더해 활용성 측면에서 개선이 크게 나타났다. 접근성 개선은 러시아 가치사슬의 폭이 넓어진 것으로 해석되는데, 제조업에서 일정 부분 특정 기업의 수가 확대되고 서비스의 질이 개선된 것으로 평가할 수 있다. 이것이 결국은 공산품 수출의 증가로 이어져서 혁신 활용성 개선에까지 긍정적인 영향을 준 것으로 볼 수 있다. 또한 혁신의 생산성 면에서도 고등교육 진학률의 증가가 혁신을 실행하는 촉매제 역할을 하고 있음이 나타났다. 반면 혁신 기저와 확산은 2010년대 초반에 비해 큰 변화가 없는 것으로 드러났다. 기저의 실행은 2010년대 중반부터 계속된 러시아 경기 불황과 이로 인한 외국인 직접 투자의 감소가 부정적인 영향을 준 것으로 판단된다. 기술 유입과 직접적인 관계가 있는 제조업 분야에서 외국인 투자가 줄어듦으로써 기술이전을 통한 혁신 기저에 악영향을 주고 있고, 이러한 결과가 기술 유입, 기술인지도, 생산 과정의 심화 등 신확산지표의 평가 역시 동반 하락시키고 있다.

다양한 지표를 통해 살펴본 결과, 2010년대 이후 러시아의 혁신성장정책은 혁신의 접근성과 생산성이라는 측면에서 일부 개선의 모습을 보이고 있는 것이 분명하다. 특히 제조업 분야에서 일정한 성과를 보이고 있는 것은 주목할 만하나, 특정 항목에서 약점과 정체 역시 계속되고 있다. 지금 많은 국가들은 4차 산업혁명의 시대에 있어서 혁신 육성을 국가 발전의 최우선 과제 중 하나로 삼고 있다. 러시아가 이에 뒤처지지 않기 위해서는 전통적인 제조업 육성과 동시에 균형 잡힌 혁신성장 정책을 올바로 추진해 나가야 한다. 이를 통해서만 지속 가능한 경제구조를 구축하고 외부 환경 변화에 내성을 갖춘 안정적인 경제성장이 가능할 것이다.

참 고 문 헌

박지원. 2016. 「4차 산업혁명시대 러시아 IT시장: 현황분석 및 한국의 협력방안」(KOTRA Global Strategy Report, 16-013). 대한무역투자진흥공사.

Газета.ru. 2009.9.9. "Россия вперед!" *Газета.ru.* http://www.gazeta.ru/comme-nts/2009/09/10_a_3258568.shtml(검색일: 2018.7.1)

ПРАВИТЕЛЬСТВО РОССИЙСКОЙ ФЕДЕРАЦИИ, 2011. "Стратегия инновационного развития Российской Федерации на период до 2020 года," № 2227-р.

ПРАВИТЕЛЬСТВО РОССИЙСКОЙ ФЕДЕРАЦИИ, 2017. "Цифровая экономика Российской Федерации," № 1632-р.

Центральный банк Российской Федерации. 2018. *Доклад о денежно-кредитной политике*, No.2.

Avvisati, F., G. Jacotin and S. Vincent-Lancrin. 2013. "Educating Higher Education Students for Innovative Economies: What International Data Tell Us." *Tuning Journal for Higher Education*, Vol.1, No.1, pp.223~240.

Chadee, D. and B. Roxas. 2013. "Institutional environment, innovation capacity, and firm performance in Russia." *Critical perspectives on international business*, Vol.9, No.1/2, pp.19~39.

Dolgopyatova, T. 2007. "Ownership Concentration and Russian Company Development." *Problems of Economic Transition*, Vol.50, No.5, pp.7~23.

EIA. 2013. *Oil Market Report: Annual Statistical Supplement for 2013*. Washington, D. D.:EIA.

_____. 2018.1.3. "Crude oil prices increased in 2017, and Brent-WTI spread widened." https://www.eia.gov/todayinenergy/detail.php?id=34372(검색일: 2018.9.11).

Filatotcheva, I., R. Kapelyushnikov, N. Dyominaba and S. Aukutsionek. 2001. "The Effects of Ownership Concentration on Investment and Privatized Firms in Russia." *Managerial and Decision Economics*, Vol.22, pp.299~313.

ITU. 2012. *Measuring the Information Society Report*. Geneva: ITU.

_____. 2017. *Measuring the Information Society Report*, Vol.1. Geneva: ITU.

Lane, W. P. 2012. "Trapped in China's Shadow? Intellectual Property Protection in Post-WTO-Accession Russia." *Boston College International and Comparative Law Review*, Vol.36, No.1, pp.1~36.

Mahroum, S. and Y. Alsaleh. 2013. "Towards a Functional Framework for Measuring National Innovation Efficacy." *Technovation*, Vol.33, Issue.10~11, pp.332~332.

Mckinsey. 2017. *Цифравая Россия: новая реальность*. Moscow: Mckinsey.

OECD. 2015. *OECD Innovation Strategy for 2015: An Agenda for Policy Action*. OECD Meeting of the OECD Council at Ministerial Level. Working Paper.

Rodriguez, M. and Y. Melikhova. 2016. "Services in Russia: past, present, and future." *Eurasian Geography and Economics*, Vol.56, No.6, pp.656~678.

Russia Venture Company. https://www.rvc.ru/investments/ (검색일: 2018.9.12).

Russian Presidential Executive Office. 2018.5.7. "О национальных целях и стратегических задачах развития Российской Федерации на период 2024 года." http://www.kremlin.ru/events/president/news/57425(검색일: 2018.7.15).

Strugeon, T. J. 2001. "How Do We Define Value Chains and Production Networks?" *IDS Bulletin*, Vol.32, Issue.3, pp.9~18.

World Bank. 2018. *Commodity Markets Outlook*. Washington, D. C.:World Bank.

World Bank Group. 2018. *Doing Business 2018: Russian Federation*. Washington, D.C.:World Bank.

4장
러시아 대기업의 광공업 부문 일반 집중도 분석

이종문(부산외국어대학교 러시아어언어통상학과 교수)

● 이 장은 한국슬라브·유라시아학회의 ≪슬라브학보≫, 제33권 2호(2018)에 게재된 「러시아 대기업의 광공업 부문 일반집중도 분석: 러시아 100대 기업(매출액 기준)을 중심으로」를 수정·보완한 것이다.

1. 서론

2000년대 글로벌 경제에서 골디락스(Goldilocks) 시대의 전개는 국제 원자재 가격의 장기간 상승(super cycle)을 이끌었고 이는 러시아 주요 기업들이 글로벌 기업으로 발돋움하는 계기가 되었다. 특히 에너지자원 및 금속광물 산업에 종사하는 기업들의 약진이 두드러졌다. 미국의 경제 전문지 ≪포브스(Forbes)≫가 매출액(sales), 순이익(profits), 자산(assets), 시장가치(market value) 등을 기준으로 산정해 발표하는 「세계 2000대 상장 기업(The World's 2000 Largest Public Companies)」 명단에, 2004년 러시아는 가스프롬(Газпром, 1위)을 위시해 에너지·금속 산업 중심의 12개 기업이 이름을 올렸고, 그 후 2007년에는 20개 기업으로 증가했다. 2008년 9월 미국의 서브프라임 모기지 사태로 발생한 글로벌 금융·경제위기 이후 2017년까지 10년 동안, 러시아 기업은 매년 적게는 25개(2016), 많게는 30개(2013) 기업이 글로벌 기업으로 인정받고 있다.

푸틴 정부 1, 2기(2000~2008) 동안 국가가 시장과 기업 활동 부문에 적극 개입하고 핵심 경제 주체로서 국민경제 활동에 직접 참여하는 국가자본주의(state capitalism) 방식을 통한 경제성장 전략을 추진하면서, 국영기업을 중심으로 한 대기업 집단이 러시아 경제의 성장과 발전을 주도하게 되었다. 2000년대 세계경제의 호황에 편승한 에너지자원 및 광물 산업 부문의 국영기업과 과두재벌(олигархи) 소유의 소수 대기업은 러시아 경제가 연평균 7%의 고도성장을 달성하는 데 중추적 역할을 담당했다. 대규모 장치·설비 산업 건설에 자본을 집중하고, 해외시장 개척을 통해 수출을 주도하며, 기술 도입과 개발의 창구역을 담당하고, 새로운 일자리를 창출하면서, 그들은 러시아 경제성장의 주역으로 평가받았다. 그러나 러시아 경제의 고도성장 과정에서 인적·물적 자원과 자본 등 생산요소 대부분이 소수의 대기업과 산업에 집중되었다. 소수 거대 기업들의 시장과 산업 독점으로 시장의 자원 배분 기능이 왜곡되면서 산업의 생산성 하락과 경제 전반의 효율성 저하라는 부작용이 발생했다. 그리고 이것이, 2008년 글로벌 금융위기 이후 러시아 경제가 3번의 마이너스 성장(2009, 2015, 2016)을 기록하는 등 심각한 경기 둔화 및 침체를 겪게 만든 원인 제공자가 되었다. 2017년 러시아는 1.5% 플러스 성장을 이루며 지난 2년간(2015~2016)의 역성장에서 벗어나고 있다. 러시아 경제가 지속 가능한 성장·발전을 위한 잠재력을 확보하기 위해서는 경제의 현대화와 산업구조의 다변화가 절실히 요구되고 있는 것이다.

이 장에서는 2000년대 푸틴 집권 이후 추진된 국가자본주의 시장경제 체제하에서 러시아 경제 및 광공업의 집중도를 주요 기업군(100대, 50대, 10대 기업)의 매출액 중심으로 시계열 분석을 함으로써, 러시아 경제와 광공업 부문에서 각 기업군의 지배력과 경쟁구조의 심화 여부를 파악하는 것을 그 목적으로 한다.

이 글은 다음과 같이 구성되어 있다. 2절에서는 경제력 집중과 산업·시장 집중도의 개념과 측정 방법을 살펴본다. 3절에서는 1998년 러시아 금융위기 이후 1999~2016년까지 러시아 광공업 부문 100대 기업의 추이 분석을 통해 산업구조 변화를 살펴본다. 4절에서는 대표적 산업 집중 지수인 상위 기업집중률(CR_k)과 허쉬만-허핀달 지수(Hirschman-Herfindahl index, HHI)를 사용해 러시아 경제 전체 및 광공업 부문의 집중도 추세를 분석하고 이를 통해 러시아 경제 및 광공업의 경쟁구조가 어떻게 변화하였는지를 파악한다. 5절에서는 이를 통해 도출된 결론을 요약하고 그 한계점을 제시한다.

2. 경제력 집중의 개념과 추정 방법

1) 경제력 집중의 개념과 종류

전통적으로 한 국가의 경제력 집중에 대한 논의는 주로 일반 집중(aggregate concentration)과 산업/시장 집중(industry/market concentration)에 초점을 맞춘다. 상황에 따라서는 소유 집중(ownership concentration)과 복합 집중(conglomerate concentration)을 추가하기도 한다. 오늘날 세계 각국은 시장 집중과 관련해 경쟁 보호(독과점 방지) 정책을 시행하고 있다.

일반 집중은 광업 또는 제조업 부문과 같이 광범위한 경제 영역에서 일정한 수의 대기업이 차지하는 비중으로 측정된다. 통계적으로 일반 집중도는 해당 부문의 총매출액, 총자산, 고용 또는 부가가치 등의 경제 총량에서 100대 또는 50대 기업과 같은 일정 수의 대기업이 차지하는 비중(%)으로 측정된다. 그러나 경제 총량의 추계가 어렵거나 총량 자료가 개별 기업 자료와 다른 기준으로 작성되어 있는 경우 집중도 통계의 신뢰성이 떨어지는 단점이 있다. 그래서 이러한 단점을 극복하기 위해 대기업들만을 대상으로 불균등 분포 지수(HHI)를 측정하여 일반 집중을 분석하기도 한다.

산업/시장 집중은 자동차나 철강, 석유 산업처럼 세분된 개별 상품시장에서 선도적 기업들의 상대적 비중을 의미한다. 시장 집중은 CR이라는 약자를 사용하는데 보통 $CR3$ 또는 $CR5$를 활용한다. 여기에서 3, 5는 선도적 기업의 수를 의미한다. $CR3$은 시장점유율 상위 3개 기업의 비중을, $CR5$는 시장점유율 상위 5개 기업의 비중을 나타낸다. 기업 수의 적정성 여부는 시장 상황에 따라 결정된다. 경제력 집중을 측정하는 분석 도구로 가장 일반적으로 사용되는 것이 시장 집중이다.

복합 집중은 여러 시장 또는 산업에서 활동하는 대규모 다각화 기업이 전체 경제활동에서 차지하는 비중이다. 일반 집중과 유사한 개념이나 문어발식 사업 확장이라 지칭되는 다변화력(diversification power)을 포함한다는 점에서 차이가 있다. 한국의 5대, 10대 재벌의 경제력 집중은 복합 집중의 대표적 사례라 할 수 있다.

2) 산업/시장집중도 추정 방법

산업집중도(industry concentration)란 산업 내 일정수의 상위 대기업군이 전체 시장의 매출액, 부가가치, 자산, 이윤 등에서 차지하는 비율이나 구조를 측정하는 것으로, 산업조직론에서 경쟁의 강도를 측정하는 실증 분석을 위해 가장 많이 활용되고 있다. 집중도가 매우 높으면 그 산업은 소수 대기업에 의해 지배되는 독점적 시장구조로 간주된다. 반대로 집중도가 매우 낮으면 그 산업은 많은 기업에 의해 분산되어 있는 경쟁구조를 지닌다. 집중도가 특정 산업조직의 구조가 경쟁적인지, 독점적인지를 측정하는 지표로 활용되면서 많은 학자들에 의해 다양한 측정 방법이 개발되었다. 그중 일반적으로 널리 활용되고 있는 주요 불균등 지수로는 상위 K-기업 집중률(K-firm concentration ratio, CR_k), 허쉬만-허핀달 지수(이하 HHI), 엔트로피 지수(Entropy index), 로젠블루-홀-타이드만 지수(Rosenbluth-Hall- Tideman index, RHT) 등이 있다(정갑영, 2009: 106~111).

상위 K-기업 집중률(CR_k)은 원래 하나의 산업 또는 시장에서 기업들의 시장집중도(시장 지배력)를 측정하기 위해 고안된 지표이다. CR_k는 시장에 참여하고 있는 전체 N개의 기업 중 상위 k개 기업들의 시장점유율(S_i)을 합산한 누적 집중 지수로, k의 크기에 따라 다양하게 결정된다. CR_k는 <식 1>과 같이 정의된다.

$$CR_k = \sum_{i=1}^{k} S_i, \quad \frac{k}{n} \le CR_k \le 1 \qquad\qquad \text{— 식 1}$$

(S_i : 기업 i의 시장점유율)

CR_1은 시장점유율 1위 기업의 시장점유율을, CR_3은 시장점유율 1~3위 기업의 시장점유율들을 합한 것이다. 동 수치가 높을수록 시장집중도가 높음을 의미한다. CR지표는 이용의 용이성 등으로 대부분의 국가(미국은 제외)에서 기업결합 심사 시 중점 심사대상 선별 기준으로 사용되고 있다. 국가마다 차이는 있으나 관행적으로 상위 기업 집중률 가운데서 CR_1이나 CR_3를 이용해 시장구조가 경쟁적인지, 독점적인지를 판별한다. 러시아의 경우 시장 집중과 관련해 경쟁 보호(독과점 방지) 정책을 시행하고 있는데 그중 대표적인 것이 '경쟁 보호에 관한 연방법(федеральный закон о защите конкуренции)'에서 제시하고 있는 상품시장 내의 시장 지배적 지위(dominant position)[1] 남용 행위다. 시장 지배적 지위는 매출액을 기준으로 단일 기업(CR_1)의 시장점유율이 50%를 초과하는 경우, 또는 시장점유율이 35% 이상 50% 미만일 경우에도 연방 반독점청이 지배적 지위로 판단하는 경우 인정된다(러시아연방 '경쟁보호법' 제5조 1항). 그리고 상품에 대한 수요의 가격 탄력성이 비탄력적이고, 수요 대체성이 존재하지 않으며, 경쟁 사업자들의 시장점유율이 안정적일 때 상위 최대 3개사의 시장점유율 합계가 50%를 초과하거나, 최대 5개사의 시장점유율 합이 70%를 초과하면, 하나 또는

---

1) 러시아의 경우 시장 지배적 지위자로 지정되면, 이들에게는 가격 상·하향과 같은 독점적 가격 조정이 금지되고 가격 상승을 야기할 수 있는 상품의 회수 조치가 시행되며, 또한 계약 상대방에게 불리함을 야기하는 계약체결 행위, 특정 소비자에게 적절한 물품을 공급할 수 있음에도 이를 부적절하게 거부하는 행위, 정당한 사유 없는 동일 물품에 대한 이중가격 설정 행위, 타 기업의 시장 진입과 탈퇴에 대한 장벽을 만드는 행위 등이 금지되게 된다.

복수 사업자들의 시장 지배적 지위가 인정된다. 다만 하나 이상 사업자의 시장점유율이 8% 미만이면 이 규정은 적용되지 않는다(제5조 3항).[2] 한국의 경우 1개 사업자의 시장점유율이 50% 이상이거나, 2개 또는 3개 이하 사업자의 시장점유율 합계가 75% 이상인 경우 시장지배적 사업자로 추정(공정거래법 4조)한다. 단 연간 매출액 또는 구매액이 40억 원 미만인 사업자는 제외한다.[3] CR지표는 n개 기업 중 상위 k개 기업의 점유율만 알면 쉽게 계산할 수 있고 설명이 용이하므로, 집중도를 측정하는 데 많이 활용되고 있다. 그러나 k를 설정하는 데 있어 그 기준이 주관적이라는 점, 상위 k기업 내에서는 규모가 큰 기업이나 작은 기업이나 가중치가 부여되지 않고 똑같은 비중으로 취급되므로 k의 범위에 따라 집중도가 왜곡될 수 있다는 점, k개 기업 이외의 소기업은 배제된다는 점 등이 한계점으로 지적되고 있다.

허쉬만-허핀달 지수는 산업 내 모든 기업의 시장점유율을 제곱해 더하고 10000을 곱한 지수다. HHI는 상위 기업 집중률(CR_k)이 지닌 한계점을 극복하기 위해 개발된 방법으로 시장점유율을 제곱함으로써 시장점유율이 큰 기업일수록 높은 가중치를 부여한다는 특징이 있다.

$$HHI = \sum_{i=1}^{k} S_i{}^2 \,,\ 0 \le HHI \le 10{,}000 \qquad\qquad \text{── 식 2}$$

(S_i : 기업 i의 시장점유율)

HHI는 기업 수와 기업규모 분포의 불균등도(inequality)라는 두 구조 요소

---

2) Федеральный закон "О защите конкуренции," 26 июля 2006 года N 135-ФЗ. http://www.consultant.ru/document/cons_doc_LAW_61763/(검색일: 2018.5.1).

3) 공정거래위원회, "시장 지배적 지위 남용", http://ftc.go.kr/www/contents.do?key=30(검색일: 2018.5.1).

의 함수에 의해 결정된다. 기업 수가 적고 그 규모들이 불균등하게 분포되어 있을수록, HHI값은 커지고 경쟁의 강도는 낮아진다. 반대로 기업 수가 많아지고 그 규모들이 균등하게 분포되어 있을수록, HHI값은 작아지고 경쟁의 강도는 커진다. 이는 과점 이론에서 일반적으로 제기되는 논리를 반영하는 것으로 기업 수가 적고 불균등도가 높을수록 대기업의 시장지배력이 강화되고, 기업 수가 많고 불균등도가 낮을수록 참여 기업의 시장지배력이 축소되는 경향이 있기 때문이다. HHI는 각 시장 참가자 시장점유율의 제곱을 합한 값으로, 최저 0에서 최고 10000의 값을 지닌다. 시장 참가자의 점유율이 높아질수록 HHI값은 큰 폭으로 증가한다. 완전 경쟁시장에서는 0의 값을, 완전 독점시장에서는 10000의 값을 지니게 된다. HHI는 미국 법무부가 업체 간의 합병에 대한 평가 기준으로 사용한다. 2010년 8월 미 법무부의 수정된 수평 합병 가이드라인(Horizontal Merger Guideline)은 HHI가 1500 미만일 경우 '비집중 시장(unconcentrated markets)', 1500~2500이면 '중집중 시장(moderately concentrated markets)', 2500 이상일 경우 '고집중 시장(highly concentrated markets)'으로 분류했다. 법무부는 HHI가 비집중 시장일 경우 합병이 업체 간의 집중도에 큰 영향을 주지 않는다고 평가하며 합병에 큰 제약을 하지 않는다. 그러나 중집중 시장일 경우 합병이 전체 산업집중도에 어떤 영향을 주는지 자세히 조사한다. 그리고 고집중 시장일 경우 기업 간 인수 합병이 HHI를 100~200 정도 증가시킬 수 있으므로 법무부는 이를 강력히 제한한다(U.S. Department of Justice and the Federal Trade Commission, 2010.8.19: 19). HHI는 몇 개 기업의 시장점유율만 고려하는 CR_k와는 달리 시장 내 모든 기업의 경쟁 구도를 좀 더 정확히 반영하고, 시장 내의 기업체 수와 점유율의 분산 등 기업 분포에 관한 정보가 고려된다는 장점을 지닌다. 하지만 시장에 참여하고 있는 모든 기업의 시장점유율이 파악되어야만 하므로 이를 위한 계측 비용과 시간이 대단히 많이 든다는 단점이 있다.

엔트로피 지수(Entropy index)는 물리학에서 도입된 개념으로 <식 3>과 같이 정의된다.

$$E = -\sum_{i=1}^{N} Si \log_2 Si, \ 0 \le E \le \log_2 N \qquad\qquad ── 식 3$$

이 지수는 본래 시장 내의 불확실성과 불균형 정도를 측정하기 위해 개발된 것으로 모든 기업이 동일한 규모(완전 경쟁)를 갖고 있을 경우에는 $E = \log_2 N$이 된다. 반면 순수 독점일 경우에는 $Si = 1$이 되어 $E = 0$이 된다. 따라서 엔트로피 지수는 다른 지수와는 달리 E값이 작을수록 높은 독점도 또는 불균형도를 나타내고, E값이 클수록 경쟁적 시장이 된다. 엔트로피 지수는 모든 기업에 관한 정보를 이용하여 복잡한 계산을 하여야 하며 현실적인 해석에서도 많은 어려움이 있어 실증분석에서는 많이 사용하지 않는다.

로젠블루-홀-타이드만 지수는 1967년 로젠블루와 홀, 타이드만 등에 의해 제시된 방법으로 <식 4>와 같이 정의된다.

$$RHT = \frac{1}{(2\sum_{i=1}^{k} i \cdot Si) - 1}, \ \frac{1}{k} \le RHT \le 1 \qquad\qquad ── 식 4$$

이 지수는 기업 규모의 순위를 나타내는 i가 중요한 가중치 역할을 한다. 순수 독점일 경우는 1이 되며, 모든 기업이 균등한 점유율을 가지면 1/N이 된다. 허쉬만-허핀달 지수, 엔트로피 지수, 로젠블루-홀-타이드만 지수는 상위 기업 집중률과는 달리 그 값의 절대적인 크기가 정확히 비율 척도의 성격을 지니는 것은 아니다.

산업집중도를 이용한 산업구조 분석 시 유의해야 할 점은, 일반적으로 산업의 집중도와 경쟁 강도는 역(-)의 상관관계를 갖고 있어 산업집중도가 산업의 경쟁구조에 관한 유용한 정보를 제공해 주지만, 절대적인 의미를 갖지는 않는다는 것이다. 집중도가 높더라도 산업 내 소수의 대기업들끼리 치열하게 경쟁하는 약(弱)과점(loose oligopoly)이라면 산업 내 기업들의 독점력은 낮아져 오히려 경쟁적 구조를 지니게 된다. 반면 집중률은 낮을지라도 상위 기업들끼리 생산 등에서 견고한 담합을 유지하고 있다면 강(强)과점(tight oligopoly)이 되어 오히려 독점력은 높을 것이고 독점적 구조를 지닌다(최정균, 1998: 99~100). 일반적으로 특정 산업에서 집중도가 높으면 높을수록 해당 산업의 시장구조는 경쟁적이라기보다는 독과점화가 높은 상태를 반영하고 있으며, 나아가 상위 소수 기업에 의한 시장지배력이 강화되어 새로운 기업의 시장 참여를 어렵게 하며, 우월적 지위를 이용하여 시장 거래 행태에도 영향을 미친다(이규완·박원기·이상돈, 2000: 146).

3. 러시아 광공업 부문 100대 기업의 추이 변화

1) 러시아 경제구조의 추이 분석

2000년대 러시아가 세계경제로의 완전한 편입을 추진하는 과정에서 취한 전략은 글로벌 경제에서 자신들이 지닌 연료 및 에너지를 중심으로 한 광물 자원의 비교 우위를 십분 활용하는 전략이었다. 러시아는 자국에 풍부히 묻혀 있는 석유와 천연가스로 대표되는 에너지자원과 철강 및 비철금속, 귀금속 등의 광물 자원을 해외로 공급하는 정책을 추진하면서 경제성장과 발전을 도모했다. 그 과정에서 광공업은 러시아 경제의 중추적 역할을 담당하게 되었다. 오늘날 러시아는 산업 발전의 핵심 동력원인 천연가스와 석유, 석탄 등의 연료·에너지자원 생산에서 각각 세계 2위, 3위, 6위를 차지하고 있다(BP, 2017.6). 러시아는 또한 철강 생산에서 5위에 랭크되었고, 팔라듐(1위), 니켈(2위), 알루미늄(2위), 백금(2위), 텅스텐(3위), 우라늄(6위), 알루미늄(6위), 구리(7위) 등의 비철금속과 다이아몬드(1위), 백금(2위), 금(3위), 은(7위) 등의 귀금속 생산에서도 세계적 지위를 점유하고 있다.[4] 미국 경제전문 매체인 ≪월스트리트저널(Wall Street Journal)≫이 지구상에 존재하는 10대 천연자원의 사용 가능량을 추정해, 최근 가격 자료를 바탕으로 2012년 4월 발표한 '세계 10대 자원 부국(The World's Most Resource-Rich Countries)'에 따르면, 러시아는 75.5조 달러 가치의 천연자원을 보유한 세계 1위 자원 부국으로 선정되었고 2위인 미국(45.0조 달러), 3위인 사우디아라비아(34.4조 달러)를 압도했다. 러시아는 특히 목재 부존량과 천연가스 매장량에서 그 가치가 각각 28.4조 달러, 19조 달러에 달하며 원유 매장량의 가치도 7.1조 달러인 것으로 평가되었다. 3개 자원의 총가치만 54.5조 달러로 2위인 미국의 전체 자원 가치를 추월했다. 그 외에 석탄과 희귀 금속 매장량에서 세계 2위, 금 매장량에서 세계 3위로 평가되었다(Wall street, 2012.4.18).

<표 4-1>은 세계은행(World Bank, WB)의 세계 개발 지표(World Development Indicators. 2018.5.2 발표)를 바탕으로 2000~2016년까지 러시아 경제구조의 변화 추이를 정리한 것이다. 러시아의 부가가치 기준 국내총생산(GDP, value added)에서 광공업이 차지하는 비중은 글로벌 금융위기 직전인 2008년까지 36~37%를 유지했으나 2010년대 들어서면서 33%대로 줄어들었고, 2013년 이후부터는 32%대로 다시 축소되었다. 반면 서비스 부문은 2009년 이후 60%를 넘어서 62~64%대로 확대되었다. 비중이 축소되었음에도 러시

---

4) US Geological Survey, "Mineral Commodity Summaries 2016"과 Национальное Рейтинговое Агентство, "Развитие российской металлургии в 2014 году"를 기초로 작성했다.

〈표 4-1〉 러시아 경제구조의 추이 (2000~2016)

(단위: %)

러시아	2000	2002	2004	2005	2006	2007	2008	2009	2010	2011	2012	2013	2014	2015	2016
농림수산업	6.4	6.3	5.6	5.0	4.5	4.4	4.4	4.7	3.9	3.9	3.7	3.6	4.1	4.6	4.7
광공업	37.9	32.8	36.3	38.1	37.2	36.4	36.1	33.6	34.7	33.9	33.8	32.3	32.1	32.8	32.4
- 광업	-	15.7	18.9	19.8	19.3	18.8	18.6	18.8	19.9	20.5	20.2	19.3	18.7	19.0	18.7
- 제조업	-	17.1	17.4	18.3	17.9	17.6	17.5	14.8	14.8	13.4	13.6	13.0	13.3	13.8	13.7
서비스	55.6	60.9	58.1	57.0	58.2	59.1	59.5	61.7	61.4	62.2	62.5	64.1	63.9	62.7	62.8

브릭스(BRICs), 경제협력개발기구(OECD), 전 세계 국가의 광공업 비중

(단위: %)

		2000	2002	2004	2005	2006	2007	2008	2009	2010	2011	2012	2013	2014	2015	2016
중국	광공업	45.5	44.5	45.9	47.0	47.6	46.9	46.9	45.9	46.4	46.4	45.3	44.0	43.1	40.9	39.8
	-제조	31.8	31.1	32.0	32.1	32.5	32.4	32.1	31.5	31.5	32.0	31.4	30.6	30.4	29.4	-
인도	광공업	31.0	31.2	33.3	33.6	34.4	34.7	33.8	33.1	32.4	32.5	31.8	30.8	30.2	29.6	28.8
	-제조	18.1	17.6	18.0	18.2	19.0	18.9	18.2	17.8	17.5	17.4	17.1	16.5	16.4	16.6	16.5
브라질	광공업	26.7	26.4	28.6	28.5	27.7	27.1	27.3	25.6	27.4	27.2	26.0	24.9	23.8	22.3	21.2
	-제조	15.3	14.5	17.8	17.4	16.6	16.6	16.5	15.3	15.0	13.9	12.6	12.3	12.0	11.8	11.7
OECD	광공업	27.4	25.9	25.9	26.0	26.3	26.3	25.9	24.3	24.7	24.8	24.6	24.5	24.6	24.3	-
	-제조	18.1	16.8	16.5	16.3	16.3	16.2	15.6	14.5	15.1	15.1	15.0	14.9	15.0	15.4	-
세계	광공업	30.9	29.5	30.0	30.3	30.5	30.2	30.0	28.2	29.0	29.1	28.7	28.3	28.2	27.3	29.3
	-제조	19.2	18.1	18.2	18.0	18.0	17.7	17.2	16.3	16.8	16.7	16.5	16.3	16.3	16.6	-

자료: 세계은행(WB)의 World Development Indicators, 2018.5.2.

아 경제에서 광공업이 차지하는 비중은 다른 국가들과 비교해 상대적으로 높다. 경제협력개발기구(OECD) 회원국의 평균치는 24.3%, 세계 평균치는 29.3%였다. 브릭스 국가들의 경우 2016년 기준 중국이 39.8%로 러시아보다 높은 반면, 인도(28.8%), 브라질(21.2%)은 훨씬 낮았다. 특히 광업이 GDP에서 차지하는 비중은 2012년 이후 18~19%대로 줄어들었음에도 불구하고 OECD, 브릭스 국가는 물론이고 세계 평균과 비교해도 과도하게 높은 수준을 유지하고 있다. 반면에 제조업이 차지하는 비중은 2008년까지 17%대를 유지했으나 그 후 하락하기 시작해 2011년부터는 13%대까지 추락해 비교 대상 국가들과 비교할 때 지나치게 낮게 나타났다.

2012년 푸틴은 집권 3기를 시작하며 정치적 측면에 방점을 둔 기존의 '강한 러시아' 추진 정책 대신 경제개발과 성장에 초점을 맞춰 정책 전환을 추진했다. 푸틴은 경제정책의 최종 목표를 지속 가능한 성장을 위한 경제 현대화 및 산업 다각화로 삼고 이를 달성하기 위한 방안으로 투자 환경의 개선, 비원자재 부문과 사회 및 인프라 부문에 대한 투자 활성화, R&D 강화 및 혁신을 위한 외국인 직접투자 유치와 정부자금 지원 확대, 기술혁신에 기반을 둔 산업정책 강구, 경쟁력 제고 및 민간 부문 활성화를 위한 국영 부문의 민영화 등을 추진해 오고 있다(이재영·민지영·강부균, 2012). 경제의 체질 개선과 산업구조의 다변화를 위한 정책의 효과가 가시화되기까지는 정책 시차가 존재하고 정책 목표의 상충 발생 가능성을 고려한다 하더라도, <표 4-1>에서 본 바와 같이 그 정책 효과는 아직까지 미미한 것으로 판단된다.

2) 러시아 광공업 부문 100대 기업 추이 변화

이 항에서는 1998년 모라토리엄 선언 이후 지금까지 18년(1999~2016) 동안의 러시아 광공업 부문[5] 100대 기업(매출액 기준)의 추이 변화를 추적했다. 100대 기업 선정은 러시아 경제 저널 ≪엑스페르트(Expert)≫가 매년 발표하는 '러시아 600대 기업(Рейтинг 600 крупнейших компаний России «RAEX-600»)'과 RBC(Russian Business Consulting)의 '러시아 500대 기업(Рейтинг РБК: 500 крупнейших компаний России)' 자료를 바탕으로, 각 기업이 발표한 재무제표(손익계산서)상의 매출액 자료를 기준으로 삼았다. 1999~2016년 동안 러시아 100대 기업의 추이를 분석한 결과 다음과 같은 현상들을 발견할 수

---

5) 러시아 산업 분류에서 광공업(industry)에는 광업, 제조업, 전기·가스·수도 사업 등이 포함된다.

<표 4-2> 광공업 부문 러시아 100대기업 추이(업종별 기업 수)

연도	석유,가스	전력	비철금속	기계제작	철강	화학*	목재,제지	석탄	담배,연초	식료품	귀금속	건축자재	인쇄제약	합계
1999	14	4	12	17	16	11	8	4	5	8	-	-	1	100
2000	15	3	11	18	16	15	7	4	6	5	-	-	-	100
2001	13	5	5	21	15	17	6	6	5	5	2	-	-	100
2002	14	5	5	24	15	11	6	4	5	8	3	-	-	100
2003	16	6	5	22	14	12	4	2	3	13	3	-	-	100
2004	16	6	5	20	17	11	3	6	2	11	2	1	-	100
2005	18	7	5	19	16	13	2	6	2	9	1	2	-	100
2006	17	9	6	21	16	9	1	1	4	11	2	2	1	100
2007	14	13	4	23	12	11	1	2	3	13	2	2	1	100
2008	13	20	4	22	11	11	1	3	2	9	1	2	1	100
2009	13	17	5	20	10	11	1	2	3	12	3	2	1	100
2010	14	16	5	22	10	12	1	2	2	11	2	2	1	100
2011	17	13	5	25	10	7	1	2	2	11	3	2	2	100
2012	19	10	6	25	10	9	1	1	2	10	3	2	2	100
2013	23	10	5	23	9	8	1	1	2	10	3	3	2	100
2014	23	10	4	23	10	9	1	2	2	10	4	2	1	100
2015	24	10	5	18	10	9	1	1	2	13	4	2	1	100
2016	22	10	5	18	11	9	2	1	4	11	3	2	2	100
평균	16.9	9.7	5.7	21.2	12.7	10.8	2.7	2.7	3.1	10.0	2.6	2.0	1.3	100

자료: *Expert* 'Рейтинг 600 крупнейших компаний России «RAEX-600»'와 RBC 'Рейтинг РБК: 500 крупнейших компаний России'를 기초로 작성했다.

있었다(<표 4-2>, <표 4-3> 참조).

첫째, 러시아 광공업 부문 상위 100대 기업의 매출 총액 증가율이 같은 기간 러시아 경제의 명목 국내총생산(GDP) 증가율을 앞질렀다. 100대 기업 총매출액은 1999년 1조 9492억 루블에서 2016년에는 36조 8607억 루블로 17.9배 확대되었다. 같은 기간 러시아의 명목 GDP는 4조 8232억 루블에서 86조 1486억 루블로 16.9배 늘어나 러시아 경제를 100대 기업이 이끌

(단위: 10억 루블, %)

연도	합계	석유가스	전력	비철금속	기계제작	철강	화학	목재,제지	석탄	담배,연초	식료품	귀금속	건축자재	인쇄제약
1999	1,949	1,015	266	164	153	175	58	39	20	26	30	-	-	4
	(100)	(52.1)	(13.6)	(8.4)	(7.9)	(9.0)	(3.0)	(2.0)	(1.0)	(1.3)	(1.6)			(0.2)
2000	3,361	1,887	356	280	241	282	165	49	25	34	41	-	-	-
	(100)	(56.1)	(10.6)	(8.3)	(7.2)	(8.4)	(4.9)	(1.5)	(0.8)	(1.0)	(1.2)			
2001	4,049	2,108	524	290	344	314	188	46	71	42	60	62	-	-
	(100)	(52.1)	(12.9)	(7.2)	(8.5)	(7.8)	(4.7)	(1.1)	(1.8)	(1.0)	(1.5)	(1.5)		
2002	4,557	2,424	593	299	415	375	138	63	28	56	96	70	-	-
	(100)	(53.2)	(13.0)	(6.6)	(9.1)	(8.2)	(3.0)	(1.4)	(0.6)	(1.2)	(2.1)	(1.5)		
2003	5,626	2,926	713	398	479	494	216	66	15	41	198	78	-	-
	(100)	(52.0)	(12.7)	(7.1)	(8.5)	(8.8)	(3.8)	(1.2)	(0.3)	(0.7)	(3.5)	(1.4)		
2004	7,854	4,041	819	502	656	1,023	296	61	114	36	203	91	13	-
	(100)	(51.5)	(10.4)	(6.4)	(8.3)	(13.0)	(3.8)	(0.8)	(1.5)	(0.5)	(2.6)	(1.2)	(0.2)	
2005	9,981	5,536	955	565	746	1,142	435	55	138	42	219	97	51	-
	(100)	(55.5)	(9.6)	(5.7)	(7.5)	(11.4)	(4.4)	(0.6)	(1.4)	(0.4)	(2.2)	(1.0)	(0.5)	
2006	12,083	6,374	1,176	881	972	1,522	430	45	64	89	319	114	70	26
	(100)	(52.7)	(9.7)	(7.3)	(8.0)	(12.6)	(3.6)	(0.4)	(0.5)	(0.7)	(2.6)	(0.9)	(0.6)	(0.2)
2007	14,605	7,202	1,644	868	1,300	1,888	707	46	104	123	470	113	110	28
	(100)	(49.3)	(11.3)	(5.9)	(8.9)	(12.9)	(4.8)	(0.3)	(0.7)	(0.8)	(3.2)	(0.8)	(0.8)	(0.2)
2008	18,114	9,293	1,770	882	1,581	2,552	1,043	38	166	143	432	74	112	29
	(100)	(51.3)	(9.8)	(4.9)	(8.7)	(14.1)	(5.8)	(0.2)	(0.9)	(0.8)	(2.4)	(0.4)	(0.6)	(0.2)
2009	16,134	8,549	1,936	745	1,172	1,701	793	39	199	206	533	146	85	31
	(100)	(53.0)	(12.0)	(4.6)	(7.3)	(10.5)	(4.9)	(0.2)	(1.2)	(1.3)	(3.3)	(0.9)	(0.5)	(0.2)
2010	20,551	10,569	2,849	952	1,700	2,241	964	54	196	204	534	167	90	31
	(100)	(51.4)	(13.9)	(4.6)	(8.3)	(10.9)	(4.7)	(0.3)	(1.0)	(1.0)	(2.6)	(0.8)	(0.4)	(0.2)
2011	25,424	13,803	2,889	1,061	2,474	2,712	836	59	206	241	703	247	108	85
	(100)	(54.3)	(11.4)	(4.2)	(9.7)	(10.7)	(3.3)	(0.2)	(0.8)	(0.9)	(2.8)	(1.0)	(0.4)	(0.3)
2012	26,807	14,754	2,688	1,056	2,896	2,651	1,032	53	175	295	700	292	119	97
	(100)	(55.0)	(10.0)	(3.9)	(10.8)	(9.9)	(3.8)	(0.2)	(0.7)	(1.1)	(2.6)	(1.1)	(0.4)	(0.4)
2013	27,976	15,878	2,940	1,032	2,824	2,424	969	54	172	348	749	297	187	102
	(100)	(56.8)	(10.5)	(3.7)	(10.1)	(8.7)	(3.5)	(0.2)	(0.6)	(1.2)	(2.7)	(1.1)	(0.7)	(0.4)
2014	32,004	18,068	3,171	1,004	3,854	2,564	1,211	71	195	416	835	429	129	56
	(100)	(56.5)	(9.9)	(3.1)	(12.0)	(8.0)	(3.8)	(0.2)	(0.6)	(1.3)	(2.6)	(1.3)	(0.4)	(0.2)
2015	36,037	20,054	3,552	1,518	3,887	2,923	1,537	103	253	369	1,136	507	129	69
	(100)	(55.6)	(9.9)	(4.2)	(10.8)	(8.1)	(4.3)	(0.3)	(0.7)	(1.0)	(3.2)	(1.4)	(0.4)	(0.2)
2016	36,861	19,505	3,853	1,603	4,368	2,985	1,524	167	267	663	1,071	587	133	133
	(100)	(52.9)	(10.5)	(4.3)	(11.9)	(8.1)	(4.1)	(0.5)	(0.7)	(1.8)	(2.9)	(1.6)	(0.4)	(0.4)

주: %에는 당해 연도 매출액에서 차지하는 비중이다. 화학은 석유화학을 포함한다.
자료: Expert 'Рейтинг 600 крупнейших компаний России «RAEX-600»'와 RBC 'Рейтинг РБК: 500 крупнейших компаний России'를 기초로 작성했다.

었음을 보여주었다. 글로벌 금융위기 이전인 1999~2008년 동안 100대 기업 매출액은 매년 적게는 12.5%(2003), 많게는 72.4%(2000) 증가하는 등 연평균 증가율 28.1%를 기록했다. 반면 글로벌 금융위기 여파에 따른 실적 부진으로 2009년에는 100대 기업 매출액이 처음으로 전년 대비 10.9% 감소했다. 이후 2009~2016년 동안 100대 기업의 연평균 매출액 증가율은 9.3%로, 금융위기 이전에 비해 성장률이 3분의 1로 축소되었다.

둘째, 100대 기업 내에서 상위 기업과 하위 기업 간의 매출액 규모 격차가 대단히 컸다. 1위 기업과 100위 기업 간의 매출액 격차는 최소 93배(2004)에서 최대 128배(2006)에 달했다. 글로벌 금융위기 이후인 2010년에 격차가 118배로 줄어든 후 2014~2016년에는 110배 수준으로 축소되었다. 러시아의 최대 천연가스 업체인 가스프롬은 분석 기간에 18년 연속 1위를, 민간 석유업체인 루코일(ЛУКойл)은 2위를 차지했다. 국영 전력회사인 러시아통합에너지시스템(ЕЭС России)이 2006년까지 3위를 차지했으나 2007년 기업 분할로 순위에서 탈락한 반면, 국영 석유회사인 로스네프트(Роснефть)가 유코스(ЮКОС)를 포함한 주요 석유기업을 인수하면서, 2007년부터 2016년까지 3위를 차지하고 있다. 상위 3개 에너지산업 기업의 매출액이 100대 기업 전체 매출에서 차지하는 비중이 2004년 31.7%로 최저치를 기록한 후 지속적으로 증가해 2013년 이후부터는 40.3~43.4%에 달하고 있다.

셋째, 100대 기업군으로의 기업 진입 또는 퇴출이 대단히 활발히 이루어졌다. 1999~2016년까지 18년 동안 100대 기업군에 한 번 이상 포함된 기업은 총 281개였다. 그중 18년 동안 한 번도 탈락하지 않고 100대 기업에 포함된 기업은 26개, 2000년부터 17년 연속 포함된 기업은 2개, 2001년부터 16년 연속 포함된 기업도 3개에 불과했다. 100대 기업군에 생존하고 있는 26개 기업을 업종별로 분류해 보면 석유·가스 기업이 7개로 가장 많고, 철강기업 5개, 기계 제작 기업 4개, 화학 업체가 3개, 식료품 업체가 2개를 차지했다. 비철금속, 귀금속, 담배·연초, 전력, 목재·제지 업종 기업은 각각 1개에 그쳤다. 70개 기업이 탈락하면서 그 자리를 신규 기업이 차지했고, 4개 기업은 퇴출과 진입을 반복하며 2016년에도 살아남았다. 글로벌 금융위기를 겪은 2009년 이후 신규로 진입한 기업은 31개였다(<별첨 4-1>, <별첨 4-2> 참조). 미국의 경우 1999~2016년 사이에 매출액 기준으로 100대 기업 중 47개 기업이 18년 동안 100대 기업에 연속 포함되었고, 53개 기업만이 탈락했다.[6]

러시아 광공업 부문에서 100대 기업의 진입·퇴출 변동성이 이처럼 컸던 데는 푸틴 정부의 산업 구조조정 정책이 결정적 역할을 했다. 우선 2000년 대에 푸틴 정부가 석유·가스 산업을 중심으로 한 전략산업 부문의 재국유화를 추진하면서 기업 간 인수 합병이 급속도로 진행되었다. 튜멘석유(THK)의 시단코(Сиданко) 인수 및 BP와의 합병(2003), 로스네프트(Роснефть)의 유코스(ЮКОС, 2007)·THK-BP(2013)·오렌부르크네프트(Оренбургнефть, 2013)·이테라(Итера, 2013) 인수, 가스프롬(Газпром)의 시브네프트(Сибнефть, 2005) 인수, 통합 조선사(ОСК. Объединенная Судостроительная Корпорация)의 세베르나야베르프(Северная верфь, 2012) 인수 등이 이루어졌다. 또한 전력시장의 경쟁자유화를 추진하면서 2004년부터 2005년까지 국영 수직통합 전력기업인 통합 에너지시스템(UES. ЕЭС)의 발전 부문을, 수력발전회사(РусГидро) 1개를 포함한 도매 발전회사(Оптовая генерирующая компания,

---

6) 미국의 경제 주간지 《포천(Fortune)》이 매출액을 기준으로 매년 발표하는, 미국 내 500기업(Fortune 500)의 1999년부터 2016년까지 매출액을 분석한 결과는 다음과 같다. 월마트(Walmart)와 엑슨모바일(Exxon Mobil)이 연속 18년 동안 사이좋게 1, 2위를 번갈아 차지했고, 그 외에 GM, GE, AT&T, 포드자동차(Ford Motors), 매케슨(Mckesson), 유나이티드헬스 그룹(UnitedHealth Group), CVS 헬스(CVS Health), 코스트코(Costco), 크로거(Kroger), 셰브런(Chevron), 보잉(Boeing) 등 미국을 대표하는 업체들이 포함되었다. 애플(Apple)은 2009년부터, 아마존(Amazon)은 2010년부터 100대 기업에 진입했다. http://fortun.com/ fortune500/

ОГК) 7개, 지역 발전회사(Территориальная генерирующая компания, ТГК) 14개, 원전 기업 1개(Росатом)로 분할했고, 분할된 기업들은 2008년 정부의 에너지 독점방지 정책에 따라 개별 법인으로 독립시켰다. 분할 독립된 전력회사의 상당수[РусГидро, ТГК-2, ТГК-4, ТГК-9, ТГК-10(Фортум), ОГК-1, ОГК-3, ОГК-4, Энел ОГК-5(Энел Россия)]가 100대 기업에 포함되면서 전력 부문 기업들의 100대 기업 진입이 두드러졌다. 그 후 전력 업체 간의 인수합병이 다시 활발하게 이루어졌다. 전력 수출업체인 인테르(Интер РАО)가 2012년 ОГК-1·ОГК-3·ТГК-11을 인수했고, 가스프롬 에네르고 홀딩스(Газпром энергохолдинг)가 ТГК-1·ТГК-3(Мосэнерго)·ОГК-2를 인수했다. 그리고 민간 전력회사인 케스 홀딩스(КЭС Холдинг, 2015년 Т Плюс로 기업명 변경)가 2005년 자회사인 볼가지역발전회사(Волжская ТГК)를 설립하고 2008년부터 2013년까지 ОГК-5·ОГК-6·ОГК-9를, 2014년에 오렌부르크스카야 TGK(Оренбургская ТГК)를 흡수 합병하면서 전력산업의 구조조정이 완료되었다. 그 결과 2012년 이후에는 러시아 100대 기업에서 전력 부문 기업의 수가 10개로 고정되었다(<표 4-2> 참조).

러시아 정부는 또한 전략산업의 육성을 위해 2007년 9월 '전략산업 외국인투자 제한 법안'을 통과시키고 42개 부문에서 외국인 투자를 제한해 국내 기업의 육성을 추진했다. 대표적으로, 2007년 하이테크 산업 육성을 목적으로 700개 이상 기업과 14개 지주회사로 구성된 '로스테흐(Ростех, 2014년 7월까지 Ростехнологии)', 원자력 산업 발전을 위해 원자력 부문의 기업 360개 이상을 통합한 '로스아톰(Росатом)' 등을 설립하면서 같은 산업 부문에서 기업 간 인수합병을 추진했다. 로스아톰, 인테르(Интер РАО), 로스테흐(Ростех), 루스기드로(РусГидро), 러시아세티(Российские сети) 등은 2008년 이후 100대 기업군에 신규로 편입된 후 상위 20위 내에 포진하고 있다.

넷째, 100대 기업 중 상당수 기업이 국유기업(state owner enterpriser)으로,

대부분은 정부 지원과 규모의 경제 효과를 누리며 해당 산업 내 독과점 지위를 확고히 하고 있다. 2016년 매출액 기준 광공업 부문 100대 기업 중 국영기업은 24개에 불과하나 그중 7개 기업이 상위 10대 기업에 포진해 있고, 20대 기업에 11개가 포함되어 있어, 광공업 부문에서 강력한 지배력을 행사하고 있다. 2016년 기준 24개 국영기업의 총매출액은 18조 7415억 루블로 100대 기업 총매출액의 절반이 넘는 50.8%를 차지한다. 특히 석유·가스 산업에서 10개 기업[가스프롬(Газпром), 로스네프트(Роснефть), 타트네프트(Татнефть), 바시네프트(Башнефть), 사할린 에네르지(Сахалин Энерджи), 슬라브네프트(Славнефть), 자루베지네프트(Зарубежнефть), 톰스크네프트(Томскнефть), 우드무르트네프트(Удмуртнефть), 살름 페트롤리움(Салым Петролеум)], 전력산업에서 5개 기업[러시아 세티(Российские сети), 인테르 РАО(Интер РАО), 로스아톰(Росатом), 루스기드로(РусГидро), ТВЭЛ)], 군수 부문과 관련된 기계 제작 부문에서 5개 기업[로스테흐(Ростех), 알마즈-안테이(Алмаз-Антей), ОАК, ОСК, КТРВ]이 국영 기업이었다. 반면 철강 및 비철금속 부문에는 국영기업은 없고 민간 기업이 주를 이루었다(<별첨 4-3> 참조).

다섯째, 지난 18년 동안 러시아 100대 기업군에 소속된 기업들을 광공업 부문별로 살펴보면, 대부분 석유와 천연가스 등 에너지자원 회사, 전력회사, 철강 및 비철금속 등 원자재 중심의 기업들이 핵심을 이루었다. 제조 부문과 관련된 석유화학 기업들의 감소가 두드러진 반면, 식료품 생산 업체들의 100대 기업 진입이 확대되었다. 기계 제작 관련 기업들의 100대 기업 진입 또한 점진적으로 증가하는 추세를 보였다. 100대 기업 총매출액에서 석유·가스 기업이 차지하는 비중이 적게는 51.8%에서 많게는 58.8%를 차지하여 그 절반 이상을 담당했다. 그 뒤를 기계 제작, 철강, 전력산업 기업들이 따랐다. 특히 기계 제작 기업들이 차지하는 비중이 2000년 7.2%에서 2015년 10.1%로 확대된 반면, 전력산업 기업들이 차지하는 비중은 10.6%

에서 7.6%로, 비철금속 기업이 차지하는 비중은 8.3%에서 4.4%로 축소되었다. 철강기업의 비중은 8.4%에서 2008년 15.1%까지 확대되었다가, 2015년에는 다시 8.7%로 축소되었다. 그 외에 귀금속 및 제약 업종 기업의 진입이 확대되며 그 비중이 높아진 반면, 석탄 및 목재·제지 산업 부문에서는 기업의 수와 비중이 급격히 축소되었다.

4. 러시아 경제와 광공업 부문에서 경제력 집중

이 장에서는 대표적 집중 지수인 상위 기업 집중률(CR_k)과 HHI를 사용해 러시아 경제와 광공업 부문에서 경제력 집중이 어느 정도 심화되었는지를 분석하고자 한다. 경제력 집중 정도를 측정하는 지표로는 통상 매출, 총자산, 고용, 부가가치 등이 사용되고 있다.

첫째, 경제력 집중을 측정하기 위한 이 지표들 가운데 가장 널리 사용되는 지표는 매출액(sales, revenue)이다. 매출액은 재무제표를 통해 객관적으로 더욱 쉽게 확인될 수 있고, 다른 경영성과 지표에 비해 안정적인 추세를 보여준다. 하지만 매출액 지표로 경제력 집중 정도를 평가하는 것이 문제가 있다. 매출액의 상당 부분을 차지하는 원자재를 하청이나 수입 등 외부에서 조달하는 자동차나 통신기기 제작 기업들과, 원자재부터 최종재까지를 한 업체에서 일관 생산하는 철강 기업의 경우를 비교해 보면 비록 매출액이 동일하다고 해도 경제력을 나타내는 지표에서는 다르다는 점이다. 왜냐하면 재무제표의 구성에서 매출을 외부 조달과 자체 생산으로 구분하는 것이 매우 어렵거나 불가능할 수 있기 때문이다.

둘째, 경제력 집중을 측정하는 지표로서 총자산 또한 널리 사용된다. 총자산은 기업이 미래 수익을 창출하기 위해 가지고 있는 금전적 가치를 지닌

자원으로 크게 유동자산과 비유동자산으로 구성된다. 총자산을 지표로 기업의 경제력 집중을 측정할 경우에는 물가변동에 따른 자산 재평가 과정에서 자산 규모를 적절히 평가하지 못할 수 있다는 문제점이 상존한다.

셋째, 기업의 종업원 수 또한 기업의 집중을 나타내는 지표로 사용된다. 기업의 종업원은 생산요소로서 해당 기업의 타 기업 대비 달성 가능한 생산 정도를 나타낸다고 볼 수 있기 때문에 경제력 집중을 나타내는 지표로 간주될 수 있다. 이것은 매출이나 총자산과 달리 물가변동의 영향을 받지 않는 안정적인 변수로서, 경제력 집중을 나타내는 유용한 지표로 활용될 수 있다. 하지만 업종에 따라서 경제력 집중이 과대 또는 과소 계상될 수 있다는 문제점을 내포하고 있다. 노동집약적 업종의 경우 경제력 집중이 과대 계상되고, 자본집약적 업종은 반대로 과소 계상될 가능성이 있다. 그리고 정규직보다 비정규직을 많이 활용하는 경우 비정규직을 취업자에 포함하면 경제력 집중 지표에서 많은 변이가 발생할 가능성도 있다(박승록, 2011: 27).

1) 러시아 경제의 일반 집중도

이 항에서는 1999년부터 2016년까지 러시아 경제 전체의 매출액 개념인 총산출액(gross output)과 러시아 대기업군(400대, 100대, 50대, 10대 기업)의 연간 매출 총액을 기준으로 국민경제적 비중, 즉 일반 집중도를 미국과 비교해 측정했다. 일반 집중도를 산출하는 데 총산출액 통계자료는 수출액과 수입액이 고려되지 않는다는 점에서, 수출 비중이 큰 대기업의 집중도를 과대평가할 가능성이 있다는 점을 고려해야 한다.[7] 그런데도 일반 집중도를

---

7) http://www.ftc.go.kr/www/selectReportUserView.do?key=10&rpttype=1&report_data_no=6678 (검색일: 2018.3.15).

산출하면서 비교 대상으로 부가가치만을 고려하는 국내총생산보다는, 중간 생산물이 포함된 총산출액을 사용하는 것이 더 논리적이라는 점은 부인할 수 없다. 총산출액 자료는 러시아의 경우 통계청이 발표한 통합 계정(Консолидированные счета)에서 총산출액(Выпуск в основных ценах)을, 미국은 상무부 경제분석청(BEA)의 투입산출표(Input-Output Accounts)를 이용했다. 기업군별 매출액 자료는, 러시아는 ≪엑스페르트≫지가 발표하는 '러시아 400대 기업(Рейтинг 400 крупнейших компаний России «RAEX-00»)'과 RBC(Russian Business Consulting)의 '러시아 500대 기업(Рейтинг РБК: 500 крупнейших компаний России)' 자료를, 미국은 ≪포천≫이 발표하는 '포천 500(Fortune 500)'을 사용했다. <표 4-4>는 상위 K-기업 집중률(CR_k)을 사용해 러시아 경제의 일반 집중도를 미국과 비교·분석한 결과이며, <표 4-5>는 HHI를 통해 전체 경제에서 각 기업군(400대, 100대, 50대, 10대) 내의 경쟁구도를 측정한 결과를 보여주는데, 이를 종합하면 다음과 같다.

첫째, 경제의 일반 집중도에서 러시아가 미국과 비교해 4개 기업군(400대, 100대, 50대, 10대) 모두 훨씬 높게 나타났다. 소수 대기업군으로 갈수록 미국과 그 격차가 더욱 두드러졌다. 러시아 상위 10대 그룹의 경제 지배력이 16~17%에 달해 6~8%대인 미국과 비교해 9% 포인트 이상 높았고, 50대 그룹에서도 8.9% 포인트 차이를 보였다. 반면 400대 그룹에서는 그 격차가 3~4% 포인트에 그쳤는데, 2011~2013년에는 그 차이가 0.2% 포인트에 불과했다. 이는 미국과 비교할 때 러시아 경제가 소수의 대기업군에 의해 운영되고 있음을 입증해 준다.

둘째, 4개 기업군 내의 경쟁 구도에서도 러시아는 미국과 비교해 다수 기업이 참여하는 경쟁 체계보다는 상위 소수 기업이 주도하는 독과점 체계가 훨씬 더 강력함을 보여주었다. 400대 기업군에서 러시아의 HHI는 272로 미국의 79와 비교해 무려 3.4배나 높았고, 100대 기업군에서는 2.7배, 50대

<표 4-4> CR_k를 통한 러시아와 미국 경제의 일반 집중도 추이 비교(1999~2016)

연도	러시아 총산출액 (10억 R)	기업군별 매출액 비중(%)				미국 총산출액 (10억 달러)	기업군별 매출액 비중(%)			
		$CR400$	$CR100$	$CR50$	$CR10$		$CR400$	$CR100$	$CR50$	$CR10$
1999	8,303.2	-	23.3	21.0	14.7	17,244.8	34.7	20.9	14.7	6.6
2000	12,552.2	-	26.7	24.5	17.4	18,564.6	36.7	22.7	16.1	7.2
2001	15,922.8	-	25.4	23.3	15.9	18,863.1	37.5	23.5	16.8	7.3
2002	18,973.7	-	23.9	21.9	15.0	19,175.0	34.5	21.4	15.5	6.9
2003	23,273.1	36.7	29.9	26.8	17.6	20,135.1	35.2	21.9	15.9	7.2
2004	29,490.6	40.9	32.7	28.8	17.5	21,697.3	36.1	22.5	16.6	7.6
2005	37,020.6	42.3	33.6	29.3	18.4	23,514.9	36.7	23.5	17.5	8.0
2006	46,223.9	41.7	32.7	28.2	17.6	24,888.0	37.8	24.5	18.4	8.0
2007	57,752.1	40.5	31.3	27.1	16.3	26,151.3	38.5	25.0	18.7	7.9
2008	71,601.7	39.7	30.3	26.0	16.0	26,825.7	37.9	24.5	18.5	8.1
2009	68,116.4	41.0	31.3	26.6	16.2	24,657.2	37.7	24.8	18.5	7.2
2010	82,054.6	41.0	31.6	27.0	16.3	26,093.5	39.4	26.3	19.5	7.7
2011	100,960.4	40.9	32.1	27.2	16.4	27,536.0	40.7	27.2	20.1	8.1
2012	113,092.2	40.1	31.0	26.2	15.8	28,663.2	40.1	26.7	19.8	7.7
2013	123,165.5	39.2	30.2	25.6	16.1	29,601.2	39.3	26.1	19.2	7.4
2014	133,110.2	42.3	31.9	26.8	16.7	31,034.0	38.4	25.2	18.6	7.0
2015	146,356.0	43.4	33.5	28.3	17.1	31,431.4	36.3	24.0	17.9	6.7
2016	154,578.0	43.2	32.9	27.6	16.4	32,084.9	35.8	23.7	17.6	6.8
평균	-	41.4	31.5	26.9	16.5	-	37.6	24.4	18.0	7.4

자료: 러시아 통계청 통합계정(Консолидированные счета)에서 총산출액(Выпуск в основных ценах)과, 미국 상무부 경제분석청 (BEA)의 Input · Output Accounts Data를 이용하여 작성했다.

기업군에서는 2.1배 높았다. 심지어 10대 기업군에서도 러시아의 HHI는 1400~1500으로 미국의 1100~1200과 비교해 약 22%나 높게 나타났다.

셋째, CR_k를 통한 러시아 경제의 일반 집중도($CR400$, $CR100$, $CR50$, $CR10$)는 2003~2005년까지 상승한 후, 글로벌 금융위기가 발생한 2008년 에는 각각 39.7%, 30.3%, 26.0%, 16.0%를 기록하며 역대 최저 수준으로

〈표 4-5〉 HHI를 통한 러시아와 미국 경제의 일반 집중도 추이 비교(1999~2016)

연도	러시아 HHI				미국 HHI			
	400대 기업	100대 기업	50대 기업	10대 기업	400대 기업	100대 기업	50대 기업	10대 기업
1999	-	703.6	859.8	1686.9	70.1	175.8	317.9	1179.2
2000	-	628.4	747.8	1416.7	71.9	172.9	308.3	1153.6
2001	-	599.3	710.7	1448.1	71.4	167.5	295.3	1109.0
2002	-	584.9	691.6	1392.7	75.7	181.6	317.0	1188.1
2003	321.3	481.8	596.4	1279.3	76.2	182.0	315.4	1160.4
2004	259.9	405.1	518.4	1264.7	79.0	188.4	320.8	1153.9
2005	271.0	426.4	557.6	1303.2	83.6	192.1	322.3	1171.0
2006	286.2	461.9	615.1	1464.3	82.5	185.0	305.3	1165.5
2007	256.1	424.8	561.9	1414.6	81.6	181.8	301.3	1182.8
2008	293.0	498.2	670.3	1652.2	88.9	200.1	329.7	1268.5
2009	261.6	445.4	609.4	1512.3	81.0	177.1	293.2	1259.6
2010	263.8	440.7	597.5	1512.7	81.9	173.9	290.3	1239.1
2011	276.3	447.6	613.7	1564.3	84.9	179.8	303.5	1292.8
2012	261.7	432.7	600.7	1523.7	82.9	176.4	297.3	1304.0
2013	282.8	473.6	653.2	˙1542.0	80.0	171.9	289.8	1267.2
2014	268.2	466.1	652.1	1579.5	77.2	168.6	284.4	1263.0
2015	262.7	435.7	605.2	1529.8	77.0	165.9	275.1	1209.9
2016	236.2	404.1	566.8	1456.4	77.6	166.0	276.3	1181.7
평균	271.5	486.7	634.9	1474.6	79.1	178.2	302.4	1208.3

자료: 러시아 통계청 통합계정(Консолидированные счета)에서 총산출액(Выпуск в основных ценах)과, 미 상무부 경제분석청(BEA)의 투입산출표(Input-Output Accounts) 데이터를 이용하여 작성했다.

떨어졌다. 그러나 금융위기 이후인 2009년부터 전반적으로 증가하는 추세를 보이고 있다. 특히 우크라이나 크림반도 합병 후 러시아에 대한 서방의 경제제재가 가속화되고 석유시장 헤게모니를 둘러싼 미국과 석유수출국기구(OPEC) 간의 경쟁이 본격화되면서 국제유가가 급락한 2014년 이후부터, 경제의 일반 집중도가 급격히 상승하는 추세를 보였다. $CR400$, $CR100$, $CR50$에서 집중도가 크게 높아진 반면, $CR10$의 집중도는 상대적으로 상승 폭이 크지 않았다.

넷째, HHI를 통한 경제 집중의 불균등도를 측정한 결과 정반대 현상이 나타났다. 2003년 이후 경제집중도(CR_k)가 가장 낮았던 2008년에 HHI는 400대, 100대, 50대, 10대 기업군 모두에서 가장 높게 나타났는데, 특히 10대 기업군의 HHI는 2000년대 이후 가장 높은 수준을 기록했다. 이는 기업군 내부에서 소수의 최상위 기업들이 차지하는 비중이 극히 크고 나머지 기업들의 점유율이 작다는 것으로, 상위 기업군 내에서도 격차가 대단히 크다는 것을 보여준다. 실제로 2008년 1위 기업인 가스프롬의 매출액이 3조 5190억 루블인 데 반해 2위인 루코일의 매출액은 2조 1464억 루블, 3위인 로스네프트의 매출액은 1조 1402억 루블, 9위인 MRSK 지주(MPCK Holding)와 10위인 루살의 매출액은 각각 3979억 루블, 3899억 루블로서, 가스프롬 대비 각각 61%, 32%, 11%, 11%에 불과했다. 글로벌 금융위기 이후 2012년까지 HHI는 각 기업군에서 축소되는 경향을 보였다가 2013년 다시 소폭 상승하기도 했다. 그리고 2013~2016년까지 4년 동안은 HHI가 지속적으로 하락하는 추세를 보였는데, 2016년의 HHI는 400대 기업군과 100대 기업군에서 각각 236과 401을 기록해, 분석 기간 중 가장 낮았다. 50대 기업군의 HHI는 567로서 2007년의 562 이후로, 10대 기업군의 HHI는 1456으로 2007년의 1415 이후로 가장 낮은 수치였다. 기업군 내에서 독점적 지위가 조금씩 완화되고 있다고 볼 수 있다.

2) 러시아 광공업 부문의 일반 집중도

이 항에서는 1999년부터 2016년까지 러시아 광공업 부문의 총산출액 (gross output)과 러시아 기업군(100대, 50대, 10대 기업)의 연간 매출 총액을 기준으로 광공업 부문에서 일반 집중도를 분석했다. 총산출액 자료는 러시아 통계청이 발표한 통합 계정(Консолидированные счета)에서 총산출액(Выпуск в основных ценах)을, 기업군별 매출액 자료는 ≪엑스페르트≫지가 발표하는 '러시아 400대 기업(Рейтинг 400 крупнейших компаний России «RAEX-00»)'과 RBC(Russian Business Consulting)의 '러시아 500대 기업(Рейтинг РБК: 500 крупнейших компаний России)' 자료 중 광업, 제조업, 전력 업체만을 발췌했다. 상위 K-기업집중률(CR_k)을 이용해 러시아 광공업 부문에서 일반 집중도를 HHI를 사용해 산업 내 각 기업군(100대, 50대, 10대)에서 경쟁구도를 측정했는데 그 결과는 <표 4-6>과 같다.

먼저 러시아 광공업 분야의 총산출액은 1999년 3조 3599억 루블에서 2016년에는 57조 4272억 루블로 그 규모가 16.1배 확대되었다. 이를 연평균으로 환산하면 18.2%에 해당한다. 글로벌 금융위기의 여파로 2009년 광공업 분야 산출액이 전년 대비 10.4% 감소한 것을 제외하고는, 2011년까지 매년 평균 20% 이상의 고속 성장을 기록했다. 그러나 같은 기간 동안 러시아 경제 전체 총산출액 규모는 17.1배 증가해 광공업 부문보다 다소 높았다. 러시아 경제의 총산출액에서 광공업이 차지하는 비중은 2007년까지 40%대를 유지했으나, 2008년부터 줄어들기 시작해 2014~2016년에는 37%대로 축소되었다. 반면 농림어업 부문은 2007년 4.2%에서 2016년 4.5%로, 서비스 부문은 55.3%에서 57.8%로 확대되었다. 광공업 부문의 비중이 축소된 것은 제조업 매출액 비중이 2007년 28.6%에서 2014~2016년에는 24.3~25.2%로 3% 포인트 줄어든 데 기인한다. 반면 광업은 비중이 7.3%로 변화가 거의 없었고, 전력은 4.3%에서 5.2%로 확대되었다.

둘째, 광공업 부문에서 각 기업군의 집중도($CR100$, $CR50$, $CR10$)와 HHI가 러시아 경제 전체보다 훨씬 높게 나타났다. 러시아 경제 전반에서 매출액 기준 100대 기업의 일반 집중도($CR100$)가 평균 31.5인 데 반해 광공업

〈표 4-6〉 러시아 광공업 부문 일반 집중도 및 HHI 추이(1999~2016)

연도	광공업 산출액		일반 집중도 (%)				HHI		
	10억 루블	%*	CR100	CR50	CR10	CR3	100대 기업	50대 기업	10대 기업
1999	3,359.9	40.5	58.0	52.3	36.3	24.5	693	852	1,687
2000	5,171.1	41.2	65.0	59.5	42.2	24.0	625	746	1,417
2001	6,329.7	39.8	64.0	58.7	40.0	23.3	599	711	1,448
2002	7,244.6	38.2	62.9	57.7	39.4	22.1	579	686	1,393
2003	9,096.2	39.1	61.8	56.0	39.4	22.1	598	726	1,400
2004	11,993.9	40.7	65.5	59.1	38.6	20.7	514	629	1,369
2005	15,546.0	42.0	64.2	58.0	39.4	22.2	577	705	1,451
2006	18,949.7	41.0	63.8	57.6	39.2	23.9	644	786	1,626
2007	23,392.3	40.5	62.4	55.9	36.9	21.4	575	715	1,547
2008	28,273.2	39.5	64.1	56.5	36.9	24.1	652	835	1,860
2009	25,344.7	37.2	63.7	56.2	37.9	24.5	664	849	1,796
2010	31,586.9	38.5	65.1	57.7	36.6	24.0	609	772	1,803
2011	38,334.3	38.0	66.3	58.6	37.9	25.5	642	819	1,866
2012	42,200.2	37.3	63.5	55.7	35.8	24.8	641	830	1,914
2013	45,182.7	36.9	61.5	53.8	35.7	26.7	713	927	2,030
2014	49,255.1	37.0	65.0	56.8	38.3	28.2	708	920	1,962
2015	54,489.3	37.2	66.1	58.2	38.4	28.0	680	874	1,927
2016	57,427.2	37.2	64.2	56.3	36.4	25.8	627	809	1,850
평균	-	38.1	64.2	56.8	37.5	25.3	630	788	1,686

주: *는 러시아 경제 총산출액에서 광공업 산출액이 차지하는 비중이다.
자료: 러시아 통계청 통합 계정(Консолидированные счета)에서 총산출액(Выпуск в основных ценах)을 이용해 작성했다.

에서 100대 기업의 집중도($CR100$)는 64.2로 2배 이상 높았다. 이와 같은 현상은 대상을 50대, 10대 기업군으로 좁혀갈수록 더욱 큰 격차를 보였다. $CR50$의 경제집중도가 26.9인 데 반해 광공업집중도는 56.8, $CR10$의 경제 집중도가 16.5인 데 반해 광공업집중도는 37.5로 나타났다. HHI 또한 광공업 부문이 경제 전체보다 더 높게 나타났다. 광공업에서 100대, 50대, 10대 기업군의 평균 HHI가 각각 630, 788, 1,686인 데 반해 러시아 경제 전체에서는 각각 487, 635, 1,475를 기록하며, 10대 기업군보다는 100대 기업군 내에서 독과점 정도가 더 큰 것으로 나타났다.

종합하면, 광공업 부문에서 소수 대기업의 지배력뿐만 아니라 기업군 내에서 상위 기업의 지배력이 러시아 경제 전체에서 대기업의 시장지배력이나 기업군 내 상위 기업의 지배력보다 훨씬 높다는 것이 판명되었다. 2016년 기준 러시아 경제를 이끄는 상위 100대 기업 중 광공업에 종사하는 업체가 48개로, 거의 절반을 차지할 만큼 그 비중이 높았다. 반면 은행, 운송, 통신 등 광공업 이외 부문의 기업은 52개에 그쳤다. 은행과 보험을 중심으로 한 금융회사 13개, 도소매 유통 기업 22개, 통신회사 5개, 엔지니어링 업체 4개 등으로 구성되었다. 상위 10대 기업으로 한정할 경우, 석유·가스 기업인 가스프롬(Газпром, 1위), 루코일(ЛУКОЙЛ, 2위), 로스네프트(Роснефть, 3위), 수르구트네프테가스(Сургутнефтегаз, 10위), 기계 제작 부문의 로스테흐(Ростех, 6위) 등 5개 기업이 광공업 부문이었다. 반면 러시아 저축은행(Сбербанк России, 4위), 러시아 철도(РЖД, 5위), 대외무역은행(Банк ВТБ, 7위), 유통 기업인 마그니트(Магнит, 8위)와 X5 리테일 그룹(X5 Retail Group, 9위) 등 5개 기업이 비광공업 부문이었는데, 글로벌 금융위기 이후 비광공업 부문 기업들의 약진이 두드러진 결과였다. 2008년까지 러시아 경제 전체 상위 10대 기업 중 광공업 이외 부문 종사 기업은 2개[러시아 철도(РЖД), 저축은행(Сбербанк России)]에 불과했다. 2009년 시스테마(АФК "Система")가 포함되며 3개로 늘어났고, 2011년 국영 송유관 회사인 트란스네프트(Транснефть)가, 2014년 대외무역은행(Группа ВТБ)이 포함되며 5개 기업으로 확대되었다.

셋째, 러시아 광공업 부문에서 상위 100대 기업의 일반 집중도($CR100$)는 2000~2016년까지 항상 60 이상을 유지하고 있다. 글로벌 금융위기 이전에는 집중도의 안정적인 변화가 일정 기간 동안 지속되는 경향을 보였다. 2000~2003년까지 $CR100$은 65.0에서 61.8로 점진적으로 감소하다가

2004년 65.5로 급등하기도 했으나, 이후 2007년까지 연속해서 줄어들며 62.4로 축소되었다. 그러나 글로벌 경제위기의 여파 속에 세계경제의 불확실성이 확대되면서, 2008년부터 100대 기업 광공업 부문 집중도의 변동성이 커졌다. 100대 기업의 광공업 집중도는 2009년 63.7, 2011년 66.3, 2013년 61.5, 2015년 66.1을 기록하면서 롤러코스터형 변동을 나타냈다. 상위 10대 기업의 광공업 집중도($CR10$) 또한 100대 기업과 거의 유사한 패턴을 보였다. $CR10$은 2010년 35.0으로 최저치를 기록한 후 2015년에는 38.4를 기록하며 집중도가 강화되는 추세를 보였다.

넷째, 광공업 분야 100대 기업군 내 집중의 불균등도(HHI)는 1999년 693에서 지속적으로 하락해 2004년에는 514까지 떨어지며 기업 간 불균형이 다소 완화되었으나, 그 후 상승 패턴으로 전환하며 2009년에는 662를 기록할 정도로 불균형이 다시 심화되었다. 2010년에 일시적으로 하락한 후 다시 상승 추세로 돌아섰고, 2013년에는 713을 기록하며 분석 기간 중 가장 큰 불균형도가 나타났다. 50대 기업 및 10대 기업의 HHI 또한 유사한 패턴을 보였다. 2013년 50대 기업의 HHI는 927, 10대 기업의 HHI는 2030으로 모두 역대 최대치를 기록하며 기업 간 불균형도가 최고조에 달했다. 이후 2014년부터는 각 기업군의 HHI가 3년 연속 축소되면서, 2016년에는 각각 627, 809, 1850을 기록했다.

이와 같이 러시아 광공업 부문에서 매출액 기준 각 기업군의 일반 집중도($CR100$, $CR50$, $CR10$)와 HHI가 글로벌 금융위기 이후 큰 폭의 변동성을 보이는 것은, 소수 상위 기업 특히 3대 기업(가스프롬, 루코일, 로스네프트)의 매출 규모가 나머지 기업과 비교해 그 격차가 과도하게 크다는 것을 보여주며, 이 3개 기업들이 모두 석유·가스 산업 관련 기업으로서, 매출 변동성이 큰 대외 변수(국제유가)에 민감하게 영향을 받기 때문이다. III장에서 분석한 바와 같이, 광공업 부문 100대 기업 총매출에서 상위 3개 기업이 차지하는 비중이 글로벌 금융위기 이전에는 32~37% 수준을 보였으나, 2010년 이후에는 38~43%대로 급격히 상승했다. 글로벌 금융위기 이전 국제유가는 급등락 없이 장기 상승 추세를 보였으나 위기 이후에는 급등락을 반복했다. 우랄산 유가는 2008년 배럴당 94.4달러에서 2009년 59.6달러로 폭락했다가 2011~2013년에는 다시 100달러 이상으로 상승했다. 그리고 2014년 하반기부터 본격화된 미국의 셰일 에너지 생산 확대와 석유수출국기구(OPEC)의 감산 합의 실패로, 유가는 2015년 51.2달러, 2016년 41.9달러로 급락했다.

5. 결론

이 장은 1999년부터 2016년까지 러시아 광공업 부문 100대 기업을 중심으로 러시아 경제 전체와 광공업 부문에서 경제력 집중 추이를 상위 K-기업집중률(CR_k)과 허쉬만-허핀달 지수를 이용해 살펴보았다. 연구 결과를 요약하면 다음과 같다.

첫째, 1999년부터 2016년까지 18년 동안 러시아 광공업 부문 100대 기업군에 포함된 기업은 총 281개였다. 그중 18년 연속으로 100대 기업 지위를 유지한 기업은 26개에 불과하고, 나머지 74개 기업이 탈락할 정도로 신규 기업의 진입과 기존 기업의 퇴출이 활발히 이루어졌다. 이는 시장경제 체제하의 자유경쟁에서 발생하는 자연적인 현상이 아니라, 푸틴 정부가 국가자본주의 경제체제를 구축하는 과정에서 추진한 에너지자원 산업의 국유화 및 전략산업 중심의 산업구조 조정 정책의 인위적인 결과물이다.

둘째, 러시아는 경제의 일반 집중도가 미국과 비교해 $CR400$, $CR100$, $CR50$, $CR10$ 모두에서 훨씬 높게 나타났다. 일반 집중도는 글로벌 금융위기가 발생한 2008년 최저치를 기록하고 나서 상승세로 돌아선 후 2014년부터 급격히 증가하는 추세를 보였다. 4개 기업군 내 경쟁구도(HHI)에서도 러시아는 미국과 비교해 소수 상위 기업의 경제 독점이 훨씬 더 강력함을 보여주었다. 400대 기업에서 러시아의 HHI는 미국과 비교해 무려 3.4배나 높았고, 100대 기업에서 2.7배, 50대 기업에서 2.1배, 10대 기업에서도 약 22%나 높게 나타났다. HHI는 2008년 4개 기업군 모두에서 가장 높게 나타난 후, 2013~2016년에는 지속적으로 하락하는 추세를 보이고 있어 기업군 내에서 상위 소수 기업의 독점적 지위가 조금씩 완화되었다.

셋째, 러시아 광공업 부문에서 일반 집중도가 경제 전체의 집중도보다 훨씬 높게 나타났다. 이는 광공업 부문에서 소수 대기업의 지배력뿐만 아니라 기업군 내에서 상위 기업의 지배력이 러시아 경제 전체에서 대기업의 시장지배력이나 기업군 내 상위 기업의 지배력보다 훨씬 높다는 것을 증명해주었다. 이러한 현상은 전(全) 러시아 경제의 상위 10대 기업에 광공업 부문 기업이 5개나 포함되어 있는 데 기인한다. 광공업 분야 100대 기업의 HHI는 2009년과 2013년에 최고치를 기록하며 불균형도가 높게 나타났다. 50대 기업 및 10대 기업의 HHI 또한 유사한 패턴을 보였다. 2014년부터 각 기업군의 HHI는 3년 연속 축소되며 기업군 내에서 독점이 다소 완화되는 추세를 보이고 있다.

러시아는 세계 주요 국가들과 비교해 경제에서 광공업 부문이 차지하는 비중이 상대적으로 높고, 소수의 대기업에 과도하게 의존하고 있어 경제와 산업의 일반 집중도가 지나치게 높고 변동성이 크다. 그리고 경제 전반뿐만 아니라 광공업 부문에서도 기업 간의 경쟁구조가 지나치게 취약하다는 것을 보여주었다. 러시아 정부는 서방의 경제제재에 대한 대응책-경제위기의 극복과 산업화 정책의 강화 방안으로, 2014년부터 식품 가공을 포함한 경공업, 제약업, 무선 전자업, 항공업, 의료업, 조선업 등 20개 산업 분야에서 수입 대체화 전략을 적극 추진하면서, 자원 의존형 경제구조에서 탈피하기 위한 노력을 경주했다. 그런데도 3년이 경과한 지금까지 경제구조와 산업구조에서 그 변화가 제대로 감지되지 않는 것은 러시아의 경제구조와 산업구조의 경직성이 얼마나 심각한지 보여준다.

마지막으로 이 장의 한계점은 다음과 같다. 먼저 다양한 측면의 러시아 산업과 시장구조를 살펴보지 못했다는 점이다. 러시아 경제 전체와 광공업 부문에서 상위 기업들(100대, 50대, 10대)의 일반 집중도와 경쟁구조를 살펴보는 데 그쳤고, 러시아 2단위 산업 분류 80개 산업의 산업집중도를 검토하지는 못했다. 둘째로는 매출액 기준 100대 기업 선정에서 동일한 회계기준이 적용되지 못했다는 점이다. 러시아 기업들이 재무제표를 작성할 때 국제회계기준(IFRS), 미국 회계기준(GAAP), 러시아 회계기준(RAS) 등 다양한 기준을 적용하고 있어 객관적인 비교가 힘들 수도 있다.

공정거래위원회. "시장 지배적 지위남용". http://ftc.go.kr/www/contents.do?key=30(검색일: 2018.5.1).

_____. 2016. "독과점 유지 산업 3개 줄고 시장집중도 소폭 하락". http://www.ftc.go.kr/www/ selectReportUserView.do?key=10&rpttype=1&report_data_no=6678(검색일: 2018.3.15).

박승록. 2011. 『한국기업의 성장과 성과 2010』. 한국경제연구원.

이규완·박원기·이상돈. 2000. 「우리나라 광고시장 구조에 관한 연구」. ≪광고연구≫, 제49호, 141~ 161쪽.

이재영·민지영·강부균. 2012. 「러시아 대선 이후 푸틴 정부의 경제정책 전망과 시사점」. ≪KIEP 지역 경제포커스≫, Vol.6, No.7, 1~12쪽.

정갑영. 2009. 『산업조직론』. 박영사.

최정균. 1998. 『산업조직경제학』. 형설출판사.

미 상무부 경제분석청(BEA) https://www.bea.gov/

러시아 중앙은행 http://www.cbr.ru/

러시아 통계청 http://www.gks.ru/

세계은행 : http://www.worldbank.org/

закон, Федеральный. 2006.7.26. "О защите конкуренции." года N 135-ФЗ. http://www. consultant.ru/document/cons_doc_LAW_61763/ (검색일: 2018.5.1).

РБК. 'Рейтинг РБК: 500 крупнейших компаний России' 2015~2016(각 연도). https://www.rbc.ru/ rbc500/

Эксперт. "Рейтинг 200 крупнейших компаний России." ≪RAEX-200≫, 2000~2003(각 연도).

_____. "Рейтинг 400 крупнейших компаний России." ≪RAEX-400≫, 2004~2014(각 연도).

_____. "Рейтинг 600 крупнейших компаний России." ≪RAEX-600≫, 2015~2017(각 연도). https://raexpert.ru/rankings/#r_845

BP Statistical Review of World Energy 2017. June 2017. https://www.bp.com/content/dam/bp/ en/corporate/pdf/energy-economics/statistical-review-2017/bp-statistical-review-of-world-energy-2 017-full-report.pdf

Forbes. 2004~2017(각 연도). *Global 2000 : The World's Biggest Public Companies*. https://www. forbes.com/global2000/#52aadcd4335d

Fortune. 2000~2017(각 연도). *Fortune 500*. http://fortune.com/fortune500/

U.S. Department of Justice and the Federal Trade Commission. 2010. "Horizontal Merger Guidelines." https://www.ftc.gov/sites/default/files/attachments/merger-review/100819hmg.pdf(검색일: 2018.5.10).

USGS. 2016. *Mineral Commodity Summaries 2016*. U.S. Geological Survey, Reston, Virginia. https://minerals.usgs.gov/minerals/pubs/mcs/

Wall street. 2012.4.18. "The World's Most Resource-Rich Countries."

World Bank. 2018. 5. 2. *World Development Indicators*. https://data.worldbank.org/country

〈별첨 4-1〉 러시아 광공업 부문 100대 기업군 존속 명단 현황(1999~2016)

연수	기업수	기업명
18년 존속 기업	26	Газпром, ЛУКОЙЛ, Роснефтъ, Сургутнефтегаз, Татнефтъ, Норникель, НЛМК, Башнефтъ, Северсталь, ММК, АЛРОСА, Мечел, Филип Моррис Сэйлз энд Маркетинг, ТМК, Славнефтъ, ТВЭЛ, АВТОВАЗ, Нижнекамскнефтехим, УРАЛКАЛИЙ, ГАЗ, Иркутскэнерго, КамАЗ, группа"Илим", Марс, Балтика, Акрон,
17년	2	СИБУР Холдинг, Вимм-Билль-Данн
16년	5	Русал, ЕВРАЗ, Уралвагонзавод, ВСМПО-АВИСМА, ЧТПЗ
15년	1	УГМК(Украинская Горно-Металлургическая Компания)
14년	8	НОВАТЭК, Трансмашхолдинг, Силовые машины, Иркутское авиационное ПО/Корпорация "Иркут", Металлоинвест, ЕвроХим, СУЭК, Тюменская нефтяная компания/ТНК-ВР
13년	8	ФосАгро, Алмаз-Антей, Полюс Золото, Альянс/Независимая нефтегазовая компания, РуссНефть, Кока-Кола ЭйчБиСи Евразия, Объединенные кондитеры, ОМК.
12년	6	Объединенная авиастроительная корпорация, Нестле Россия, Казаньоргсинтез, ЕВРОЦЕМЕНТ, Форд Мотор Компани, Казаньоргсинтез
11년	5	Оборонпром/Ростех, Группа Черкизово, Сильвинит, Группа ОМЗ/Уралмаш-Ижора, Соллерс
10년	10	МРСК/Российские сети, РусГидро, Дж.Т.И. Россия, PepsiCo Россия, Тактическое ракетное вооружение, ТАИФ-НК, Энел Россия, Татэнерго, Сухой, Группа ЛСР
9년	12	Росатом, Интер РАО, АВТОТОР, ЕЭС России, УРАЛХИМ, ОГК-4/ЮНИПРО, Петро 등
8년	6	КЭС Холдинг/Т Плюс, ЕвроСибЭнерго, СУАЛ, Кузбассразрезуголь, Новосибирскэнерго 등
7년	10	Фольксваген Груп Рус, Росэнергоатом, БАТ Россия, Сибнефть, ГОЗНАК, Удмуртнефть 등
6년	16	Хендэ Мотор Мануфактуринг Рус, ЭФКО, Полиметалл, ФортеИнвест, Энергомаш 등
5년	19	Новый поток, Иркутская нефтяная компания, Нефтегазиндустрия, ФСК ЕЭС, ТГК-4 등
4년	35	Сахалин Энерджи, Зарубежнефть, Нефтиса, Салым Петролеум, Р-Фарм. ТехноНИКОЛЬ 등
3회	20	Объединенная судостроительная корпорация, Фортум, Аммофос, Алтай-Кокс, Азот 등
2회	51	Очаково, Оренбургнефть, Красноярский алюминиевый завод, Nordgold, Каргилл, 등
1회	41	КотласскийЦБК, Краснодартабакпром, Кузнецкуголь, Красный Октябрь, Монди СЛПК 등

자료: *Expert* 'Рейтинг 600 крупнейших компаний России «RAEX-600»'와 RBC 'Рейтинг РБК: 500 крупнейших компаний России'를 기초로 작성했다.

〈별첨 4-2〉 러시아 광공업 부문 100대 기업 신규 진입 및 퇴출 기업 현황(1999~2016)

신규 진입 기업	70개 (4개 기업은 진입과 퇴출 반복)	Ростех(2015), Российские сети(2013), Интер РАО(2008), Росатом(2008), НОВАТЭК (2003), Русал(2001), ЕВРАЗ(001), Алмаз-Антей(2004), Объединенная авиастроительная корпорация(2005), СИБУР Холдинг(2000), РусГидро(2007), УГМК(2001), Т Плюс (2009), Сахалин Энерджи(2013), Объединенная судостроительная корпорация(2014), ЕвроХим(2001), Металлоинвест(2000), Дж.Т.И. Россия(2007), СУЭК(2000), Новый поток(2012), Фольксваген Груп Рус(2010), ФосАгро(2003), PepsiCo Россия(2007), Корпорация Тактическое ракетное вооружение(2006). Полюс(2002), ЕвроСибЭнерго (2009), Альянс(2004), АВТОТОР(2007), Зарубежнефть(2013), Нестле Россия(2005), ОМК(2001), ТАИФ-НК(2007), ЧТПЗ(2000), Уралвагонзавод (2001), Томскнефть(2005), Трансмашхолдинг(2003), Хендэ Мотор Мануфактуринг Рус(2009), Иркутская нефтяная компания(2012), ЭФКО(2011), Полиметалл(2011), РуссНефть(2004), ФортеИнвест(2011), Ниссан Мэнуфэкчуринг Рус(2011), Вимм-Билль-Данн(2000), Нефтегазиндустрия(2012), Рено Россия(2013), УРАЛХИМ(2008), Нефтиса(2013), Удмуртнефть(2006), Эллада Интертрейд(2011), Кока-Кола ЭйчБиСи Евразия(2004), Группа Черкизово(2005), Э.ОН Россия(2008), Силовые машины(2001), Новошахтинский завод нефтепродуктов(2011), Салым Петролеум(2013), Энел Россия(2007), Nordgold(2015), Каргилл(2015), Р-Фарм(2013), ТехноНИКОЛЬ(2013), Урало-Сибирская металлургическая компания(2014), Фортум(2014), Промышленно-металлургический холдинг(2016), Хенкель Рус(2010), Объединенные кондитеры(2003), ЕВРОЦЕМЕНТ(2005), Фармстандарт (2011), Мон'дэлис Русь(2012), Монди СЛПК(2016)
퇴출 기업	70개 기업 진입과 퇴출 반복	ЕЭС России(2008), ЮКОС(2005), ТНК-ВР(2013), Сибнефть(2006), Оренбургнефть (2001), Сиданко(2003), Красноярский алюминиевый завод(2001), Западно-Сибирский металлургический комбинат(2001), Нижнетагильский металлургический комбинат (2001), Братский алюминиевый завод(2001), Северная верфь(2009), СУАЛ(2007), Оскольский электрометал лургический комбинат(2006), Кузбассразрезуголь(2010), ЗИЛ(2001), Татэнерго(2009), Носта(2003), Кузнецкий металлургический комбинат (2003), Центральная топливная компания(2000), Богословский алюминиевый завод (2000), Сильвинит(2011), Иркут(2013), Уралэлектромедь(2001), УАЗ(2003), Котласский ЦБК(2000), Купол(2001), Лебединский ГОК(2006), Краснодартабакпром (2000), Черкизовский(2005), Нижнекамскшина(2006), Михайловский ГОК(2006), Энергия(2001), Норси-ойл(2001), Сыктывкарский ЛПК(2006), Якутуголь(2006), Лианозовский молочный комбинат(2001), Волга(2003), Сибирский химический комбинат(2001), Аммофос(2002), Алтай-Кокс(2005), Апатит(2006), Кондопога(2003), Проктер энд Гэмбл(2011), Заволжский моторный завод(2003), Воркутауголь(2005), Волжский трубный завод(2000), ЦКК(2000), Уралмаш-Ижора(2010), Уфимское моторостроительное ПО(2005), Челябинский электрометаллургический комбинат (2000), Донской табак(2004), Балтийский завод(2004), Архангельский ЦБК(2002), Челябинский электролитный цинковый завод(2000), Новокузнецкий алюминиевый завод(2001), Саянский алюминиевый завод(2000), Тулачермет(2003), Бабаевский (2000), Кузнецкуголь(2000), Новосибирскэнерго(2008), Кирово-Чепецкий химический комбинат(2001), Ачинский глиноземный комбинат(2001), Кондитерское объединение "Россия"(2003), Соликамск бумпром(2000), Красный Октябрь(2000), Мотовилихинские заводы(2000), Куйбышевазот(2000), Автодизель(2004), Рыбинские моторы(2000)

주: 2014년은 최종 퇴출 및 최초 진입 연도이다.
자료: Expert 'Рейтинг 600 крупнейших компаний России «RAEX-600»'와 RBC 'Рейтинг РБК: 500 крупнейших компаний России'를 기초로 작성했다.

〈별첨 3〉 100대 광공업 기업 중 국영기업 (2016년 기준)

순위	기업명	매출액 (억 루블)	순위	기업명	매출액 (억 루블)	순위	기업명	매출액 (억 루블)
1	Газпром	59,664	16	Башнефть	4,940	39	АВТОВАЗ	1,849
3	Роснефть	41,340	17	ОАК	4,169	41	КТРВ	1,728
4	Ростех	12,660	20	РусГидро	3,741	49	Зарубежнефть	1,459
6	Российские сети	9,040	24	АЛРОСА	3,171	55	КамАЗ	1,335
7	Интер РАО	8,682	25	Сахалин Энерджи	3,048	56	Уралвагонзавод	1,323
8	Росатом	8,646	26	ОСК	3,019	57	Томскнефть	1,219
9	Татнефть	5,801	34	Славнефть	2,145	76	Удмуртнефть	878
15	Алмаз-Антей	4,959	38	ТВЭЛ	1,857	84	Салым Петролеум	740

자료: *Expert* 'Рейтинг 600 крупнейших компаний России «RAEX-600»'와 RBC 'Рейтинг РБК: 500 крупнейших кмпаний России'를 기초로 작성했다.

5장

포스트소비에트 공간과 러시아의 근외 정책

김선래(한국외국어대학교 러시아연구소 HK연구교수)

● 이 장은 2009년 정부(교육과학기술부)의 재원으로 한국연구재단의 지원을 받아 수행된 연구이다(NRF-362-2009-1-B00005).

소련으로부터 독립한 15개 공화국들은 국가 건설과 발전이라는 목표를 놓고 지난 20여 년간 각자 독특한 길을 걸어왔다. 러시아를 중심으로 하는 옛 소련 국가들과의 구심력과 원심력 문제는, 각 국가들의 자주성과 독립성을 확보하려는 노력과 더불어 영토와 민족 문제로 복잡하게 얽혀 있다. 그 중에서도 민족과 연결된 영토 문제는 포스트소비에트 공간에서 지속적으로 분쟁과 갈등을 야기했다. 몰도바공화국 내 러시아인과 몰도비아인들의 분쟁, 조지아 내 자치공화국들의 분리독립 문제, 그리고 중앙아시아의 키르기스스탄 민족 분규, 타지키스탄의 내전, 아제르바이잔과 아르메니아의 나고르노 카라바흐와 니히체반을 둘러싼 영토분쟁, 발트삼국 및 카자흐스탄 북부 지역에 살고 있는 러시안 디아스포라 등 많은 문제가 내연하고 있다. 이러한 내부적 동인에 국제환경 변화에 따른 외부적 요인이 개입되면서 잠재되었던 갈등이 표면화하기 시작했다. 최근에는 포스트소비에트 공간에서 경제적 이해관계로 갈등해 왔던 우크라이나와 러시아가 민족과 국경 문제로 충돌했다. 우크라이나는 자국의 경제발전을 위해 유럽연합과 러시아 사이에서 대외정책을 수정해 왔다. 중요한 것은 일련의 사태를 통해 러시아가 포스트소비에트 국경선을 재구성하려는 움직임을 보이고 있다는 점이다. 포스트소비에트 내 영토적 안정성에 변화가 온다면, 그것도 러시아가 주도해 변화를 만들어낸다면 그 파괴력은 매우 클 것이다. 그 전면에는 포스트소비에트 공간 내에 흩어져 살고 있는 러시안 디아스포라가 있다. 러시안 디아스포라는 몰도바 동안의 드네스트르 지역, 북부 키르기스스탄, 북부 카자흐스탄, 우크라이나 동부, 발트삼국 등에 널리 퍼져 살고 있고, 그 수만 2800만 명에 달한다. 만일 러시아가 국경선을 다시 변경하자고 한다면 이 국가들은 분쟁에 휩싸이거나, 러시아의 영향력 아래로 들어가는 일이 발생할 것이다. 가스 에너지 분쟁으로 시작된 러시아와 우크라이나 간의 갈등이 영토 문제로 비화하면서, 크림반도와 세바스토폴은 러시아의 84, 85번째 연방으로 귀속되었다. 유럽연합과 미국을 위시한 세계 각국들이 포스트소비에트 공간에서 영토적 안정성을 파괴하는 러시아의 크림반도 병합을 비난하고 러시아에 대한 경제적 제재 조치를 가하고 있지만, 그 실효성은 제한적이다.

1. 유럽연합과 유라시아경제연합, 우크라이나 내전: 신냉전의 서막

우크라이나와 러시아 사이의 가스 가격을 둘러싼 갈등은 2006년부터 본격화되기 시작했다. 그 이전인 1990년대부터 가스 가격과 대금 연체로 갈등 관계가 지속되어 왔으나, 2004년 12월 친서방 정권인 유셴코 정권이 수립된 이후 더욱 첨예한 갈등이 시작되었다. 2005년 우크라이나는 우크라이나를 거쳐 유럽연합으로 가는 가스 파이프라인 사용료 인상과 가스 가격 조정을 놓고 러시아와 갈등을 빚었는데, 이것이 2006년 1월 1일 우크라이나를 통과하는 가스관을 폐쇄하는 사태로 발전했다. 가스관 폐쇄로 인해 러시아 가스를 사용하는 유럽연합 국가들이 막대한 피해를 입었다. 그 뒤 3년이 지난 2009년에도 러시아 가스에 대한 우크라이나의 미지급 금액과 지연배상금 문제를 놓고 양국이 갈등했고, 이는 파이프라인 차단으로 이어져 2009년 1월 1일 유럽행 가스 공급이 또다시 중단되었다. 당시 유럽연합의 러시아산 가스 의존도가 50%를 넘었으므로, 가스 공급 중단은 유럽 내 러시아 가스 사용량이 많은 국가에 국가 비상사태를 유발시켰다. 유럽연합은 2012년까지 러시아로부터 수입하는 가스의 약 60%를 우크라이나 가스관을 통해 수입하고 있었다. 가스 공급 중단 사태의 피해는 고스란히 유럽 수입국들에게 전가되어, 공장이 가동을 멈추거나 난방 연료 부족으로 민간인이 사망하는 경우까지 발생했다. 이러한 사태는 유럽연합뿐 아니라 우크라이나 경제 전반에도 큰 영향을 끼쳤다.

2006년, 2009년 두 차례의 가스 분쟁으로 인해 우크라이나 경제가 악화되었으며 그 여파가 우크라이나 정국에도 영향을 미쳐서, 오렌지혁명으로 집권했던 친서방 정권이 친러 정권으로 바뀌는 단초가 되었다. 서부 우크라이나 국민은 유럽연합과의 경제협력을 원하며, 이와 반대로 러시아 경제권에 속해 있는 동남부 지역은 러시아와의 경제협력을 원하고 있다. 2014년 우크라이나 내전의 주 촉발 원인 중 하나는 유럽연합과 우크라이나가 FTA를 통해 경제협력을 추진하는 과정에서 발생했다. 러시아는 우크라이나가 유럽연합과의 경제협력을 통해 유럽연합 가입을 추진할까 우려했다. 이는 곧 나토 가입과 연계되기에 러시아는 이 사태를 국가안보에 대한 심각한 도전으로 받아들였다.

2. 미국발 셰일 혁명과 일극체제에서 다극체제로의 이행

2014년 이후 전개되고 있는 우크라이나 사태의 전말을 보면 우크라이나를 놓고 벌이는 러시아와 미국의 패권 경쟁이 적나라하게 드러난다. 미국을 위시한 서방의 지속적인 공세 속에서 러시아의 대응과 반격으로 발생한 우크라이나 내전을 국제정치적으로 살펴보면, 러시아의 대외 기조, 특히 포스트소비에트 공간 내 근외국가들에 대한 러시아 외교정책의 기조를 파악할 수 있다. 전문가들은 현재진행형인 우크라이나 사태의 핵심적 본질이 세계 패권의 변화 과정에서 일어난 미국과 러시아의 갈등에 있다고 보고 있다. 그 역학 구도를 변화시키고 있는 동력이자 단초는 미국발 셰일가스 혁명이다.

〈그림 5-1〉 우크라이나를 우회하는 러시아발 유럽행 가스관

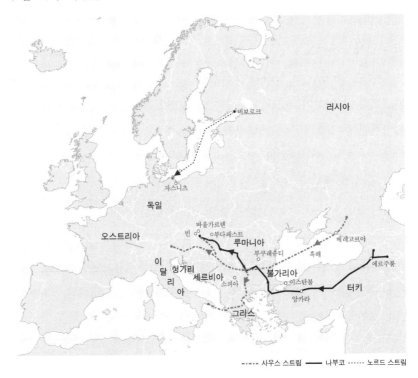

자료: http://www.powermag.com/global-gas-glut/

　　초기에 러시아의 에너지 전문가들과 가스프롬 관계자들은 셰일 혁명의
파급효과를 미국 내 찻잔 속 태풍 정도로 가볍게 보았다. 그러나 2012년 이
후 러시아 관계자들과 전문가들의 셰일가스 혁명에 대한 안이한 분석과 예
측은 빗나갔으며, 이에 긴급히 대응하는 과정에서 우크라이나 사태가 발생
했다는 해석도 있다. 셰일가스 혁명으로 인하여, 이미 2013년 말부터 우크
라이나는 서방의 지원을 받아 자국 내 셰일가스층을 개발하고 에너지 자주
국으로 도약하기 위한 계획을 구체적으로 실행에 옮기고 있었다. 이러한 변
화로 인해 우크라이나가 러시아의 품에서 벗어나 유럽연합으로 갈 것이라
는 예측은 불을 보듯이 명확해졌다. 러시아는 장기적으로 우크라이나를 자

신의 영향력 아래에 두어 미국의 대러시아 공세의 완충지대로 남겨놓는 것을 기본 전략으로 삼고 있었다. 그러나 우크라이나가 유럽연합으로 넘어간다면 나토군이 러시아 수도 모스크바 턱밑에 진주한다는, 가장 상상하기조차 싫은 구도가 만들어진다.

우크라이나 사태를 포함한 일련의 국제적 흐름에 대한 러시아의 시각은 단호하다. 우크라이나 사태의 저변에 러시아가 추구하는 다극체제를 견제하려는 미국의 일극 헤게모니 추구 전략이 깔려 있고, 그 연장선에서 미국 정보기관들이 작동하여 일련의 사태가 발생했다고 보고 있다. 1991년 양극체제의 한 축인 소련 붕괴 이후 미국의 일극체제가 20여 년간 세계를 지배해 왔으며, 현재 진행되고 있는 대러 경제재제 조치는 이 일극체제가 유럽연합 및 유라시아 경제연합과 같은 다극체제로 재구조화되는 과정에서 나타나는 첨예한 갈등이라고, 러시아 정부는 파악하고 있다. 우크라이나 사태를 "미국을 위시한 서구가 벌인 쿠데타"로 보고, "포스트소비에트 공간에서 큰 전투가 막 시작되었을 뿐"으로 보는 러시아 관료들의 시각도 그러하다. 분쟁 초기에 푸틴 정부는 미국과 러시아가 세계 패권 구도를 놓고 벌이는 전초전 성격의 우크라이나 내전에서 밀린다면 많은 것을 잃을 수 있다는 위기감이 팽배했다.

국제 패권 질서를 놓고 러시아와 미국 간에 전개된 신냉전의 소용돌이는 우크라이나 내전이라는 비극을 만들어냈다. 서방측의 대러시아 경제제재 조치는 러시아에게 상당한 타격을 입혔지만, 이로 인해 러시아는 경제적으로 더 단단해지고 있다. 미국발 셰일가스 혁명과 에너지 가격을 이용한 에너지 전쟁이 러시아를 궁지로 몰아넣는 베어트랩으로 작동하기에는 러시아 경제상황이 예전과는 많이 달라졌기 때문이다.

3. 러시아의 포스트소비에트 내 러시안 디아스포라에 대한 정책

소련 해체 직후인 1990년대는 옛 소비에트 연방국들로부터 러시아 본토로 러시아인들의 이주가 급격히 늘어났다. 옛 소련 지역에 거주하던 러시아인들의 11.4%에 해당하는 285만 명이 러시아로 이주를 했다. 특히 분쟁 지역인 타지키스탄과 아제르바이잔, 아르메니아, 조지아 지역으로부터 적게는 43%, 많게는 56%에 가까운 사람들이 정든 땅을 떠나 러시아로 이주했다.

독립 이후 러시아의 근외 러시안 디아스포라에 대한 외교정책은 일반적인 소수민족 보호라는 소극적 수준에 머물러 있었다. 그러나 크림반도와 트랜스 드네스트르 지역 그리고 발트삼국에서 현지인들과 러시아인들 사이에 갈등이 빚어지면서, 러시아 내 민족주의자들의 목소리가 반영되기 시작했다. 1993년 5월 『러시아연방 외교정책 지침서』에서 근외 러시안 디아스포라의 중요성이 강조되었으며 더 나아가 이들이 러시아의 중요한 외교적 자원임을 밝히고 있다. 1993년 11월에 발표된 군사 독트린에 의하면, 해외에 거주하는 러시아인들 즉 러시안 디아스포라에 대한 자유와 권리를 침해할 경우 군사력 사용을 명시하고 있다. 이것은 크림반도를 위시한 우크라이나 동부의 러시안 디아스포라를 보호하고 발트해 연안 국가들의 민족주의적 정책에 대항하기 위해 나온 독트린이다. 푸틴 정권에서 이러한 경향은 한층 강화되어서, 러시아 근외 지역 국가들에 대한 러시아 우호국가 벨트의 형성, 러시안 디아스포라에 대한 권리와 이익의 보장, 러시아어의 진흥과 확산에 필요한 지원 등을 추진하고 있다.

이 정책은 2008년 푸틴정부가 발표한 '재외동포의 러시아연방으로의 자발적 재이주를 촉진하기 위한 정부 프로그램'에서 다시 확인되는데, 이 법은 근외 지역 특히 CIS 지역의 러시아인들에 대한 푸틴 정부의 관심을 나타내고 있다. 이 프로그램에서는 러시아 재외동포를 러시아인이 아닌 '옛 소련 시민권자로서 해외에 거주하는 18세 이상의 직업을 가진 러시아어 구사자'로 확대 해석해 규정하고 있다. 즉 2002년 '국적법'에서 근외 러시아인들을 러시아 국민으로 간주하던 소극적 입장에서 벗어나, 그 대상을 인종적인 차원의 러시아인만이 아니라 러시아어 구사자로 확대함으로써 그들에 대한 지원과 관리를 하려는 새로운 의지를 보이고 있다.

최근까지도 러시아 정부의 근외 러시안 디아스포라에 대한 정책은 그들을 변함없는 러시아의 소프트파워이자 중요한 외교적 자산으로 간주하고 있다. 이를 위해 러시아 정부는 러시아인뿐 아니라 러시아어를 사용하는 민족까지 범러시안 디아스포라 공동체로 인식하고 이들에 대한 지원을 아끼지 않고 있다. 이처럼 러시아 근외 지역-포스트소비에트 공간에서 러시안 디아스포라는 푸틴 정부의 영향력을 확산시키는 중요한 외교적 소프트파워로 작동하고 있다.

러시아 정부는 1999년에 제정한 '재외동포에 대한 국가 정책법(Закон О государственной политике РФ в отношении соотечественников за рубежом)'을 2010년에 개정하면서 동포라는 개념을 추가했다. 이 법상의 러시아 동포는 다음과 같다.

첫째, 동포란 한 국가에서 출생해 그 국가에 거주하며 공통된 언어, 역사, 문화유산, 전통과 관습을 영유하는 자와 그 직계 후손.

둘째, 재외동포란 러시아연방 영토 밖에 거주하는 러시아연방 시민을 말함.

셋째, 구체적으로 러시아연방과의 정신적·문화적·법적인 관계를 자유의지로 선택한, 러시아연방 영토 밖에 거주하는 사람과 그 직계 후손들.

러시아연방이 제정한 '재외동포법'에 의하면 동포라는 개념이 매우 추상적이다. 왜냐하면 러시아인이라는 규정 자체가 러시아연방 내의 다양한 민족을 포괄할 수 없기 때문이다. 이러한 문제를 극복하기 위해 러시아인이라는 인종적 측면보다는 '러시아어와 러시아 문화를 공유하는'으로 확대 규정하고 있다. 즉 종족·민족적 러시아인이 아니라 러시아 문화와 러시아어를 사용하는 모든 사람들을 동포로 규정했다. 1991년 독립 이후 재외동포에 관심이 없었던 러시아가 최근에 재외동포의 중요성을 인식하고 해외 네트워크에 정책적으로 접근하는 이유를 다음 세 가지로 정리할 수 있다.

첫째, 주변국가에 대한 영향력 확보이다. 해외 러시아 동포, 즉 러시아어를 사용하고 문화를 공유하는 사람들에 대한 보호와 지원을 명분으로 타국의 국내 정치에 개입하거나 영향력을 행사하려는 것이다. 우크라이나 사태에서도 보듯이, 우크라이나 동남부 지역 러시아인들의 권리와 보호를 위해 러시아가 전격적으로 개입한 것도 이러한 명분과 정책에서 비롯된 현상이다. 2008년 8월 조지아의 남오세티야 공화국을 공격한 러시아는 남오세티야 공화국이 조지아 영토인데도 그 지역에 살고 있는 러시아인들을 보호한다는 명분으로 전쟁에 전면 개입하여, 개전 3일 만에 조지아 영토 3분의 1을 점령하여 항복을 받아냈다.

둘째, 재외동포들의 러시아 유입을 통해 필요한 노동력을 충원한다. 독립 이후 러시아는 사망률 대비 출산율이 낮아지면서 인구 감소가 진행되고 있다. 이를 해소하기 위한 한 방법이 해외 러시아인들에 대한 본국 귀환 프로그램의 실시이다.

셋째, 러시아인들도 소련 시대와는 달리 해외 이주를 자유롭게 할 수 있다. 외국에 살고 있는 러시아인들이 해당 국가에서 경제적·사회적으로 영향력 있는 단체가 된다면 거주 국가의 정부 정책에 영향을 미칠 수 있고, 본국이 그 국가에 정치적 영향력을 행사할 수도 있기 때문이다. 이들에 대한 관심과 지원이 글로벌화되어 가는 지구촌에서 국가이익을 강화해 나갈 수 있는 좋은 방법인 것이다.

러시아 정부가 기존의 러시안 디아스포라에 대해 체계적이고 정책적인 지원과 관심을 지속해 나간다면 그 영향력은 상당할 것이다.

포스트소비에트 공간에 대해 러시안 디아스포라라는 개념이 도입된 것은 최근의 일이다. 특히 러시아 내에도 150여 개 민족이 존재하고 있고 과거 소비에트 체제 내에도 수많은 민족이 존재하고 있었기 때문에, 소련의 붕괴는 소비에트 체제 내에 거주했던 민족들의 대규모 이주라는 현상을 낳았다. 소련의 해체로 새로운 국경들이 획정되고, 그 국경 곳곳에 살던 민족들은 자연스럽게 디아스포라 상황에 놓였다. 소련의 붕괴로 발생한 포스트소비에트 공간 내의 디아스포라 중에 가장 많은 수를 차지하며, 중요한 민족이 러시아인이다. 그런데 소련 붕괴 이전에 소련 각지에 흩어져 살고 있었던 러시아인들에 대해 일률적으로 디아스포라라는 개념을 적용하기는 어렵다. 왜냐하면 인종적으로 러시아인과 비러시아인을 구분하기가 매우 어렵기 때문이다. 따라서 러시아 정부는 이러한 근외 지역 러시안 디아스포라를, 민족공동체라는 영역을 넘어 러시아어 사용자라는 개념으로 확대하여 해석함으로써 포스트소비에트 공간 내 러시아 영향력을 복원하는 지렛대로 사용하려 한다.

4. 포스트소비에트 공간 내에서 구심력으로 작동하는 러시안 디아스포라 언어 정책

미·소가 대립하던 냉전 후기 소련에 소속된 15개 공화국의 공식 언어는 러시아어였다. 러시아어는 동유럽 국가들을 포함해 사용 인구가 3억 5000만 명에 달하는 세계 주요 언어 중 하나였다. 소련 붕괴는 이러한 러시아어의 지위에 변화를 가져왔으며, 전 세계적으로 러시아어 사용 인구와 영역이 급감했다. 특히 옛 소련 지역에서 각 공화국들은 러시아어 사용을 철폐하거나 제한하는 언어 전환을 시행했다. 이러한 영향으로 전통적 러시아어 사용국이던 중앙아시아 국가들도 민족 언어를 중심으로 언어 정책을 전환했다. 러시아가 국내의 경제적 어려움과 정치적 혼란 속에서 신생 독립국가로서 국가 건설과 경제발전에 총력을 기울였던 1990년대와 2000년대 초반에는 해외 러시아어 사용에 대해 다양한 정책을 추진하고 지원할 여력이 없었다. 그러나 2000년대 후반 러시아의 경제 상황이 세계 지하자원 가격 상승과 더불어 호전되자, 러시아 정부는 국제어로서 러시아어의 위상에 대해 다시 관심을 갖고, 러시아어 보급과 러시아어 사용 인구에 대한 지원을 위한 다양한 정책을 추진했다. 세르게이 라브로프(Серге́й Лавро́в) 러시아 외무부 장관은 러시아어와 러시아 문화의 확산을 러시아 소프트파워 강화에서 중요한 키워드로 보았다. 이는 러시아 근외 지역 특히 포스트소비에트 공간에서 러시아어와 러시아 문화의 확산을, 러시아의 대외 영향력을 강화해 나가는 중요한 요소로 인식했다는 뜻이다.

2007년 러시아 정부가 세운 루스키미르(Русский мир)재단은 러시아어 교육과 러시아어의 세계적 확산을 목표로 설립되었다. 구체적인 활동 내용은 해외 러시아어 교육 기관 및 단체 지원, 해외 러시아어 대중매체 지원, 러시아 국가 홍보와 이미지 고양 등 러시아 공공 외교 수단으로 역할을 하는 것이다. 이 루스키미르라는 개념은 러시아 정부의 재외동포 정책과 병행되어 사용되었지만, 푸틴 정권에서는 그 개념이 더욱 강화되어 러시아의 확장적 세계관으로 발전한 측면이 있다.

러시아 근외 지역 영향력 확대 강화를 위한 좋은 방법으로는 포스트소비에트 국가 내 러시아어 사용자들을 대상으로 인터넷뿐 아니라 신문과 방송을 통해 러시아어 사용을 확산하는 것이다. 특히 러시아 방송은 포스트소비에트 영역에서 러시안 디아스포라뿐 아니라 옛 소련인들도 많이 시청하고 있다. 조사에 따르면 포스트소비에트 국가 성인들 중 거의 50%가 러시아 방송을 정기적으로 혹은 때때로 시청하고 있는 것으로 나타나고 있다. 심지어 러시아어 사용률이 낮은 카프카스 국가들과 발트 연안 국가들에서도 그러하다. 러시아 방송을 통해 러시아의 현대 음악과 영화, 대중문화가 포스트소비에트 공간에서 큰 인기를 누리고 있는 이유도 크게 보면 러시아어의 저력에 있다. 소비에트 시기 70년간 러시아어가 국가 언어로 사용되어 왔으므로, 현재 40대 이상 성인 남녀들의 러시아어 능력은 소련 시기와 같을 것이기 때문이다. 러시아 정부도 미디어를 통한 러시아어 확산이 인근 지역인 포스트소비에트 공간 내에서 매우 효과적인 방법이라고 보고 있다.

러시아 정부의 언어 정책과 중앙아시아 러시안 디아스포라를 중심으로 한 러시아어 확산 정책은, 단순한 언어 정책이 아니라 중앙아시아 내에 러시아의 영향력을 확대·강화시켜 나가는 소프트파워로서 작용하고 있다.

5. 중앙아시아 내 구심력으로 작동하는 러시아의 언어 정책

2000년대 초반 중앙아시아를 두고 벌어졌던 미국과 러시아의 영향력 확대 경쟁은 최근 들어 미국이 후퇴하는 양상을 보이고 있다. 중앙아시아를 두고 변화하는 국제질서 속에서 러시아의 전통적 영향권 아래에 있는 중앙아시아 국가들은 국가 건설과 경제발전 과정에서 가장 합리적인 대외정책을 선택하고 있다. 러시아와의 관계 설정 또한 예전과는 달리 중요하게 접근하고 있다.

2000년대 후반 이후 러시아는 중앙아시아의 러시안 디아스포라에 대해 정책적으로 접근하고자 꾸준히 노력해 왔다. 러시안 디아스포라들에 대한 러시아 정부의 정책은 재외동포에 대한 지원안과 법률 등에 잘 나타나 있다. 특히 재외동포를 '러시아인'에서 '러시아어를 구사하는 사람'으로 확대해 포스트소비에트 공간 내 러시아어 구사자들에 대한 지원과 권익을 보장하는 정책을 강하게 추진하고 있다. 이와 같은 러시아의 정책은 포스트소비에트 공간에서 러시아의 권리와 이익을 확보하고자 하는 또 다른 대외정책의 표현이며, 그 전면에는 러시안 디아스포라가 있다. 중앙아시아 지역은 러시아가 포기할 수 없는 핵심 지역이기 때문에, 중앙아시아를 포함한 러시아 근외 지역에 대한 러시아의 관심은 당연하다고 할 것이다.

중앙아시아에 현존하고 있는 러시안 디아스포라를 러시아 정부가 대외정책 수단으로 활용하는 수준이, 역내 세력권에 대한 소프트파워 정도에 한정될 것인지 아니면 우크라이나 사태처럼 막강한 하드파워로서 역내 국가들을 좌지우지하는 외교적 도구로 활용될 것인지가 앞으로 중요하다고 본다. 최근 러시아는 대외정책 노선에서 재외동포 즉 러시안 디아스포라에 대한 권익 보호와 지원, 그리고 간섭에 가까운 영향력을 행사하려 하고 있다. 이는 포스트소비에트 공간에서 전통적인 영향력을 행사하겠다는 러시아 국가 의지의 표현이며, 그 영향력 행사의 초점을 소프트파워 강화에 맞추고 있다. 그러나 이러한 소프트파워 정책도 국제적 대립 구도나 갈등양상이 중앙아시아 역내로 투사되는 경우에는 하드파워로 전환될 수 있다는 점에서, 그 불씨는 계속 남아 있다고 하겠다. 중앙아시아의 각 국가들은 이러한 불씨를 사전에 통제하기 위해 대러시아 외교관계 설정을 신중히 추진하면서, 해당국 스스로가 이 문제를 해결하는 데 많은 노력을 경주하고 있다.

6. 미·러 갈등과 신국제질서 형성

탈냉전 이후 국제질서는 미국 주도의 일극 체제로 21세기를 맞이했다.

이와 함께 미국의 초강대국 지위를 견제하는 중국과 EU, 유라시아 대륙의 맹주 국가 가운데 하나인 러시아를 중심으로 하는 유라시아주의가 나타나기 시작했다. 특히 중국의 급속한 경제발전은 세계 에너지자원의 흐름을 바꾸어놓을 정도로 강력한 흡인력을 발휘했다. 세계경제의 새로운 발전 동력과 시장이 유라시아에 나타난 것이다. 양극체제 붕괴 이후 세계경제질서에 융합한 중국과 러시아의 발전 동력은 기존의 서구 중심 자본주의의 축을 흔들어놓을 만큼 강력했다. 러시아와 중국은 체제 전환 과정에서 정실자본주의와 국가자본주의, 관리민주주의라는 내부적 취약성을 안고 있기는 하지만, 21세기 세계경제의 축을 옮겨놓을 만한 파괴력을 보유하고 있다. 특히 중국의 유라시아 대륙을 향한 일대일로와 신실크로드 정책은 러시아의 신동방정책과 함께 유라시아 지역 맹주로서 영향력을 강화하기 위한 새롭고 공세적인 것이었다. 러시아는 옛 소련 소속이던 공화국들과의 구심력을 강화한 유라시아경제연합(Eurasian Economic Union, 이하 EAEU)을 2015년 1월 1일 출범시켜 유라시아의 경제통합을 추진하고 있다. 중국은 일대일로 6개 노선을 통해 몽골과 러시아, 서남아시아, 인도, 중동, 터키, 유럽을 연결하는 철도망과 도로망 건설을 추진하고 있다. 이처럼 중국과 러시아가 공세를 강화하자 미국이 그에 강력히 대응하면서, 세계질서 재편 과정에서 국제적 갈등과 불안정이 임계 수치로 상승하고 있다. 이러한 상호 대립의 격화는 2014년 우크라이나 내전과 같은 갈등으로 표출되었고, 세계 전반에 걸쳐 안보 상태가 불안정해지고 있다. 동북아 상황 역시 이러한 국제질서의 하부 체계를 이루고 있으므로 앞으로 유라시아 대륙 세력과 미국을 위시한 해양 세력이 이해관계를 둘러싸고 충돌할 여지가 적지 않다.

2013년 말 우크라이나 유로마이단(Euromaidan) 광장에서 시작된 소요 사태는 2014년 2월 빅토르 야누코비치(Вıктор Янукович) 정권의 붕괴를 낳았다. 이와 함께 러시아가 우크라이나 사태를 미국과 서방세계의 공격으로 받아들이면서 크림반도가 러시아에 합병됐고, 우크라이나 동남부 지역에서 내전이 발발했다. 포스트소비에트 공간에서 발생한 색깔혁명 이래 10여 년간 이어져 오던 미국과 러시아의 대립과 갈등이 우크라이나 사태를 통해 수면 위로 다시 떠올랐다. 사실 미·러 간에 내재된 갈등이 미·중 간의 갈등보다 더 격렬하게 분출하리라고 예견한 학자들은 많았다. 미국발 셰일가스 혁명이 국제 에너지 시장구조를 바꾸고 에너지 가격 하락을 예고했을 때부터 러시아는 경계심을 늦추지 않고 있었다. 셰일가스 혁명의 파고가 러시아를 강타하기 바로 직전인 2012년 푸틴 대통령은 하원 연설에서 셰일가스 혁명의 위협적인 충격을 예상하고 준비하고 있다고 밝혔다. 그러나 러시아는 2012년 유럽에 공급하는 가스 가격을 하향 조정할 수밖에 없었으며, 현재 유럽 내 가스 공급 시장점유율은 20%대로 주저앉았다. 미국의 전방위적 압박과 공세에 러시아의 입장은 수세적일 수밖에 없었다. 그렇다면 미국은 어떤 전략적 목적으로, 더 강력한 경쟁자인 중국에 다면적이고 중층적인 공세를 펼치기에 앞서 러시아를 선택했을까? 미국의 향후 세계전략 구도는 어떻게 그려지고 있는 것일까? 동북아에서 러시아의 신동방정책에 대한 한국의 대응 전략을 구축하려면 바로 이런 물음들에 대해 답변을 마련할 필요가 있다.

동북아 역내 국제질서가 개편되는 과정에서 지정학적·지경학적·문화적 요소들이 복합적으로 연결되어 있는 상호 의존의 커플링이 펼쳐지고 있다.

7. 미국·중국·러시아에 의한 세계 패권질서의 변화와 한반도

한반도 신뢰 프로세스와 동북아 평화협력 구상으로 이어지는 한국의 논리적 외교정책은, 주변 4강의 국가이익과 이해관계가 상호 중첩·교차하는 부분과 갈등 고리를 정확한 해법으로 풀어야만 꼬이지 않고 순조롭게 전개될 수 있다. 북방 경제협력의 구도 안에 포괄적으로 담겨 있는 한반도 신뢰 프로세스와 동북아 평화협력 구상이 중국의 일대일로, 러시아의 신동방정책과 조화를 이루면서 상호 윈윈할 접점을 찾는 것이 이 난국을 헤쳐 나가는 지혜가 될 것이다. 그러한 접점을 모색하기 위해, 먼저 미국과 러시아의 갈등 원인과 전개 양상에 대해 살펴볼 것이다. 그다음 동북아에서 발생할 수 있는 러시아와 중국 간의 갈등 구도와 함께 중국과 미국의 대립 구도를 그려보고, 동북아 평화협력 구상과 북방 경제협력 실천 방향에 대한 단기적·중장기적 전략을 마련해 볼 것이다.

미국은 향후 30년의 세계 전략을 구상하면서 EU와 러시아, 중국을 21세기 국제사회의 중요한 행위자로 보고 있다. 이 중 EU에서는 정책의 투명성이나 예측 가능한 협력과 이해를 구할 수 있지만, 러시아와 중국에 대해서는 미국의 광역적 틀 속에서 조율하기 힘든 가변성과 이해관계의 충돌이 존재한다는 점이 고려되고 있다. 미국이 세계 패권적 질서를 놓고 향후 15년 내에 발생할 수 있는 중국과의 거대 게임을 준비한다고 본다면, 중국과 러시아가 상호 보완적 존재가 될 수 있는 가변성에 대해 대책을 확보해야 한다는 절대적인 전략적 요구가 존재한다. 즉, 앞으로 15년 뒤쯤 중국과 러시아 쌍방의 국가이익이 다층적이며 중첩된 높은 수준의 국가 간 협력 지위에 오른다면, 미국이 형성해 놓은 국제질서와 국제 공공재 성격의 가치가 심각하게 도전받을 수 있다. 사실 현재도 이러한 변화와 도전의 기운이 수면 아래 잠재하고 있으며, 아시아인프라투자은행(AIIB)이나 일대일로, 상하이협력기구(Shanghai Cooperation Organization), EAEU 등은 그러한 변화 움직임의 일부이다. 특히 공공재적 성격을 띤 달러화의 지위는 유로화와 루블화, 위안화의 지속적인 국가 간 교역량 증가로 흔들리고 있다. 중국과 러시아 사이의 국가이익은 상호 보완적인 형태를 띠고 있는데, 러시아는 중국이 필요한 원자재와 에너지를, 중국은 러시아에 소비재 상품을 저렴하게 공급할 수 있다. 양국은 마치 악어와 악어새의 관계 같은 공존의 협력 교차점을 형성하고 있다.

만일 러시아와 중국 간의 '전략적 동반자 관계'가 유라시아의 세력 균형 구도로 발전하게 된다면, 그것은 미국에 가장 바람직한 유라시아 질서임이 분명하다. 다시 말해 러시아와 중국 사이에 유라시아 패권을 놓고 주도권 갈등이 발생한다면, 그것이 미국으로서는 가장 좋은 시나리오이다. 중국이 주도하는 일대일로 정책은 러시아의 시각에서 볼 때, 중앙아시아 등 유라시아를 중국 주도의 새로운 아시아 질서로 재편하는 것을 목표로 한 패권적 구도라고 할 수 있다. 이와 반대로 러시아를 중심으로 하는 EAEU의 등장은 이와 같이 중국의 강화된 유라시아 정책을 견제하는 훌륭한 포석으로 볼수 있다. EAEU의 출현은 중앙아시아 국가들의 입장에서도 국가 안보와 세력 균형에 필요한 국제조직으로 인식되고 있다. 러시아는 역사적으로, 국제 정치 차원에서 중국과는 협력과 견제라는 다중적 외교정책으로 접근해 왔다. 미국은 러시아와 중국이 공동전선을 펼쳐 미국의 헤게모니에 도전하는 것과 이러한 도전이 미국과 서방이 이루어놓은 세계질서와 금융 체제를 위협하는 사태로 발전하는 상황을 경계한다. 만일 러시아와 중국이 유라시아의 패권을 놓고 갈등하거나, 최소한 양국이 미국의 패권적 질서에 대응해 일치된 외교적 입장을 견지하는 것을 예방할 수 있다면, 앞으로 중국과 미국이 세계 신질서 전개 구도 속에서 갈등할 경우에도 미국과 서구가 구축해놓은 금융과 안보 플랫폼은 지속될 것이다. 이러한 미래 세계전략이 미국의 의도대로 실현되려면 무엇보다도 먼저 러시아가 서구적 가치관과 세계경제 체제에 편입되어야 한다. 하지만 서구적 가치관과 경제질서 편입에 가장 방해되는 인물이 바로 푸틴 대통령이다. 따라서 미국의 21세기 미래 구도에서 푸틴을 제거하는 것이 필수적이다. 푸틴 없는 러시아가 서구적 가치관과 경제질서에 편입된다면, 장래에 러시아가 중국과 연합해 현 질서에 대항하는 일도 없을 것이며 차후 미국은 대중 관계에서 전략적 우위를 점하게 될 것이다. 다시 말해 미국에는 푸틴을 제거하는 것이 향후 국제질서 재편과 신질서 창조에서 핵심 사항이자 새로운 세계전략의 최대 목표이다. 이 같은 미국의 전략은 이미 2012년부터 셰일가스 혁명과 함께 가동되어 지속되고 있다.

러시아는 에너지 부문 재정수입이 전체 예산 중 50%에 달해 가스와 석유의 국제 가격이 하락하게 되면 재정에 큰 타격을 받게 된다. 셰일가스와 같은 비전통적 에너지 개발은 국제사회에서 러시아와 같은 전통적 에너지 생산국들의 영향력을 감소시키는 방향으로 세계 에너지 역학 구도를 변화시킨다. 앞으로 에너지 부문 재정 의존도가 높은 국가들은 에너지 판매로 인한 수입이 적어져서 국력이 약화될 전망이다. 이 가운데 러시아가 가장 큰 영향을 받을 것으로 보인다. 한 국가의 재정 악화가 정치적 변곡점을 유발한다는 점은 소련 붕괴와 옐친 시기 모라토리엄 선언을 통해 이미 검증된 바 있다. 러시아는 이러한 외부의 변화에 대응해 그 충격을 완화하려는 여러 가지 대안을 추진하고 있다.

그 첫 번째가 동북아시아 에너지 시장으로 방향을 선회하는 것이다. 아시아 지역은 천연가스 수요가 폭발적으로 증가하고 있다. 이에 따라 러시아는 전통적인 가스 수출 대상이던 유럽에서 눈을 돌려 동북아, 특히 중국 가스시장 진출을 추진하고 있다. 기존 아시아 천연가스 시장의 주공급원은 중동과 호주 지역이었다. 이 지역들은 PNG 형태가 아니라 LNG 형태로 가스를 공급하고 있다. 러시아는 이러한 아시아 시장을 향해 저렴한 PNG 가스 공급 시장을 확보하려는 전략을 구상하고 있다. 러시아는 450억 달러를 투자해 동부 시베리아 야쿠티야 가스전에서 블라디보스토크까지 3200km 가스관 공사를 추진해 완공했다.

2011년 러시아는 세계 최대 천연가스 수출국이었다. 그러나 2000년과 비교해 유럽 내 천연가스 시장점유율이 50%에서 20%대로 현저히 낮아져 2040년까지 12% 수준으로 하락할 것이라는 전망도 있다.

미국이 추구하는 셰일가스를 활용한 세계 전략은 세계 에너지 시장에서 기존 에너지 주도국들의 패권적 지위를 약화하고 미국의 국가이익을 강화하는 것이 핵심이다. 미국이 셰일가스 혁명을 주도·확산하는 저변에는, 에너지를 무기로 삼은 에너지 패권국이 에너지 시장에서 차지하고 있는 공급자 우위 구조를 수요자 중심 구조로 전환한다는 혁명적 발상이 깔려 있다. 크게는 이러한 변화가 러시아 정치구조에까지 영향을 미쳐, 러시아에 진정한 법치와 민주주의가 확립되는 데 영향을 미칠 것으로 미국은 보고 있다.

중요한 점은 이러한 미국의 세계 전략 구도가 동북아에도 그대로 투사되어, 러시아의 신동방정책에 대한 한국의 대응에 지대한 영향을 미칠 뿐 아니라 동북아 안보 지형에도 큰 변화를 가져오리라는 것이다. 반면 중국과 러시아는 적어도 앞으로 10년간 전략적 동반자관계를 강화해 나갈 것이다. 러시아 입장에서는 현재의 국제 정치·경제적 입장을 타개하려면 중국과의 전략적 동반자 관계가 필요불가결하다. 따라서 앞으로 10년간 러시아는 서방과 미국의 전방위적·다면적 압력에서 벗어날 탈출구를 동북아에서 찾을 것이며, 이 과정에서 중국과 한국을 동북아의 핵심 국가로 상정하고 접근할 것이다. 러시아는 유라시아로 향한 중국의 팽창정책과 영향력 강화를 일정 부문 수용하면서 미국의 공세에 대응하는 동시에 극동·시베리아 개발과 유라시아주의 강화를 위해 동북아에 자원을 집중할 것이다. 동북아는 중국과 러시아, 미국의 이익이 교차하는 접점 지역이다. 따라서 그 중심에 있는 한국은 앞으로 10여 년간 매우 어려운 선택을 자주 해야 할 수도 있다. 미국과 러시아의 갈등 구도가 지속될 것이고, 동북아에서 러시아의 신동방정책과 한국의 북방 경제협력 정책의 접점은 미국과 중국의 새로운 국제질서 창조

〈그림 5-2〉 '노르드 스트림'과 '노르드 스트림 2' 가스관

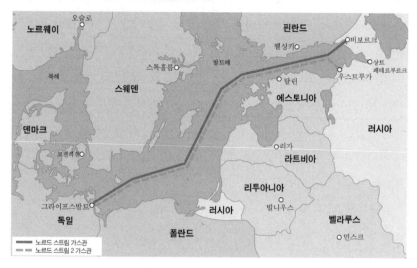

틀 속에서 제한될 수밖에 없을 것이다. 이때 한반도 신뢰 프로세스와 동북
아 평화 정착 구도도 북한 변수로 인해 일정한 한계 상황에 놓일 수 있다.

8. 러시아의 신동방정책과 동북아시아

러시아는 2000년 푸틴 대통령 취임 이후 현재까지 강대국 외교와 실용
주의 외교 노선을 통해 유라시아·태평양 국가의 정체성을 강화해 왔다. 특
히 2012년 러시아는 유라시아 국가라는 전략적 위상을 확립하고 아시아·
태평양 국가의 일원으로서 신동방정책을 국가 외교정책의 주요 방향으로
설정했다. 옛 소련 외교의 중심 정책은 미국과 유럽에 그 초점을 맞추고 있
었다. 따라서 러시아는 소련 붕괴 전후의 아시아를 변방이나 다름없이 취급
했다. 특히 극동·시베리아 지역은, 모스크바를 중심으로 하는 러시아의 유

럽 지역에 자원과 에너지를 공급하는 역할을 했다. 러시아 정부의 지역 개발 과정에서 항상 마지막 순위에 있던 극동·시베리아 지역에 대한 투자와 개발은 러시아의 유럽 지역과 비교할 때 극히 미미했다. 극동·시베리아 거주 러시아인들은 최근까지 스스로를 식민지 2등 국민으로 자조해 왔다. 하지만 2012년 이후 글로벌 국제질서에 대해 전략적 수정을 가하면서, 러시아의 관심은 극동·시베리아로 급전환했다. 이처럼 유라시아의 중심 국가였던 러시아가 외교정책의 중심축을 아시아로 옮기는 이유를 다음과 같이 몇 가지로 설명할 수 있다.

첫째, 셰일가스 혁명 이후 거세진 미국의 전략적·다면적 대러 공세의 예봉에서 벗어나기 위함이다. 당시 러시아 경세의 가장 큰 수입원인 유럽 가스 에너지 시장은 축소되고 있었다. 2006년 약 60%대의 유럽 가스 시장점유율이 2017년 20%대로 급락했고, 셰일가스의 영향으로 국제 가스 가격이 하락하면서 에너지 판매를 통한 러시아의 재정수입도 급감했다. 이처럼 러시아는 새로운 에너지 판매 시장을 개척해야 하는 처지에 내몰렸다. 이때, 2000년 이후 10%대의 고도 경제성장을 지속하면서 경제대국으로 부상한 중국의 에너지 수요가 러시아의 새로운 에너지 시장 개척의 대안으로 부상했다.

둘째, 유럽 중심의 전통적인 러시아 외교정책에서 주변부였던 아시아의 중요성이 중국의 경제대국 부상 덕분에 매우 커졌다. 탈냉전 이후 러시아의 동북아 접근 정책은 안보적 차원에서나 경제적 측면에서도 큰 비중을 차지하지 못했다. 하지만 중국을 중심으로 한 동북아시아는 2010년대 이후 러시아의 근외 정책에서 가장 중요한 지역으로 변화했다. 동북아에서 중국이라는 지역 맹주의 등장은 러시아 전략적 협력과 경계를 동시에 요구하기 때문이다.

셋째, 극동·시베리아 개발은 러시아의 신동방정책에서 가장 중요한 요소

중 하나이다. 국가 발전 전략의 우선순위에서 밀리고 투자와 개발이 늦었던 극동 러시아 주민들의 경제적 생활 향상을 위해서라도, 러시아 정부는 이 지역의 개발과 발전에 초점을 맞출 수밖에 없었다. 중국, 한국, 일본의 자본과 기술이 러시아 자원에 접목된다면 극동 러시아도 국가 발전의 원동력이 될 수 있다는 견해가 현실화되기 시작한 것이다.

넷째, 러시아는 동북아 지역에서 국가이익을 수호하고 강화해 나가기 위해 기존의 수동적 외교에서 적극적 외교로 정책을 전환해, 동북아 국가들과 연대를 추진하면서 영향력을 확대해 나갈 수 있기를 바란다. 동북아 지역에서 러시아는 역내 영향력을 강화하고 위상을 높이는 것이 중요한 국가이익이라고 보고 있다. 동북아는 러시아와 국경선을 접하고 있어 러시아 국가안보와도 직결되어 있다. 또한 새로운 에너지 시장의 개척 가능성에서 볼 때도 러시아 국가이익과 밀접하게 연결된다.

2012년 블라디보스토크 APEC 정상회의는 동북아 권역에서 러시아의 등장을 알리는 신호탄이 됐으며, 2015년 9월 블라디보스토크 동방경제포럼은 러시아의 극동·시베리아 개발과 아시아·태평양(이하 아태) 지역 진출을 위한 구체적인 마스터플랜을 제시하는 장이었다. 동북아 권역에 대한 러시아의 공세적 정치·경제·안보 접근 정책은 필연적으로 역내 세력 간의 갈등과 연합을 초래할 수밖에 없다. 특히 한반도를 중심으로 북·중·러의 대륙 세력과 한·미·일의 해양 세력이 맞서는 구도가 펼쳐진다는 점에서 한국의 위치가 매우 엄중할 수밖에 없다. 이런 식으로 중국과 러시아 중간에 있는 북한, 미국과 일본 사이에 놓여 있는 한국을 둘러싼 정치·경제·안보 지형도가 복잡하게 맞물릴 수밖에 없는 것이다.

러시아의 신동방정책과 한국의 북방 경제협력 정책의 접점에서, 핵심적 내용 중 하나는 한반도와 러시아, 중국, 유럽을 철도로 연결하고 교통·물류·에너지 인프라를 구축함으로써 거대 단일시장을 형성하는 것이다. 그중 특히 극동 지역은 북방 경제협력 정책의 핵심 거점이자 유럽과 아태 지역 간 교통·물류 중심지로 주목받고 있다. 한국과 일본의 기술과 자본 및 시장, 중국 동북 3성의 노동력과 시장, 북한의 노동력, 몽골의 지하자원, 극동 러시아의 에너지자원 등은 동북아 지역에서 자원·기술·산업 협력을 위한 클러스터 구축의 훌륭한 토대가 된다.

러시아는 극동 지역의 지정학적 위치와 에너지자원의 커다란 공급 잠재력을 바탕으로 동북아 국가들과 단일 에너지 시장을 구축하는 데, 블라디보스토크를 역내 에너지 허브로 발전시키려고 한다. 게다가 2014년 우크라이나 사태로 인한 서방의 대러 경제제재와 국제적 고립을 탈피하기 위해 러시아는 동북아 협력에 더욱더 심혈을 기울이고 있다. 이는 2015년 10월 초 러시아 정부에 제출된 「러시아 에너지 전략, 2035」에도 구체적으로 명시되어 있다. 러시아는 에너지 공급국으로서 안정된 수출 시장을, 한국과 중국은 에너지 소비국으로서 안정적 공급원을 확보하기 위한 에너지 그리드의 연결을 통해 물리적·법률적·제도적 시스템을 통합하고, 이를 기반으로 교역과 투자를 증대시켜 종국에는 역내 단일 시장을 형성하자는 것이다.

이 밖에 러시아는 한국의 기술이전을 조건으로 한국 기업이 러시아에서 15척 이상의 액화천연가스(이하 LNG) 운반선을 수주하도록 하는 조선 분야 협력 프로젝트를 추진했다. 이처럼 러시아는 유럽의 가스 수요 감소와 북미 지역의 셰일가스 개발에 대응하기 위해 LNG 프로젝트를 추진하고 있으며, 특히 자국 내 조선소 육성을 위해 LNG 운반선 발주에 상응하는 기술이전을 원한다. 이에 한국 정부는 내부 검토를 거쳐 러시아 측에 관련 기술이전을 승인했으며, 대우조선해양은 2013년 9월 한·러 정상회담 직후 러시아 국영 석유회사 로스네프티와 조선 협력 양해각서를 체결했다.

9. 한반도 평화 정착을 위한 6자 회담과 러시아의 역할

2017년 11월 29일 새벽 북한은 ICBM급 장거리 미사일을 발사했다. '화성-15형' 미사일은 최대 고도 4500km까지 상승한 후 일본 아이모리현 앞바다에 떨어졌다.

미국의 고강도 북한 압박과 더불어 '참수 작전'과 외과적 정밀 타격 방식인 '선제 타격'이 준비되었거나 이미 여러 차례 도상 훈련을 마친 상태에서, 북한의 도발은 어찌 보면 무모하기까지 했다. 대북 제재로 북한의 경제는 매우 어려운 상태이다. 미국과 북한의 강 대 강 치킨 게임에 대하여, 미국 내 일부 학자는 미국이 이러한 사태를 일정 부분 유도한 점이 있다고 지적한다. 이러한 시각은 러시아 내 한반도 전문가들도 동의하는 부분이다. 미국의 군사적 행동을 유도하는 듯한 양상을 띤 북한의 ICBM 발사는 대기권 재진입 기술을 논외로 하더라도 미국 본토를 요격하기에 충분한 기술을 과시했다. 특히 이전의 실험 때보다 2단 추진체가 더 강력해졌고, 탄두 부분이 다탄두 탑재가 가능한 형태로 이루어져 있어 더욱 위협적이다.

한반도를 둘러싸고 있는 국제정치 기류가 작년과는 다른 변화의 조짐을 보인다. 최근 미국의 대중국 전략이 오바마 정부와는 다르게 다면화되어 간다는 점이다. 오바마 정부의 아시아 회귀 전략의 초점은 중국의 부상을 견제하는 것이었다. 중국의 견제라는 측면에서는 유사하지만, 최근 트럼프 정부는 자유롭고 개방된 인도·태평양 기조를 중심으로 안보 구조를 바꾸려고 하고 있다. 중국은 이러한 트럼프 정부의 인도·태평양 전략이 인도를 그러한 구도에 편입시켜 중국의 힘에 균형을 맞추려는 헤징 전략으로 보고 있다. 미국의 더 다면화된 안보 전략은 극도로 긴장된 북·미 간 갈등 구조를 조금은 순화시킬 수 있다는 점에서, 한반도 갈등 완화에 하나의 기회로 볼 수 있다.

중국은 북한 핵 개발과 북·미 간의 갈등이 동북아에 대한 미국의 개입으로 이어지고, 사드 배치와 더불어 한국이 반중 연합에 흡인되는 상황을 우려한다.

러시아는 동북아 국제 정세를 극한적 대립으로 몰고 가는 북·미 갈등에 대해 매우 큰 우려를 표하면서 북한의 입장을 일정 부분 옹호하고 있다. 러시아의 입장은 동북아에서 무력을 사용하는 일이 발생하지 않고, 평화적인 정치·외교적 방법으로 갈등을 해결하는 것이다.

한반도를 중심으로 대립과 갈등의 물리적 에너지가 농축되어 임계점에 달하면, 관련 당사자들이 해결을 위한 대화의 장에 나설 것이다. 러시아는 북한이 의지하고 있는 동북아의 유일한 국가이다. 북·미 간 갈등과 한반도 전쟁 위협이 고조될수록 동북아 평화와 안정을 위한 러시아의 역할이 더욱 중요해진다. 북한은 경제발전과 체제 유지를 위해 북·미 대화를 지속적으로 요구하고 있다. 북·미 간의 대립과 갈등, 북한의 핵 개발로 인해 가장 큰 피해를 입고 있는 국가가 동북아를 구성하고 있는 러시아, 중국, 일본, 한국이다.

러시아가 추구하는 한반도 정책의 근간은 동북아 평화 유지와 안정이다. 러시아는 기본적으로 한반도의 불안정과 군사적 충돌이 러시아 국가이익에 반한다고 보고 있으며, 동북아의 불안정이 곧 러시아 극동 지역의 불안으로 연결된다고 인식하고 있다. 러시아는 특히 신동방정책과 함께 극동·시베리아 개발과 발전을 적극적으로 추진하는 과정에서 동북아 불안정에 더욱더 예민하게 반응하고 있다. 러시아는 동북아 안보 구상에서 6자 회담을 통한 한반도의 위기와 북핵 문제 해결을 자연스러운 접근전략으로 보고 있고, 동시에 6자 회담을 동북아에서 러시아의 역할과 위상 제고를 위한 지렛대로 활용하려고 한다. 러시아는 북핵 문제를 해결해 나가는 과정에서 동북아의 역내 입지를 강화하고, 장기적으로는 6자 회담이라는 동북아 안보 체제를 제도화하고 국제기구로 발전시키는 것이 러시아가 역내 주도 세력으로 활동하기 위한 주요 시스템이라고 보고 있다. 러시아의 동북아 지역 안보는 동북아를 초월해 아시아 전체로 러시아 국익을 강화해 나가는 데 필수 요소이다.

러시아의 접근전략에 이와 같이 대응하는 한국의 주도적인 정책 수단에는 현실적으로 한계가 있다. 그런데도 한국의 국익을 수호하고 안보를 강화하려면, 최소한 대러 정책을 장기적 관점에서 전략적으로 수립하고 접근해야 한다. 동북아 안보 구상에서 대외 제약 요소인 미국·중국·일본 등의 국익과 대내 제약 요소인 국내 정치의 당파적 이익이 함께 결합되어 대러 정책의 독자적 수립을 제한하고 있다. 그러나 이러한 국내외 환경을 고려하더라도, 한국의 국익을 보호하기 위한 대러 전략을 장기적 안목으로 구상하고 추진해 나가야 한다.

참 고 문 헌

강봉구. 2014. 「강대국으로의 복귀?: 푸틴시대의 대외정책(2000~2014)」. ≪슬라브연구≫, 제30권 1호, 1~55쪽.

강명구. 2015. 「러시아 극동지역 개발정책을 통한 유라시아 이니셔티브 활성화 방안」. ≪글로벌 경제질서의 재편과 신흥지역의 미래≫, 22~53쪽. 2015 KIEP 신흥지역연구 통합학술회의 자료집(2015. 10.22~23).

고재남. 1994. 「러시아의 근외정책과 CIS체제의 장래」. 『러시아, 새질서의 모색』. 열린 책들.

_____. 2005. 「러시아의 대유럽정책: EU, NATO를 중심으로」. 『현대 러시아 국가체제와 세계전략아카 데미』. 홍완석 엮음. 한울.

김경순. 2007. 「우크라이나의 러시아인 디아스포라」. ≪민족연구≫, 32호, 6~34쪽.

김선래. 2015. 「우크라이나 사태의 발생과 심화 원인으로서 러시아인 디아스포라」. ≪동유럽발칸학≫, 제39권 4호, 123~152쪽.

김영술. 2008. 「러시아인 디아스포라에 관한 연구-차별과 귀환이주를 중심으로」. 전남대학교 박사학위 논문.

김인성. 2007. 「CIS내의 러시아민족문제: 구소련 지역의 러시아인 디아스포라」. ≪민족연구≫, 제32호, 85~128쪽.

남혜현. 2013. 「언어와 국가권력: 러시아정부의 러시아어 확산 정책」. ≪Russia-CIS FOCUS≫, 제229호, 1~3쪽.

림금숙. 2011. 『창지투 선도구와 북한 나선특별시, 러시아 극동지역 간 경제협력 과제』. 예원기획.

문명식. 2012. 「EU-러시아 에너지 관계와 에너지 안보: 가스 수급의 안보를 중심으로」. ≪슬라브 연구≫, 제28권 3호, 29~56쪽.

박정호. 2010. 「우크라이나 안보정책의 서방벡터와 국내정치적 제약 요인 분석」. ≪슬라브 연구≫, 제26권 2호, 63~88쪽.

박지원. 2014. 「우크라이나의 천연가스 에너지보조금 지급과 경제적 함의」. ≪중소연구≫, 제38권 4호, 221~246쪽.

서종원·안병민·이옥남. 2014. 『유라시아 이니셔티브 실현을 위한 실크로드 익스프레스 구축방향』. 한국교통연구원.

성원용·이성규·오영일·P. Minakir. 2013. 『러시아 극동 바이칼 지역의 개발과 신북방 경제협력의 여건』. 대외경제정책연구원.

신범식. 2013. 「푸틴 3기 러시아의 한반도정책: 변화하는 동북아에서의 적극적 역할 모색」. ≪한국과 국제정치≫, 제29권 1호, 123~161쪽.

우준모. 2004. 「크리미아 갈등의 해결과정과 러시아·우크라이나 관계연구」. ≪세계지역연구논총≫, 제22집 1호, 1~27쪽.

우평균. 2011. 「러시아의 구 소련지역 재외동포 정책: 연속성과 변화의 측면」. ≪민족연구≫, 48호,

118~145쪽.

이성규·윤영미. 2006. 「미국의 대러시아 에너지 정책: 현황과 전망에 대한 고찰」. ≪비교경제연구≫, 제13권 2호, 163~196쪽.

장덕준. 2014. 「러시아의 신동방정책과 동북아」. ≪슬라브학보≫, 제29권 1호, 229~266쪽.

장세호. 2014. 「러시아 파워 엘리트 연구 : 극동, 시베리아 개발의 젊은 기수, 알렉산드르 갈루시카」. *Russia & Russian Federation*, 제5권 4호, 44~49쪽.

_____. 2015. 「애국주의·보수주의의 높은 파고에 휩쓸린 러시아 국내정치」. 『2014 Russia report: 분야별 평가와 전망: 한러수교 25주년 기념』, 91~121쪽. 이환.

제성훈. 2014. 「러시아의 '동방정책'과 유라시아 이니셔티브」. ≪외교≫, 제110호, 82~92쪽.

제성훈·강부균. 2013. 『3기 푸틴 정부의 '대외정책개념'과 정책적 시사점』. 대외경제정책연구원.

제성훈·민지영·강부균·세르게이 루코닌(Сергей Луконин). 2014. 「러시아의 극동·바이칼 지역 개발과 한국의 대응방안」. ≪2014 KIEP 정책연구 브리핑≫, 1~12쪽.

포콩, 이자벨(Isabel Parkhong). 2015.11.16. "러시아의 복잡미묘한 아시아 회귀 정책". ≪르몽드 디플로마티크≫.

홍완석. 2014. 「2014 우크라이나 사태의 국제정치적 함의와 한반도」. ≪슬라브 연구≫, 제30권 2호, 89~118쪽.

Гарусова, Л.Н. 2015. "Возможности и риски политики России в АТР: фактор США и Китая." под ред. В.Л. Ларина, У тихого океана. *Информационно-аналитический бюллетень*, № 38 (236).

Грек, Ю.В. 2015. "Итоги и задача поворота России на восток." *Актуальные вопросы общественных наук: социология, политология, философия, история* № 9 (49).

Караганов, С.А. И.А. Макаров. 2015. "Поворот на Восток: итоги и задачи." *Журнал Сибирского федерального университета*. Серия: Гуманитарные науки. Т. 8. № Supplement.

Москаленко, Ю. 2015. "Дальний Восток как вызов." *Новая газета*. Вып. № 103.

Путин, В. В. 2000.11.14. "Россия: новые восточные перспективы." *Независимая газета*, http://www.ng.ru/world/2000-11-14/1_east_prospects.html (검색일: 2015.10.11).

_____. 2012.1.16. "Россия сосредотачивается - вызовы, на которые мы должны ответить." *Известия*. http://izvestia.ru/news/511884 (검색일: 2015.10.11).

УКАЗ Президента РФ. 2009.5.13. "О стратегии национальной безопасности РФ до 2020 года." N. 537. http://www.kremlin.ru/supplement/424 (검색일: 2015.10.11).

Campi, Alicia. 2014. "Transforming Mongolia-Russia-China Relations: The Dushanbe Trilateral Summit." *The Asia-Pacific Journal*, Vol.12, Issue 45, pp.1~7.

Common Declaration by the Russian Federation and the People's Republic of China on the Coordination of the Construction of the Eurasian Economic Union and the Silk Road Economic Belt. 2015.5.8. "Press Statements Following Russian-Chinese Talks." http://en.kremlin.ru/events/president/transcripts/49433(검색일: 2015.10.11).

Lukin, Artyom. 2015. "Russia's Eastward Drive - Pivoting to Asia ... Or to China?" *Russian Analytical Digest*, No. 169, pp.1~14.

President of Russia. 2012.5.7. "Executive Order on Measures to Implement Foreign Policy." http://en.kremlin.ru/events/president/news/15256(검색일: 2015.10.11).

Putin, V. 2012.12.12. "Address to the Federal Assembly." http://eng.kremlin.ru/transcripts/4739(검색일: 2015.10.11)

6장

러시아의 공세적 외교정책

중앙아시아에 대한 러시아의 영향력 확대 원인과 메커니즘을 중심으로

이홍섭(국방대학교 안보정책학과 교수)

● 이 장은 ≪중소연구≫, 제42권 1호(2018)에 실린 「중앙아시아에 대한 러시아의 영향력 확대 원인과 메커니즘」을 일부 수정했다.

푸틴 3기(2012~2018)에 이어 푸틴 4기 정부가 2018년 출범했다. 푸틴 3기 정부는 '주권민주주의'와 '국가자본주의'를 두 축으로 통치했다. '주권민주주의'란 러시아를 대외적으로는 개방하는 대신 다른 국가들이 러시아의 내정에는 간섭하지 말 것을 요구하는 것이다. 이는 러시아의 전통적 가치, 즉 민족, 국가, 러시아정교의 특수성을 내세워 러시아식 민주주의를 추구한다는 것으로 서구식 자유민주주의와는 거리가 멀다. '국가자본주의'는 국가가 경제를 통제하는 것을 의미한다.

2018년 3월, 4번째 대선에 도전한 푸틴은 80%에 육박하는 지지율로 당선되었다. 투표율이 저조할 것이라는 애초의 우려와는 크게 다른 양상으로 푸틴의 4번째 정부가 화려하게 출범하는 데 크게 기여했다. 이와 같은 국내의 단단한 지지율을 바탕으로 푸틴 정부는 대내적으로는 권력을 공고화하고, 대외적으로는 군사력을 기반으로 하는 강한 러시아 건설을 모토로 삼아 공세적 외교정책을 전개했다. 이러한 외교적 기조는 2016년 11월에 개정된 ≪외교정책개념≫에 나타나 있는데, 이 문건은 국제 현안 주도국으로서 자신의 역할 강화 모색, 국가 간 문화·전통·이익의 다양성 강조, 국제협력의 강화 등을 특징으로 하고 있다. 이러한 기조는 현실 국제관계에서 공세적 외교정책으로 세계 여러 지역에서 전개되고 있다. 그 결과 과거부터 영향력이 높았던 중앙아시아 지역은 물론이고 중동, 남미 지역에서도 러시아의 영향력 제고가 눈에 띄게 나타났다. 러시아는 특히 국영 에너지기업을 활용한 경제적 유대, 정치적 영향력 확대, 정부 지원 선전매체의 설립 그리고 군사적 협력 강화 등을 통해 자국의 영향력을 확대하고 있으며 그 성과도 만만치 않다.

이 장은 러시아의 공세적 외교 행태를 이해하기 위한 사례분석으로서, 중앙아시아 지역에서 나타나고 있는 러시아의 영향력 확대 과정을 살펴보았다. 러시아는 우크라이나, 조지아, 키르기스스탄 등에서 전개된 색깔혁명에 대한 안보 전략적 대응 측면에서 안전망이 필요했다. 또한 경제적·문화적 측면에서는 중국 및 서방의 위협에 직면하여 기득권 상실에 대한 방어가 필요했다. 이와 같은 목적을 실현하기 위하여 러시아는 공세적 외교정책을 전개했다. 그 도구로서는 첫째, 지역 안보 유지 및 지역통합 그리고 경제협력을 위하여 다양한 다자협력기구를 활용하는 방법이다. 둘째는 다양한 소프트파워를 사용하는 것이다. 러시아와 중앙아시아가 문화와 언어를 상당 부분 공유하는 점, 상당수의 중앙아시아 출신들이 러시아에서 노동자로 거주하고 있는 점, 중앙아시아의 엘리트들이 여전히 러시아어 및 러시아 문화에 익숙하다는 점은 러시아가 중앙아시아에서 영향력을 행사하는데 절대적으로 유리한 자산이다. 이와 같이 러시아는 이해관계가 첨예한 지역이나 사안에 대해서는 사용 가능한 도구를 총동원하여 공세적 외교정책을 적극적으로 펼치고 있음을 알 수 있다.

1. 서론

2010년 4월 초 발생한 키르기스스탄의 대규모 소요 사태는 쿠르만베크 바키예프(Kurmanbek Bakiyev) 대통령을 권좌에서 축출했다. 그보다 5년 전인 2005년 3월에는 1991년 독립한 후 초대 대통령이 된 아스카르 아카예프 (Askar Akaev) 대통령이 야당 세력에 의해 쫓겨났다. 2005년 사건은 튤립 혁명(Tulip Revolution)으로 불린다. 그런데 두 사건은 모두 자국 대통령이 축출되었다는 점에서 공통점이 있지만, 축출을 주도한 세력이 다르다는 점에서 큰 차이를 보이고 있다. 2005년 사태가 현직 대통령과 반대파 간의 내부 갈등의 결과였다면(Radnitz, 2006: 132~146), 2010년 사태는 외부 세력, 즉 러시아의 내정간섭 때문으로 볼 수 있다.

2009년 2월 러시아는 키르기스스탄 정부에 대해 20억 달러에 달하는 경제원조 지원책을 발표했고, 이에 대한 화답으로 바키예프 대통령은 2001년 12월 이후 사용하던 자국의 공군기지에서 철수할 것을 미국에 요청했다. 이러한 조치에 고무된 모스크바는 키르기스스탄 지역에서의 부대 사용에 대해 새로운 임대계약을 체결했다. 그런데 2010년 3월 키르기스스탄은 자국 남부의 밧켄(Batken) 지역에 미국의 지원을 받아 반테러센터를 설립하기로 함으로써(Marat and Isa, 2010) 러시아의 분노를 샀다. 이에 대한 보복으로 러시아는 2010년 3월 내내 자국이 통제하는 언론매체들을 통해 바키예프 정권에 대한 비판적인 보도를 내보냈다. 또한 보복적 에너지 관세를 부과함으로써 키르키스스탄이 경제적 어려움에 직면하자 국민들은 대규모 시위를 일으켰다. 그 결과 같은 해 4월 바키예프 정권은 몰락했다(Pan, 2010.4.12).

그동안 러시아는 자국을 중심으로 옛 소비에트 공간을 통합하려는 의지를 표명한 적은 있지만[1] 실제로 실행에 옮기지 못함으로써, 1990년대는 물론이고 2000년대 초반까지 중앙아시아 지역에 대해 무관심하다는 평가를 받아왔다. 그러나 2010년 바카예프 대통령의 축출은 러시아가 중앙아시아 지역 국가들에 상당한 영향력을 행사할 의지가 있음을 보여주었다. 키르기스스탄의 사례에서 볼 수 있듯이, 러시아는 2000년대 중반 이후부터 중앙아시아 국가들의 정치 과정을 관심 있게 주시하며 영향력을 행사하고 있다. 특히 2012년 5월 푸틴의 재등장은 중앙아시아에 대한 러시아의 영향력 확대를 더욱 촉진했다. 러시아는 만약 중앙아시아에 대한 영향력을 상실한다면 전통적으로 자국의 영향권으로 알려진 남부 지역에 대한 통제권을 잃는

---

1) 1995년 옐친 대통령은 대통령령을 통해 옛 소련 지역의 통합을 러시아 외교정책의 최우선 사항이라고 선언했다(Decree of the President of the Russian Federation, 1995).

다고 인식했기 때문이다.

이러한 영향력 확대 의지의 배경으로는 무엇보다 러시아가 이 지역의 외교·안보 및 경제 그리고 사회·문화적으로 유리한 입장에 있다는 점을 들 수 있다. 즉 외교·안보 측면에서 러시아는 집단 안보 기구인 집단안보조약기구(Collective Security Treaty Organization, CSTO), 상하이협력기구(Shanghai Cooperation Organization, SCO)에서 주도적인 역할을 통해 중앙아시아의 주요 안보 조정자 역할을 담당하고 있다(McDermott, 2012.7.25). 경제 영역에서는 중앙아시아 모든 국가의 주요 무역 파트너로서 막대한 경제적 영향력을 행사하고 있으며, 유라시아경제연합(Eurasia Economic Union, EAEU)과 같은 경제협력 기구를 결성해 경제적 통합을 추구하고 있다. 사회·문화적으로는 여전히 압도적인 비율의 중앙아시아 국민들이 러시아어 및 러시아 언론매체를 통해 뉴스 및 정보를 획득함으로써 러시아에 우호적인 입장을 갖게 된다. 여기에다 다수의 인구, 즉 대략 80만 명의 키르기스스탄인, 300만 명의 우즈베키스탄인, 150만 명의 타지키스탄인들이 이주 노동자로 러시아에 살고 있다는(Anichkova, 2012.6.21) 점에서 자연스럽게 친러시아적 성향을 갖게 되는 것이다.

이 장에서는 1990년대 탈냉전 이후 러시아-중앙아시아 관계의 전개 과정 분석을 통해 첫째, 러시아-중앙아시아 관계 변화의 주된 원인은 무엇이고, 둘째, 중앙아시아에 대한 영향력 확대를 위해 러시아가 사용하는 메커니즘은 무엇인지를 밝히고자 한다.

2. 러시아-중앙아시아 관계의 변화

푸틴 시대 러시아의 대중앙아시아 외교정책은 옐친 시기와 확연한 차이를 보여준다. 옐친 시기 러시아는 중앙아시아를 부담스럽게 생각했다. 그러나 9·11 테러 이후 중앙아시아에 대한 미국의 영향력이 확대되고 색깔혁명이 중앙아시아 전역으로 확대되자 러시아는 긴장하고 경계하면서 이 지역에 대한 영향력을 복원하고자 노력했다. 이 지역에 대한 러시아의 전략적 목표는 첫째, 이 지역 국가와의 협력을 통해 자국의 영향력을 유지하는 것, 둘째, 테러리즘 및 과격주의의 위협을 봉쇄하는 것, 셋째, 서방의 침투로부터 방어하는 것이다.

1) 소원한 관계 속 관계 개선 모색(1990년대)

1991년 소련의 붕괴로 신생독립국 러시아연방은 국내외로부터 수많은 도전에 직면했다. 중앙아시아 국가들과의 새로운 관계 설정도 그중 하나였다. 체제 전환 직후 러시아의 외교 당국자들은 독립한 중앙아시아 국가들을 완전한 외국으로 보지 않았다. 이 국가들을 근외국가(near abroad)로 표현하는 데는 그런 생각이 반영된 것이다(Kramer, 2008: 3~19). 러시아 정부는 '근외국가들'이 스스로 생존하거나 러시아의 경제·군사적 영향력으로부터 벗어날 수 없다고 평가했다. 당시 러시아의 총리였던 예고르 가이다르(Yegor Gaidar)는 중앙아시아 국가들을 러시아의 부담으로 보았다. 그는 러시아가 경제개혁을 추진하고 서방의 경제 및 정치·군사적 구조와 제휴하기 위해서는 낙후된 소비에트의 변방인 중앙아시아를 도려내야 한다고까지 주장했다(Jackson, 2003: 59). 이는 소비에트 시기에 러시아가 중앙아시아 국가들에 제공했던 경제적 지원을 크게 축소시켜야 한다는 것을 의미했다.

경제적 소원함과는 달리 러시아는 1990년대 내내 1992년에 체결된 집단안보조약(Collective Security Treaty Organization, CST)을 통해 중앙아시아 국가들과 안보 협력을 강화해 나갔다. 그런데 안보 협력에 대한 지나친 강조는 오히려 1990년대 러시아의 경제적 역할을 축소시키고 말았다. 즉 1991년 러시아와 중앙아시아 국가들 간의 무역 규모는 600억 달러에 이르렀는데, 1992년에는 60억 달러로 떨어졌다. 1997년까지 60~70억 달러를 유지하다가 1998년에는 54억 달러로 대폭 하락했다(Paramonov and Strokov, 2007.5). 이후 러시아의 공격적인 경제정책은 중앙아시아와의 관계를 악화시켰다. 예컨대 러시아는 중앙아시아 국가들의 가스 및 석유 수출 경로를 독점하고 있는 점을 이용해 에너지 통과에 대한 압력을 행사해 왔다. 또한 카자흐스탄, 투르크메니스탄, 우즈베키스탄으로부터 유리한 석유·가스 채굴권을 얻기 위해 이 국가들에게 에너지 수송 쿼터를 설정했다. 이러한 압력에 직면해 중앙아시아 국가들은 러시아에 대한 의존을 줄이기 위해 서방의 여러 컨소시엄과 에너지 거래 계약을 맺고 대체 에너지 수송로를 모색했다. 그 대표적인 사례가 2006년에 개통된 BTC(Baku-Tibilish-Ceyhan) 라인이다. 이 라인은 아제르바이잔 바쿠에서 생산된 석유를 조지아를 통과해 터키의 제이한으로 연결된 노선을 통해 러시아를 거치지 않고 보내도록 설계했다.

옐친 행정부의 초기 외교 정향인 대서양주의(Atlanticism)는 서방의 부유한 국가들과의 밀접한 관계 설정을 최우선으로 했다. 특히 당시 외무장관이었던 안드레이 코지레프(Andrei Kozyrev)는 러시아와의 관계를 더욱 공고히 하기 위해 중앙아시아 국가들에 민주화와 경제개혁을 추진하라고 강요했다. 이러한 러시아의 '근외국가'에 대한 민주주의 및 경제개혁 추진에 대한 압박과 배타적인 정책은 중앙아시아 국가들로서는 크나큰 부담이었고, 불만으로 표출되었다. 예컨대 카자흐스탄의 누르술탄 나자르바예프(Nursultan Nazarbayev) 대통령은 1991년 12월 새롭게 결성된 CIS(Commonwealth of Independent States)에 우크라이나와 벨라루스를 포함시키고 다른 구 소비에트공화국들을 배제하려는 것을 비난했다. 그는 CIS는 슬라브 연합체를 벗어나 옛 소련의 모든 구성 공화국들이 포함되어야 한다고 주장했고(Page,

1994: 788~813), 이는 관철되었다. 또한 우즈베키스탄의 카리모프 대통령은 러시아의 화폐 정책이 궁극적으로 중앙아시아 국가들을 루블 존에서 추방하는 것이라고 불만을 표시했다(Kazemi, 2003: 205~216). 키르기스스탄의 아카예프 대통령은 러시아가 자국에 대한 지원을 갑자기 중단한 데 대해 비판했다. 타지키스탄 정부도 복합적인 반대 세력과의 전투를 러시아가 지원하지 않는 것에 대해 불만을 표시했다. 이런 가운데 옐친 정부의 대서양주의는 자국의 공산주의자, 민족주의자, 군산복합체 대표들로부터도 비판을 받았다.

이들은 옐친 정부에 다음 네 가지 점을 비판적으로 지적하고, 적절한 정책을 수립하라고 권고했다. 첫째, 러시아에게 서방보다 CIS가 더 중요하다는 점을 명백히 해야 한다.[2] 둘째, 서방의 경제 지원을 받으려고 국제적 이슈에서 미국 입장에 굴욕적으로 동조함으로써 러시아는 세계 강국으로서의 지위를 훼손했다. 셋째, 근외 국가에서 소수자(ethnic minority)로 살아가는 러시아인에 대한 본국 정부의 보호 실패가 그들에 대한 인권침해와 그로 인한 대거 탈출 현상으로 나타났다. 넷째, 러시아 외교부가 자국 외교정책의 최우선 목표를 명백하게 규정하고 그 청사진을 제시하는 데 실패했다.

2) 러시아의 소극적 관여(2000년대 초반)

2000년 푸틴이 옐친으로부터 권력을 승계했을 때, 러시아는 서방의 공세적 태도에 직면했고 외교 일선에서 큰 혼란에 빠져 있었다. 즉 러시아는

---

2) 1996년 친서방주의자인 코지레프 외무장관을 해임하고 예브게니 프리마코프(Yevgeny Primakov)를 외무장관으로 임명한 것은 CIS를 중시하는 유라시아주의자들의 입장을 반영한 것이었다. 그러나 1997년 반러 국가들의 모임인 GUAM이 결성되면서 CIS와의 통합은 사실상 어렵다는 현실에 당면했다.

나토 확대, 이라크 및 코소보 사태 등으로 인해 서방에 대해 큰 반감을 품었다(Lo, 2003: 25~28). 또한 1999년 2월 우즈베키스탄의 수도 타슈켄트에서 발생한 일련의 폭발 사건과 1999~2000년 '우즈베키스탄 이슬람운동(Islamic Movement of Uzbekistan, IMU)'에 의해 야기된 우즈베키스탄과 키르기스스탄 간의 갈등은 우즈베키스탄의 안정을 위협했고, 중앙아시아 지역의 안정을 위해서는 러시아가 필요함을 정당화하는 발판을 제공했다(Jonson, 2004: 64).

즉 1999년과 2000년 IMU의 남부 키르기스스탄에 대한 공격은 이 지역의 안보 환경을 더욱 악화시켰는데, 상대 무장 세력을 제압하지 못한 키르기스스탄 정부는 인질 석방을 위해 몸값을 지불해야 했다. 이에 대한 대책으로 2000년 3월, 러시아와 중앙아시아 4개국(카자흐스탄, 키르기스스탄, 타지키스탄, 우즈베키스탄)은 국제 테러리즘 및 극단주의에 공동 대처하기로 하고, 'CIS 반테러센터(CIS Anti-Terrorism Center, CIS ATC)'를 설립했다. 이는 중앙아시아 지역에 대한 러시아의 영향력 확대를 위한 교두보가 되었다. 테러리즘 대응 및 이와 관련된 중앙아시아의 안보는 러시아와 중국의 관계를 공고히 하는 계기가 되었다. 예컨대 2001년 6월, 러시아와 중국은 상하이 조약(Shanghai Treaty)을 상하이협력기구(Shanghai Cooperation Organization, 이하 SCO)로 전환해 이 지역의 위험 요소인 테러리즘, 분리주의, 종교적 극단주의에 공동 대처하기로 했다.

한편 미국은 2001년의 9·11 사건 이후 대테러전을 위해 러시아의 남부 지역을 필요로 했다. 초기에 러시아는 중앙아시아 지역에서 미국이 군사기지를 사용하는 데 동의했지만, 내심 중앙아시아 지역 국가들이 미국이 이끄는 동맹과 지속적으로 협력할 것을 우려했다. 그렇지만 러시아는 중앙아시아 국가 지도자들에게 미군 기지 철수 압력을 공개적으로 가하지 않았고, 2000년대 초에 이 국가들이 내세웠던 전방위 외교정책을 포기하도록 종용하지도 않았다. 그 대신 러시아는 이들과 안보 및 경제 협력을 강화해 나갔다. 이러한 정책이 효과를 얻어 러시아는 2003년 10월 키르기스스탄에 공군기지를 설치할 수 있었다. 그러나 미국의 이라크 침공(2003), 조지아, 우크라이나, 키르기스스탄 등에서 연이어 발생한 색깔혁명에 대한 서방배후설, 그리고 결정적으로 우즈베키스탄 안디잔 사태(2005)에 서방의 관여가 있었다는 확신으로 인해 이미 악화된 러시아와 서방의 관계는 2000년대 중반에 더욱 악화되었다.

3) 러시아의 영향력 복원과 확대(2000년대 중반 이후)

안디잔 사태 이후, 중앙아시아 국가들은 정권 수호 차원에서 미국보다는 러시아와 협력을 강화하기 시작했고, 이후 러시아와 중앙아시아의 관계는 급속히 개선되었다. 이에 따라 러시아는 미국이 이끄는 동맹 세력에 중앙아시아로부터의 군대 철수를 요구했다(Tyson, 2005.7.15). 그러나 2008년 발발한 러시아-조지아 전쟁에 대해 SCO가 러시아를 지지하지 않음으로써 중국과 러시아 간에 입장 차이가 노출되었고, 중앙아시아가 러시아의 허수아비가 아님을 보여주었다(Blank, 2008). 조지아의 도발에 전쟁으로 대응한 러시아의 행동을 CIS 및 SCO 회원국들이 지지하지 않은 이유는 다음 네 가지로 요약된다. 첫째, CIS 및 SCO 회원국들은 러시아가 대조지아 전쟁을 시작하기 전에, 적어도 자신들과 미리 상의를 하지 않았다는 데 불쾌감을 느꼈다. 둘째, 러시아와 조지아 간 전쟁을 지켜본 중앙아시아 국가들은 자신들도 모스크바와 대립각을 세운다면 군사적 압력을 받을 수 있다는 사실을 인식했다. 셋째, 조지아로부터 분립하려는 남오세티야와 압하지야 지역에 대한 러시아의 지원이 유사한 분리주의 요구들에 직면하고 있는 여타 CIS 국가들에게 적잖이 두려움을 주었다. 넷째, CIS의 일부 지도자들, 예컨대 나자르바예프 대통령은 조지아 전쟁이 지역 에너지 정책에 부정적 영향을 미칠 수 있다고 지적했다(Гамова и Панфилова, 2008.9.4). 이런 분위기에도 불구하고 이 지역에 대한 러시아의 영향력은 점차 확대되었는데, 여기에는 러시아가 신설된 유라시아 경제공동체(Eurasian Economic Community, EurAsEC, EAEC)[3]에 긴급 구조금 100억 달러를 지원하기로 한 것도 일조했다(Jamestown Monitor, 2002.4.23). 2000년대 들어 러시아는 자신들의 안보 대비 태세를 강화하기 위한 노력과 함께 중앙아시아 개별 국가들과의 양자 경제협력 강화를 위한 발걸음도 내디뎠다. 러시아는 중앙아시아 국가들과 에너지 협약을 맺음으로써 석유·가스 수출을 위한 주요 통로로서 이용되는 이 국가들에 대한 지위를 공고히 했다.

2000년대 말 러시아의 대중앙아시아 정책은 협력과 갈등을 반복적으로 노출했다. 예컨대 2009년 2월 키르기스스탄의 바키예프 정부는 러시아가 경제원조 자금으로 20억 달러를 지원하기로 결정하자 자국 기지를 이용하는 미국에 철수를 요구했다. 그러나 미국이 1740만 달러에서 6000만 달러로 임대료를 대폭 올려주자, 3달 후 키르기스스탄 정부는 미국에 기지 재사용을 허용했다. 이런 키르기스스탄의 태도에 모스크바는 불쾌해했지만 바키예프 정부의 새로운 임대계약을 받아들였다. 그러나 이후 몇 달 동안 모스크바는 러시아가 주도하는 CSTO 군사기지를 남부 키르기스스탄에 설치하도록 강요했고, 키르기스스탄 군수공장의 소유권을 러시아군 소속으로 확보했다. 이런 러시아의 압력에도 불구하고 키르기스스탄은 미국과의 안보 협력을 확대해 나갔다. 러시아의 인내심은 2010년 3월 미국이 키르기스스탄에 반테러리즘 훈련 센터 건립을 지원하기로 했다는 공동성명이 발표되자 마침내 폭발했다(Dziubenko, 2010.3.9).

---

3) EurAsEC(2000.10~2014.12.31)은 2015년 1월 1일부터 유라시아 경제동맹(EAEU: Eurasian Economic Union)으로 변경되었다.

센터의 위치가 이미 러시아와 키르기스스탄 정부가 유사한 군사시설의 건립지로 고려했던 키르기스스탄 남부 지역의 밧켄(Batken)이었던 것이다. 키르기스스탄 정부의 이중적 태도는 러시아를 분노하게 만들었고 급기야 모스크바는 자신들이 통제하는 미디어를 통해 바키예프 정부를 비난하기 시작했다. 동시에 키르기스스탄 반정부 지도자들도 러시아에 적극적으로 협조했다. 또한 푸틴은 새롭게 출범한 관세동맹에 가입하지 않은 국가에 대해 가솔린 보조금 지급을 중단하는 법령에 3월 29일 서명해 키르기스스탄을 위협했다. 이어서 4월 1일에는 키르기스스탄에 대한 연료 선적을 중단시킴으로써 이 나라의 연료 부족을 야기했고, 기본적인 식료품 가격이 급등했다. 러시아 정부의 지원을 받은 반대파 지도자들은 연속적으로 반정부 시위를 조직했고 급기야 4월 7일 바키예프 정권은 붕괴되었다. 이 사태는 중앙아시아 국가들에게, 모스크바에 비우호적인 정권에 대해서는 러시아가 '자기들 방식의 색깔혁명'을 조장해 정권 교체를 도모할 수 있다는 것을 보여주었다.

그러나 러시아 정부는 자신들이 바키예프 정권을 무너뜨리는 데 중심적인 역할을 했다는 국제사회의 주장을 반박했다. 또한 중앙아시아 국가들은 시리아 및 이란 사태와 관련해 미국보다는 러시아의 외교정책을 지지함으로써, 키르기스스탄 사태가 정권교체로 이어지는 데 개입하지 않았다는 러시아의 주장에 힘을 실어주었다. 이는 중앙아시아 개별 국가들이 자신들에게도 키르기스스탄과 똑같은 상황이 벌어질 수 있다는 우려로 인해 소극적으로나마 러시아를 지지한 것으로 볼 수 있다. 여기에다 미국이 중앙아시아의 권위주의적 정권에 대해 비판적 태도를 견지하자 중앙아시아 지도자들은 미국의 군사적 작전을 비판했다. 반면 자신들의 입장을 이해해 주는 러시아와는 동일한 지정학적 입장을 취하게 되었다.

한편 중국은 2000년대 이후, 경제력을 바탕으로 중앙아시아에 대한 협력 확대를 대단한 속도로 추진했다. 이에 대해 러시아는 중국에 적대적으로 대응하지는 않고 있다. 그 이유는 러시아의 경제적 한계 때문이기도 하지만, 서방과의 대치 국면 속에서 이 지역의 안정이 그 무엇보다도 중요하다고 보는 러시아로서는 지역 안정에 도움이 되는 중국의 진출이 반드시 자국에 불리하다고 인식하지는 않기 때문이다.[4]

3. 영향력 확대의 원인

앞 절에서 검토한 바와 같이, 2000년대 중반 이후 러시아가 중앙아시아에 대한 영향력을 확대한 이유는 안보 전략적 측면과 경제적 측면에서 찾아볼 수 있다. 즉 러시아는 색깔혁명의 배후로 서방, 특히 미국을 지목하면서(Kazantsev, 2008), 안보 전략적 측면에서 동맹 건설의 필요성 그리고 반테러 전쟁을 비롯한 지역 안정화의 필요성을 절감했다. 또한 경제적 측면에서도 에너지자원 수출 및 이 자원들을 수송하기 위한 파이프라인 건설 등을 통한 경제적 영향력 확대 차원에서 지역 입지를 공고히 하고자 했다.

반면 중앙아시아 지역 지도자들은 안보·전략적 측면에서 러시아가 자신들의 주권과 지역적 국경선을 존중하고 인정해 주기를 바라고 있다. 또한 러시아가 대내외의 안보 위협 대처에는 도움을 주지만 국내 문제에는 참견하지 않고, 자신들의 전방위 외교정책도 방해하지 않기를 기대하고 있다. 동시에 러시아가 자신들과 공통적 이해관계를 가진 문제뿐만 아니라 범지구적 안보 이슈에 대해서도 함께 논의해 주길 희망하고 있다. 그리고 다른 강대국들이 지역 행위자들과 공모해 중앙아시아 국가들의 이익에 반한 행

---

4) 중국의 중앙아시아지역에 대한 영향력 확대에 대해서는 문수언(2011)을 참고.

동을 삼가주길 바라고 있다. 경제 영역에서도 러시아와의 공정하고 우호적인 경제 거래를 바라고 있다. 즉 중앙아시아 제품이 대규모로 러시아에 수출되도록 허용하고 대규모 노동자 유입을 받아주기를 희망하고 있다.

1) 전략적 안전망 구축의 필요성

역사적으로 러시아는 19세기 후반 크림전쟁 패배로 발칸 지역과 흑해 지역에서 서유럽에 밀리자, 동진 및 남진 정책을 추진하면서 중앙아시아 지역에 관심을 기울였다. 이후 중앙아시아 지역은 실질적으로 러시아의 통치하에 있었고, 사회주의 정권 시절에는 70여 년 동안 러시아와 같은 연방의 구성체로서 일체감을 가져왔다. 그러나 옛 소련 해체 이후 미국이 아프가니스탄 사태에 개입하고, 9·11 이후에는 대테러전을 위해 중앙아시아 국가들을 지원하기 시작하면서, 미국은 중앙아시아 지역의 새로운 경제 원조국이자 지역 안보를 관리하는 국가로서 그 영향력이 단기간에 확대되었다. 그런데 2004년부터 옛 소련 국가들에서 전개된 이른바 '색깔혁명'의 배후로 미국을 지목하면서, 러시아는 미국의 의도에 대해 크게 의심하고 위기감을 품게 되었다(Kazantsev, 2008).

이에 대한 대응으로 러시아는 2004년 중앙아시아 국가 중 우즈베키스탄에 초점을 맞춰 양국 관계를 '전략적 동반자' 관계로 격상시켰다. 이는 이전에 발생한 장미혁명(조지아)과 오렌지혁명(우크라이나)이 CIS 국가들에 충격을 가져다준 데 이어 이 지역 전통의 맹주를 자처하는 우즈베키스탄에서도 색깔혁명의 전조로 평가되는 안디잔 사태가 발발했기 때문이다. 러시아는 이 지역들에서 친미적 성격의 정권으로 교체하려는 색깔혁명이 더는 발생하지 않도록 특별한 관심을 기울였다. 따라서 러시아는 레몬혁명(키르기스스탄) 이후 축출된 아카예프 대통령과 가족들에게 은신처를 제공해 주고 새로운 실세들(바키예프, 쿨로프)을 지원한 반면 친미 성향의 외무장관 로자 오툰바예바(Роза Отунбаева)를 새 행정부에서 제외시키도록 종용했다. 또한 안디잔 사태 이후 미군이 우즈베키스탄(K2 공군기지)에서 철수하도록 유도했다. 이로써 러시아는 우즈베키스탄을 오랜만에 자기편으로 들어오게 만들었다.

중앙아시아에 대한 러시아의 최우선 목표는 새롭게 독립한 국가들의 안정화다. 이 신생국가들의 내부 안정성은 이 지역 국가 통치자들의 잦은 실패, 개방으로 인한 혼돈, 국경 지역에서의 대규모 이주 그리고 급진 무슬림 세력의 존재 등으로 인해 언제든 흔들릴 수 있는 상황이기 때문이다. 또한 이 지역 국가들의 독재정권은 이슬람 극단주의자들에게 공격받아 언제든 교체될 위험이 상존함으로써 정치 불안정이 지속되고 민주화를 어렵게 하고 있다. 이 지역에서 가장 인구가 많은 우즈베키스탄의 경우 종교적 극단주의의 최전방에 위치했다고 볼 수 있는데, 우즈베키스탄의 불안정은 러시아에도 부정적 영향을 줄 수 있기 때문에 러시아는 우즈베키스탄의 불안정과 급진성을 예방하는 데 큰 관심을 보이고 있다. 이에 따라 러시아의 지정학적 목표는 초강대국인 미국 및 중국과 함께 중앙아시아에서 이슬람 급진주의자들의 진출에 공동 대처하면서도, 이 강대국들의 영향력이 자신보다는 커지지 않도록 하는 것이다. 그런데 중앙아시아 지역에는 호전적인 이슬람주의자들의 위협이 상존하기 때문에 러시아는 지역 안정을 위해 중앙아시아의 독재정권과도 협력해 왔다. 이로써 지도자 승계 문제는 중앙아시아 국가들의 불안 요인으로 항상 남아 있는 실정이다.

러시아는 이른바 '색깔혁명'이라 불리는 옛 소련 소속 국가들의 정치 변동에 대해 특별히 우려하고 있다. 러시아는 색깔혁명을, 미국이 독재자 제거라는 명목으로 선동해 조지아처럼 친미 정권을 탄생시켜 러시아의 영향력을 감소시키려는 것으로 인식하기 때문이다. 러시아의 정책 결정자들은 미국식 민주주의의 증진이 결국은 친미 세력이 권력을 장악하게 하려는 의도라면서, 궁극적으로 이를 지역 불안정을 증가시키는 요인으로 생각하고 있다. 즉 개별 국가의 역사적 근원을 무시한 인위적인 권력 변경은 해당국의 안정과 민주화를 위해 진정한 답이 될 수 없다고 판단하고 있다. 이러한 경향은 ≪외교정책개념≫에서 자신들의 가치를 다른 나라에 강요하는 것은 국제사회의 갈등을 유발할 뿐이라며, 각국의 문화적 다양성을 인정해야 한다는 항목에도 잘 나타나 있다.[5]

또 다른 위협 요인으로는 이 지역의 마약 문제를 들 수 있다. 마약은 테러 활동을 위한 자금이 된다는 점에서 SCO도 마약에 대한 대응을 주문해 왔다. 그런데 1990년대 초반 이후 아프가니스탄에서 생산된 마약(아편)은 점점 늘어서, 2016년 생산량이 4800톤이었는데 이는 세계 1위이며 전년의 3300톤에 비해 43% 증가한 수치이다(UNODC, 2016.12). 이는 세계 2위 생산국인 미얀마의 17배에 달한다. 그런데 문제는 러시아와 중앙아시아 국가들이 마약 거래의 통로로 이용됨으로써 러시아와 CIS 국가 안보에 커다란 위협이 되고 있다는 사실이다. 이슬람 급진주의자들은 마약 거래를 통해 벌어들인 자금으로 무기를 구입하고 병력을 키우며, 정부 관리에게 뇌물을 제공하는 것으로 알려지고 있다.

이슬람 극단주의 및 대테러 전쟁을 위한 미군과 나토의 군사적 전개는 러시아와 중앙아시아 국가들의 안보에 이익이 된다고 보았다. 그러나 2005년 안디잔 사태를 계기로 나타난 러시아 대외정책의 변화와 미국의 러시아에 대한 태도 변화로 중앙아시아의 상황은 바뀌었다. 러시아는 우즈베키스탄의 미 공군기지(K2) 폐쇄를 지지했으며 키르기스스탄의 마나스 공군기지

---

5) "Концепция внешней политики Российской Федерации," 2016.11, 「러시아연방 외교정책 개념」, ≪외교정책 개념≫, 제5조. http://www.mid.ru/en/foreign_policy/official_documents/-/asset_publisher/CptICkB6BZ29/content/id/2542248(검색일: 2018.3.3).

에서도 미군 철수를 종용하여, 마침내 2014년 중앙아시아 주둔 미군기지는 모두 철수되었다. 한편으로 러시아는 중국과의 관계에서 협력 못지않게 경계심도 보이고 있다. 예컨대 중국이 회원국인 SCO가 타슈켄트에 대테러센터 설립을 희망하는데도, 중국에 대한 견제를 위해 러시아는 중국이 가입하지 않은 CSTO가 중앙아시아 지역에서 안보 담당 기구 역할을 해야 된다고 주장하고 있다. 또한 동맹국에 대해 핵무기를 사용할 경우 보복할 것이라는 의지를 연두교서에서 밝혔는데, 이는 핵무기를 통해 중앙아시아에 대한 영향력 행사 의지를 드러낸 것으로 볼 수 있다(President Putin's Annual Address, 2018.3.1).

2) 경제적·문화적 기득권 상실에 대한 우려

소비에트 체제 붕괴 직후인 1992년, 중앙아시아와 러시아간 무역 규모는 1991년과 비교해 10분의 1로 줄어들었다. 이런 경향은 1998년까지 지속되었다. 이 와중에 러시아는 1998년 금융위기를 맞았고, 그 여파로 1999년에는 무역 규모가 1996년의 45.6% 수준으로 떨어졌다. 2003년에 이르러서야 무역 규모가 회복되기 시작해, 2003~2008년에는 5.2배 증가한 400억 달러 규모에 달했다. 또다시 2008년 국제경제와 금융위기로 주춤했던 교역 규모는 2011년에 이르러서야 회복되었다.

또한 과거 소비에트 시기와 비교해 러시아의 중앙아시아 국가에 대한 인적자원 개발 역할은 현저히 낮아졌다. 이는 세계 다른 나라와 비교해 러시아의 교육 콘텐츠 수출의 성장 속도가 늦어지면서, 중앙아시아 젊은 층에 대한 교육적 중추로서 러시아의 역할이 축소되었기 때문이다. 즉 러시아의 비중은 2%에 불과한 반면, 영국은 18%, 오스트리아 및 프랑스는 15%, 독일은 13%로 나타났다. 또한 중앙아시아 국가들이 자국의 고유 언어를 모국어로 사용하게 됨으로써 러시아어의 역할이 감소되었다. 2007년 여론조사에 따르면 러시아어를 구사하는 인구의 비율은 카자흐스탄 67%, 키르기스스탄 38%, 타지키스탄 35%, 우즈베키스탄은 27%로 나타났다.[6]

이런 가운데 미국에 대한 공동 대응을 통해 러시아와 중국은 어느 때보다 가까워졌지만, 한편으로는 양국 간 경제력의 격차에서 비롯된 불신이 커지고 있다. 특히 이러한 양상은 중앙아시아 지역에서 두드러져, 이 지역에서 중국의 경제·정치적 영향력과 소프트파워의 급성장이 지정학적 모습을 바꾸고 있다. 중국과 중앙아시아 5개국 간 무역고는 지난 10년간 급성장하여 2016년에 300억 달러를 상회한 반면, 러시아와의 무역 규모는 180억 달러로 줄어들었다. 이에 따라 중앙아시아의 석유·가스 수출에 대한 러시아의 독점권이 깨진 것은, 거대 게임 차원에서 과장되어 알려진 러시아와 서방 간의 갈등 때문이 아니라 중국 때문이라는 지적도 있다(Stronski, 2018.3.29). 실제로 중국은 일대일로 계획에 따라 이 지역에 대한 자신들의 영향력을 키우고 있다. 일대일로란 중국이 자국 상품의 수출을 용이하게 하기 위해 유라시아를 가로지르는 교통 기반 시설을 건설하는 것이다.

한편 중앙아시아 국가들, 즉 카자흐스탄, 투르크메니스탄, 우즈베키스탄은 파이프라인 네트워크 영역에서 러시아에 크게 의존해 왔다. 그러나 2001년 처음으로 러시아의 국영 파이프 회사 트란스네프트(Transneft)에 의해 통제되지 않는, 민영기업의 파이프라인인 카자흐스탄 혹해 파이프라인이 개통되었다. 이어서 2005년에는 BTC 라인이 개통되어 러시아를 거치지 않고 석유를 수송하게 되었다. 더구나 투르크메니스탄 가스 수출의 경우, 러시아에 대한 가스관 의존도가 100%에서 0%로 변화했다. 러시아는 1992년부터 1996년까지의 경우 투르크메니스탄의 유일한 가스 수출 대상

6) http://www.russkiymir.ru/export/sites/default/russiymir/ru/fund/docs/doklad.pdf(검색일: 2018. 2.20).

국이었다. 그러나 수년에 걸친 양국 간의 가스 부문 프로젝트가 무산되면서, 투르크메니스탄의 대중국 가스 수출이 확대되었고, 마침내 2016년 1월 4일 러시아의 국영기업인 가스프롬의 자회사 가스프롬 엑스포르트가 투르크메니스탄으로부터 가스 수입 중단을 결정했다. 반면 우즈베키스탄에 대해서는 수입을 확대함으로써 두 중앙아시아 국가 간의 균열이 우려되기도 했다.

4. 영향력 회복과 확대의 메커니즘

1) 다자협력기구 활용

러시아는 지역 안보 유지와 지역통합, 경제협력을 위해 다양한 다자협력기구를 창설했다. 예컨대 집단안보조약기구(Collective Security Treaty Organization, 이하 CSTO)는 지역분쟁의 억제와 반혁명적 세력에 대한 신속한 대응을 목적으로 창설되었다. CSTO는 경제협력 기구인 EAEU(EAEC)와 함께 중앙아시아 지역에서 러시아의 우월한 지위를 상징한다. 러시아는 CSTO를 발전시켜 미국 주도의 군사동맹인 NATO나 OSCE(유럽안보협력기구)에 대항하기를 희망하고 있다.

러시아는 중앙아시아 국가들과의 경제적 통합을 위해 CIS 내 자유무역지대를 추구하는 유라시아 경제공동체 EURASEC(Eurasian Economic Community, EAEC)를 2000년 10월에 창설했다. 이 기구에는 러시아, 벨라루스, 카자흐스탄, 키르기스스탄, 타지키스탄이 참가해 관세동맹, 에너지 개발, 운송동맹, 공동 이민정책 등의 분야에서 협력을 추진했다. 2009년 6월, EAEC는 금융위기를 해결하기 위한 100억 달러 규모의 유라시아 위기 대응 기금을 설립해 회원국들에 안정화 자금을 제공했다. 이 기구는 2015년 1월 유라시아경제연합(Eurasian Economic Union, 이하 EAEU)으로 대체되었다. 러시아는 ≪외교정책개념≫을 통해 EAEU[7] 가입 국가들의 발전과 경쟁력을 높이고 생활수준 개선을 촉진하기 위해 EAEU의 틀 속에서 아르메니아, 벨라루스, 카자흐스탄, 키르기스스탄과의 관계를 확대하고 강화하는 것을 주요 외교 목표로 한다고 분명히 밝히고 있다.[8]

소련 체제 붕괴 후 국경선 획정을 위해 시작된 러시아와 중국 간 양자 회담은 이후 중앙아시아 국가들이 참여함으로써 상하이-5(Shanghai-Five)가 되었다.[9] 이후 2000년 두샨베 정상회담에 우즈베키스탄이 합류하면서, 2001년 상하이협력기구로 출범했다. 러시아와 중국 간 국경 지역 문제 해결을 위해 시작되었으나 중앙아시아 국가들 간 신뢰 회복 문제와 전략적 협력 영역까지 확장된 것이다. 1999년 비슈케크 5개국 정상회담에서는 국경 문제에 관한 상호지원뿐만 아니라 테러리즘, 종교적 극단주의와 조직범죄에 대한 대응 방안도 의제화했다(Allison, 2001: 22). 해당 목표들은 이후 중앙아시아 국가들 간 광범위한 협력의 기반이 되었다. 러시아는 SCO가 역내의 잠재적인 불안정성에 관한 위협을 공유함으로써 중앙아시아 국가들의 경제 발전 및 에너지 개발과 관련해 상호 이익을 주고받을 수 있는 긍정적 환경을 제공하고 있다고 평가한다. 2001년 6월 15일 창립 선언에 서명한 SCO는 기구의 목적을 "회원 국가 간 상호 신뢰, 우정, 선린 우호 관계를 강화하고 정치·무역·경제·과학 그리고 기술·문화·교육·에너지·교통·생태학 및 기타 영역에서 효과적인 협력을 증진하며, 지역의 평화·안보·안정을 확보하고 유지

---

7) 가입국은 아르메니아, 벨라루스, 카자흐스탄, 키르기스스탄, 러시아 등 5개국(2018년 2월 현재)이다.
8) 「러시아 외교정책개념」, ≪외교정책 개념≫, 제5조.
9) 가입국은 러시아, 중국, 우즈베키스탄, 카자흐스탄, 타지키스탄, 키르기스스탄 등 6개국이다.

하고 또한 새롭고 민주적이며 정의롭고 이성적인 국제 정치·경제 질서를 수립하기 위해 공동 노력을 경주한다"(*Shanghai*, 2001.6.15)고 선언했다.

한편 중앙아시아 국가들도 다양한 다자 기구에 가입하는 것이 자국의 안보와 경제발전을 도모하는 데 유리하다고 생각하고 있다. 예컨대 카자흐스탄은 지역적 협력과 유라시아 전역의 통합에 강조점을 두고 러시아와 정치·경제적으로 밀접한 관계를 유지하고 있다. 이를 위해 CIS, CSTO, EurAsEC(유라시아경제공동체), EAEU 등과 같은 러시아가 주도하는 다국적 기구들에 참여하고 있다. 그런데 다자 기구에 대해 러시아와 중앙아시아국가는 견해차를 보이고 있다. 예컨대 중앙아시아 국가들은 무역자유지대 설립, 그리고 라틴아메리카나 아태 지역과의 지역통합 제안을 EAEC 틀 내에서 추진할 것을 주장했다. 반면 러시아는 EAEC를 대체하여 EAEU를 설립했다. 현재 EAEU의 기반 프로젝트 10개 중 6개는 러시아에서 진행되고 있는데(*Евразия эксперт*, 2016.5.18), 이는 EAEU가 러시아 중심으로 운영되고 있는 것을 반증한다. 또한 EAEU에 대한 외국인 직접투자도 규모 면에서 러시아가 약 78~84%(2015~2017)를 차지함으로써 러시아의 압도적 지위를 보여주고 있다.[10]

외부로부터의 수많은 도전에 직면한 중앙아시아 지도자들은 자신들과 러시아의 관계가 일종의 '강요된 상호 의존'이라고 생각하면서, 러시아가 다자 기구를 스스로의 세계적 야망을 펼치는 도구로 이용한다고 비판한다. 그러나 러시아와 쌍무 관계를 소원하게 하면 노동 이주나 에너지자원 수출 등에서 자국 및 국민에게 손해를 끼칠까 두려워하고 있다.

---

10) "Monitoring of Mutual Investments in CIS Countries 2015," Eurasian Development Bank, August 2015, October 2016, October 2017.

2) 소프트파워 활용

　19세기와 소비에트 시기를 통해 중앙아시아 국가들은 러시아와 문화 및 역사를 공유하면서 러시아의 역사적 유산을 물려받을 수밖에 없었기 때문에(Jardine, 2015), 러시아는 이 국가들에 소프트파워 측면에서 서방 국가들은 누릴 수 없는 이점이 있다. 물론 소련 해체와 러시아 인구 감소, 국력의 쇠퇴 등으로 과거만큼은 아니더라도 여전히 다른 여타 강대국과는 비교할 수 없는 언어적·역사적·문화적 유대감이 있는 것이다.

　무엇보다도 언론매체가 러시아와 중앙아시아 간 협력의 주요 매개체 역할을 하고 있다. 소련 붕괴 이후 중앙아시아에서 시청할 수 있는 러시아 방송의 범위가 줄어들긴 했지만 완전히 단절된 것은 아니다. 지금도 유선과 위성을 통해 러시아 방송의 시청이 가능하며 중앙아시아 내에 러시아와 네트워크가 형성되어 있어 공동의 정보 영역이 존재하는 실정이다. 카자흐스탄이나 키르기스스탄, 그리고 다소 약하다곤 하지만 타지키스탄이나 우즈베키스탄에서도, 러시아 언론매체들의 시청률은 여전히 압도적이고 지역 여론을 형성하는 데 중요한 역할을 한다(Rollberg and Laruelle, 2015: 228). 이 지역의 수많은 사람들이 이중 언어를 구사하고, 고령층들은 러시아 TV를 시청하며 성장했고 다음 세대에도 영향을 미쳤다. 중앙아시아 각국들이 공식 언어로 자국어 사용을 증진하려는 노력에도, 이 지역들에서 러시아어는 여전히 국제 통용어의 지위를 누리고 있다. 러시아어의 특별한 위치와 중앙아시아의 어떤 매체와도 견줄 수 없는 러시아 TV 매체들의 높은 인지도는 중앙아시아인들의 감정과 정신세계 형성에 큰 영향을 미치고 있다. 최근에는 러시아 정부가 운영하는 통신사 스푸트니크(Sputnik)가 중앙아시아, 특히 키르기스스탄과 타지키스탄의 유능한 지역 언론인들을 고용해 친러시아적인 입장을 전파하는 데 활용하고 있다. 그리고 카자흐스탄 대부분의 케이블

TV는 러시아 채널을 제공함으로써 자연스럽게 친러시아적 성향을 조장하고 있다.

2005년 5월 우즈베키스탄 안디잔 폭동 발생 시에도 러시아 언론들이 서구보다 더 많은 사실을 대중에게 알림으로써 정보원(情報源) 역할을 한 것은 잘 알려진 바이다. 카자흐스탄에는 러시아를 제외한 CIS 국가 중 가장 많은 러시아인들이 거주하는 만큼 러시아 언론매체에 대한 수요 역시 가장 많다. 케이블 방송의 TV 채널 패키지에는 모든 러시아 채널이 포함되어 있어 카자흐스탄 젊은 세대들에게 미치는 영향도 크다. 현지 언론매체들은 예산이 상대적으로 풍부한 러시아 언론매체와 경쟁할 수가 없는 실정이다. 이에 따라 러시아의 국제적 신뢰도는 바닥권이지만 중앙아시아 지역에서만큼은 자신들의 입장이 잘 반영되고 있다. 예컨대 카자흐스탄, 키르기스스탄, 타지키스탄에서는 우크라이나 사태 이후 미국 외교정책에 대한 불신 비율이 증가한 반면, 러시아에 대한 신뢰도는 최고로 높았다(Jardine, 2015.6.30).

이와 같이 러시아어를 통한 이 국가들에서의 교육과 사회화가 러시아의 국익에 큰 자산이 됨은 물론이다. 2015년에 발표된 러시아의 「국가안보 전략 보고서」에서도 "러시아는 유라시아 통합 과정을 가속화하기 위해, CIS 국가들에서 러시아어 및 러시아 문화 학습 지원 프로그램을 운용"한다면서,[11] 러시아어를 지역통합의 매개체로 활용할 것임을 분명히 밝히고 있다. 군에서조차도 이런 영향이 여전한데, 중앙아시아는 러시아와 무기 체계가 동일하며 군 운용 체계도 비슷하다. 중앙아시아 장교들이 여전히 러시아어로 의사소통을 함으로써 러시아로서는 군사협력이 매우 용이하다는 이점이 있다.

11) "Стратегия национальной безопасности Российской Федерации," 2015.12, 「러시아 국가안보전략」, ≪국가안보전략≫, Russian National Security Strategy 81조, https://rg.ru/2015/12/31/nac-bezopasnost-site-dok.html(검색일: 2018.2.20).

한편 러시아는 지난 20여 년간 무슬림과 서방 간의 지속적인 갈등과 전쟁으로 말미암아 무슬림에 대한 극단적으로 부정적인 이미지가 범세계적으로 만들어졌다고 평가하고, 무슬림 세계와의 관계 개선을 위해 무슬림에 대한 이해를 높이는 데 열의를 보이고 있다. 예컨대 러시아는 2004년 이슬람회의기구(Organization of Islam Conference)의 옵서버로 참가했으며, 푸틴 대통령은 2005년 연례행사가 열리는 체첸의 그로즈니를 방문해 이슬람을 옹호한다고 선언했다. 이와 같은 노선의 연장선상에서 ≪외교정책 개념≫에서는 문화적 다양성의 인정(≪외교정책 개념≫, 제4조), ≪외교정책 개념≫에서는 종교적 관용과 국가 간 문화 교류를 강조하고 있는데(≪국가안보전략≫, 제79조, 제80조.), 이는 이슬람과의 화해를 통해 중앙아시아 지역에서 영향력 확대를 도모하기 위한 전략이기도 하다.

러시아의 인구 감소에 따른 노동력 유입도 러시아와 중앙아시아 간 협력의 매개체가 되고 있다. 연방 붕괴 이후 러시아의 인구는 지속적으로 감소되어 2026년에는 1억 3700만 명이 될 것으로 예상되는데, 이는 심각한 노동력 충원 문제를 야기할 것으로 보인다. 이에 따라 러시아는 이미 1989년부터 2002년 사이에 옛 소련 소속 국가들로부터 1100만 명의 이주민을 수용했는데, 대규모임에도 불구하고 이들은 언어와 문화적 측면에서 러시아와 많은 부분을 공유하고 있어 사회적 문제를 크게 발생시키지는 않았다. 오히려 이들 이주민들은 중앙아시아 국가들과 러시아 간에 협력의 매개체 역할을 하고 있다는 평가를 받는다.

중앙아시아로부터 러시아로 이주한 이주민 현황은 카자흐스탄 150만 명, 타지키스탄 50~80만 명, 키르기스스탄 50만 명, 우즈베키스탄 50만 명 수준이다. 이들이 러시아로 노동 이주를 가는 이유는 본국의 일자리 부족뿐 아니라 임금수준(예컨대 타지키스탄의 평균임금은 러시아의 10% 수준이고 키르기스스탄과 우즈베키스탄은 20% 수준)이 낮은 데 비해, 러시아의 대우가 좋기 때문이

다. 중앙아시아 이주노동자들은 주로 단순노동 직종에 종사하며 낮은 임금
과 복지 혜택을 제공받고 있지만, 본국보다는 좋은 조건인 것이다. 타지키
스탄과 키르기스스탄 이주노동자들의 송금액은 GDP 대비 각각 41.7%와
30.3%를 보이고 있다(Bank, 2016: 13). 그런데 2015년 EAEU 설립에 따라 비
회원국 출신의 노동자들에게는 송금 시 추가 세금이 부과되기 때문에, 비회
원국에게는 EAEU 가입을 종용하는 압박 수단으로 여겨지고 있다. 러시아
의 중앙아시아에 대한 투자도 빠른 속도로 증가했는데, 2005년부터 2010
년 사이에 러시아의 중앙아시아 투자 규모는 4.4배가 증가했다. 우즈베키
스탄과 타지키스탄에서는 러시아가 해외 직접투자액 누적 총액 규모에서 1위
를 기록했다.

　결과적으로 러시아와 중앙아시아가 문화와 언어를 상당 부분 공유하는
점, 상당수의 중앙아시아 출신들이 러시아에서 노동자로 거주하고 있는 점,
중앙아시아의 엘리트들이 여전히 러시아어 및 러시아 문화에 익숙하다는
점에서, 러시아는 중앙아시아에서 영향력을 행사하는 데 절대적으로 유리
한 자산을 갖고 있는 셈이다.

5. 결론

　러시아는 외교정책에서 지역별 순위를 나열할 때, 전통적으로 중앙아시
아 지역이 포함된 CIS를 우선순위에 배치하고 있다(《외교정책 개념》, 제49
조). 그만큼 중앙아시아는 러시아에 안보 전략적으로, 경제적으로 중요한
지역인 것이다. 그런데 중앙아시아는 경제적 이득 등 긍정적 효과를 제공함
과 동시에 지역 불안정 등 부정적 효과도 러시아에 안기고 있다. 지역 불안
정 문제는 중앙아시아 국가들이 당면한 정치 불안, 즉 이 지역의 독재체제

와 연관되어 있다. 특히 러시아는 독재정권에 저항하는 이슬람 급진주의자들의 움직임을 염려하고 있는데, 정치적 갈등이 지역 불안정으로 확산될 경우 이슬람 인구를 다수 포함하는 러시아로서는 고민이 깊어질 것이다. 또한 이슬람 근본주의 그룹인 '우즈베키스탄 이슬람 운동(Islamic Movement of Uzbekistan, IMU)'의 활동을 둘러싼 중앙아시아 국가 간(우즈베키스탄과 키르기스스탄)의 갈등도 불안한 요인 중 하나이다. 예컨대 1999년부터 2000년 사이에 키르기스스탄 정부는 자국의 남부 지역에서 IMU로부터 빈번한 공격을 당했고 포로 석방을 위해 몸값을 지불했다. 이에 대해 우즈베키스탄은 공개적으로 키르기스스탄 정부의 무능을 비난하고, 반군이 숨어 있을 곳으로 추측되는 키르기스스탄의 산간 지역을 우즈베키스탄 공군이 폭격함으로써 양국 사이에 긴장 관계가 조성되기도 했다.

이와 같이 중요하면서도 동시에 불안정한 중앙아시아 지역에 대한 정책이 1990년대에 걸쳐 전무했던 데 대해 러시아 정부는 비난받아 왔다. 이는 체제 붕괴로 인한 국내 사정으로 일관된 정책을 입안하기 어려웠기 때문이다. 그러나 이후 러시아는 캅카스의 아제르바이잔으로부터 중앙아시아까지 터키어권 나라들로 구성된 공동체 형성 가능성이 제기되자, 이를 경계하기 시작했다. 또한 '뉴 실크로드'라고 불리는 유라시아 통로(TRASECA)[12] 계획은 러시아의 카스피해 원유의 수송 독점권을 위협했다. 여기에다 9·11 사건 이후 아프가니스탄에서 러시아가 빠져나간 공간을 군사작전을 명목으로 미국이 채우기 시작하면서 러시아는 위기감을 느끼게 되었다.

이에 따라 러시아는 2000년대 중반부터, 지난 1990년대에 잃어버렸던

---

12) 서방세계는 러시아를 우회해 이 지역의 석유를 수송할 유라시아 통로(TRASECA, 신비단길)를 제시했다. 그들이 제시한 송유관 루트는 아제르바이잔(바쿠)-조지아-터키(제이한), 바쿠-조지아 (숩사, 바투미, 포치), 바쿠-카스피해 해저-투르크메니스탄-아프가니스탄-파키스탄(카라치), 바쿠-러시아-불가리아-그리스 노선 등이 있었다.

중앙아시아에 대한 전통적 영향력을 회복하기 위해 다양한 방법으로 노력해 왔다. 이는 소비에트 체제 붕괴 이후 중앙아시아 지역이 외부 세력들의 경합장이 된 것, 특히 색깔혁명으로 중앙아시아의 일부 정권들이 친미 정권으로 교체된 것이 큰 계기였다. 또한 2000년대 초반 우크라이나와 조지아에 대한 나토의 확장 시도, CIS 국가들에 대한 미국의 군사적 전개는 러시아에 위협으로 다가왔다. 동시에 경제적 활동을 중심으로 전개된 중국의 정책, 특히 일대일로 정책을 통한 영향력 확장은 러시아에 큰 우려를 안겨주었다. 이에 따라 러시아는 전략적 안전망을 구축해 기존의 경제·문화적 기득권을 잃지 않기 위해 노력했다. 이러한 메커니즘을 구축하기 위해 러시아가 역점을 두는 전략은 다자협력기구와 소프트파워를 활용하는 것이다. 그런데 러시아는 SCO, CSTO, EAEU와 같은 기구를 통해 역내 통합과 협력을 추구하는 반면, 중앙아시아 국가들은 이 기구들이 자신의 행동반경을 억제한다고 인식함으로써 그 미래가 낙관적이지만은 않다. 또한 소프트파워를 통한 영향력 확대 정책도, 근래 나타나고 있는 중국의 영향력 확대, 그간 국어로 사용하던 러시아어 대신 각국이 자국 언어를 국어로 사용하는 등 러시아의 문화적 지위가 과거와 비교해 떨어지고 있다는 점에서, 많은 난관에 봉착해 있다.

참 고 문 헌

문수언. 2011. 「상하이협력기구(SCO)를 통하여 본 러시아와 중국관계: 러시아의 우려와 대응」. ≪사회과학논총≫, 제13집, 1~33쪽.

Гамова, Светлана и Виктория Панфилова. 2008.9.4. "Молчание союзников(동맹의 침묵)." *Независимая газета.*

Евразия эксперт. 2016.5.18. "10 крупнейших инфраструктурных проектов ЕАЭС"("The EAEU's 10 Biggest Infrastructure Projects").
http://www.mid.ru/en/foreign_policy/official_documents/-/asset_publisher/CptICkB6BZ29/content/id/2542248(검색일: 2018.3.3).
"Концепция внешней политики Российской Федерации(러시아연방 외교정책개념). " 2016.11.
"Стратегия национальной безопасности Российской Федерации(러시아 국가안보전략)." 2015.12 .
https://rg.ru/2015/12/31/nac-bezopasnost-site-dok.html(검색일: 2018.2.20).

Allison, Roy. 2001. "Structures and Frameworks for Security Policy Cooperation in Central Asia." in Roy Allison and Lena Jonson(eds.). *Central Asian Security,* pp.219~246. Washington, D.C.: Brookings Institution Press.
Anichkova, Daria. 2012. "Central Asia's Migrant Headache." Carnegie Endowment for International Peace. Washington, D. C. http://carnegieendowment.org/ieb/2012/06/21/central-asis-s-migrant-headache/c418(검색일: 2018.2.20).
Blank, Stephen J. 2008. "Georgia: The War Russia Lost." *Military Review*, Vol.88, Issue 6.
Dziubenko, Olga. 2010. "U. S. to Build Kyrgyz Anti-terrorism Training Center." *Reuters.*
Eurasia Daily Monitor. 2010.3.11. "US Assists Kyrgyzstan in Constructing Anti-Terrorist Center in Batken." Vol.7, Issue 48.
Eurasian Development Bank. 2015.8, 2016.10, 2017.10. "Monitoring of Mutual Investments in CIS Countries 2015."
Jackson, Nicole. 2003. *Russian Foreign Policy and the CIS.* New York: Routledge.
Jamestown Monitor. 2002.4.23. "Russia Stages 'CIS Collective' Antiterrorism Exercises in Central Asia." Vol.8, Issue 79.
Jardine, Bradley. 2015.6.30. "Russia's Media Offensive in Central Asia." *The Diplomat.*
Jonson, Lena. 2004. *Vladimir Putin and Central Asia: The Shaping of Russian Foreign Policy.* New York: Tauris.
Kazantsev, Andrei. 2008. "Russian Policy in Central Asia and the Caspian Sea Region." *Europe-Asia Studies*, Vol.60, No.6, pp.1073~1088.

Kazemi, Leila. 2003. "Domestic Sources of Uzbekistan's Foreign Policy, 1991 to the Present." *Journal of International Affairs*, Vol.56, pp.205~216.

Kramer, Mark. 2008. "Russian Policy toward the Commonwealth of Independent States: Recent Trends and Future Prospects," *Problems of Post-Communism*, Vol.55, No.6, pp.3~19.

Lo, Bobo. 2003. *Vladimir Putin and Evolution of Russian Foreign Policy*. London: Blackwell.

McDermott, Roger. 2012.7.25. "Central Asia Commits to Russian Joint Air Defense Plans." *Eurasia Daily Monitor*, Vol.9, Issue 141. https://jamestown.org/program/central- asia-commits-to-russian-joint-air-defense-plans/(검색일: 2018. 2. 20).

Page, Stephen. 1994. "The Creation of a Sphere of Influence: Russia and Central Asia." *International Journal*, Vol.49, No.4, pp.788~813.

Pan, Philip. 2010.4.12. "Russia is said to have Fueled Unrest in Kyrgyzstan." *Washington Post*.

Paramonov, Vladimir and Aleksei Strokov, 2007. "Economic Involvement of Russia and China in Central Asia." *Conflict Studies Research Center*. Swindon: Defense Academy of United Kingdom.

Radnitz, Scott. 2006. "What Really Happened in Kyrgyzstan?" *Journal of Democracy*, Vol.17, No.2, pp.132~146.

Rollberg, Peter and Marlene Laruelle. 2015. "The Media Landscape in Central Asia: Introduction to the Special Issue." *Demokratizatiya: The Journal of Post-Soviet Democratization*, Vol.23, No.3, pp. 227~232.

Stronski, Paul. 2018.3.29. "China and Russia's Uneasy Partnership in Central Asia." Carnegie Endowment for International Peace.

Tyson, Ann Scott. 2005.7.15. "Russia and China Bullying Central Asia, U.S. Says." *Washington Post*.

UNODC. 2016. *Afghanistan Opium Survey 2016*.

World Bank. 2016. *Migration and Remittances Factbook 2016* . Washington, D.C.: World Bank.

7장

푸틴 3기 국민의식의 변화와 푸틴 4기 전망

최우익(한국외국어대학교 러시아연구소 HK교수)

● 이 장은 ≪동유럽발칸연구≫ 제39권 5호(2015)에 실린 「2011~2012년 부정선거 규탄시위 이후 러시아 국민의식의 변화」를 2018년까지의 자료를 추가해 전체적으로 수정·보완한 것이다.

1. 서론

2018년 5월 7일 대통령 취임식이 열리면서 푸틴은 제4기 집권을 공식적으로 시작했다. 이로써 2000년에 시작된 푸틴의 대통령 직위는 2024년까지 이어갈 수 있게 되었다. 이것은 어느 순간부터 이미 예견된 일이기도 했지만, 한편으로는 이것이 과연 실현될지에 대한 의심도 그동안 끊임없이 제기되곤 했다. 사실 푸틴 3기에는 그 전에는 예측하기 힘들었던 여러 정치·경제적, 사회·문화적 이슈와 사건들이 불거져 나왔다. 특히 몇 달씩 이어진 전 국민적 반정부 규탄 시위에도 불구하고 푸틴이 2012년 대선에서 승리했다. 대통령 당선이 확정되었을 때 푸틴이 눈물을 흘릴 정도로 그 당시 푸틴의 승리가 불확실했다. 이렇게 극적으로 3기가 시작되었지만, 그 후로도 나라 안팎으로 여러 이슈가 터지면서 푸틴 3기는 우여곡절을 겪었다. 이 글에서는 푸틴 3기의 여러 이슈에서 드러난 국민의식의 변화를 추적하는 데 초점을 맞추면서 푸틴 4기의 국민의식을 전망하고자 한다.

2011년 말 의회 총선과 2012년 초 대통령 선거 과정에서 보여준 러시아 국민의 부정선거 규탄과 반정부 시위는 자국민은 물론이고, 세계를 놀라게 한 사건이었다. 과연 이것이 갑작스러운 것이었는지 준비된 것이었는지 혹은 일회적이었는지 연속적일지에 대한 연구는 여전히 진행 중이다.

그런데 2014년 러시아의 크림반도 병합과 러시아와 우크라이나 분쟁, 그 뒤 이어진 서방의 러시아 경제제재, 게다가 2015년 2월 발생한 보리스 넴초프(Борис Немцов) 피살 사건 등 일련의 사태로, 러시아 국민이 어떤 행동을 보일지 예측하기 힘들었다. 그리고 2014년 중반부터 2019년 현재까지 러시아 경제와 국민의 삶은 매우 열악해진 상태이다. 국민들의 삶이 어려운 상태에서 푸틴 4기가 시작되자마자 연금개혁안이 발표되었고, 이에 대해 국민들은 노골적으로 반감을 표시했다. 과연 러시아 국민이 지금 어떤 생각을 하고 있고 어떤 행동을 준비하고 있을지 아마 누구도 이에 대해 명쾌한 답변을 내놓기는 힘들 것이다.

서구 사회와 달리 러시아 국민의 집단행동이나 사회적 시위는 상당히 다른 역사와 특징이 있다. 역사적으로 근대에 들어와 발생한 대표적인 서구 사회의 시위로는 프랑스 대혁명을 꼽을 수 있다. 그로부터 여러 나라의 다양한 사회적 시위와 운동은 국민의 권익을 보호하는 수단이거나 계급·계층 간 갈등을 표출하는 통로 역할을 했다. 서구 사회에서 사회운동과 시위를 연구한 이론은 크게 세 가지로 분류될 수 있다. 첫째로는 집단행동 이론[레본(Г. Лсбон), 올포트(Г. Олпорт), 스멜서(Н. Смелзер) 등], 둘째로는 자원 동원 이론[마카르티(Дж. Маккарти), 잘리드(М. Зальд), 틸리(Ч. Тилли) 등], 셋째로는 상대적 박탈 이론[스타페롬(С. Стауффером), 머튼(М. Мертон), 루인시만(В. Руинсиман) 등]을 들 수 있다(Дементьева, 2013: 3~8).

러시아에서는 18~19세기 농민을 중심으로 다수의 봉기가 있었고 특히 19세기 말부터 20세기 초에는 다양한 사회운동이 전개되었다. 또한 1905년과 1917년에는 역사를 바꾼 혁명 수준의 사회적 격변이 발생했다. 하지만 소련 시대에는 사회주의 체제 아래 국민의 사회적 시위가 상당히 억제되었다. 물론 당과 국가의 조직적인 국민 동원은 있었지만, 그것은 국민의 순수한 자발적 의지와는 거리가 멀었다. 따라서 오랜 기간 러시아에서는 사회적 시위도 그리고 사회적 시위에 대한 연구도 제대로 이루어지지 않았다.

사회적 시위에 대한 러시아 사회학계의 연구는 1960년대 후반에서 1970년대 중반 서구 사회의 시위를 분석하는 것으로 시작되었다. 당시 대부분의 연구는 계급투쟁 및 사회혁명 개념과 모순된 서구 이론을 비판하는 데 몰두했다. 대표적 연구자로는 먈로(К. Г. Мяло), 볼샤코프(В. В. Большаков), 바탈

로프(Э. Я. Баталов)를 들 수 있다(Ядов, Климова and Халий, 2008: 85~101). 이 시기의 연구 대상은 서구 사회였고, 대부분의 연구는 추상적인 수준에 머물 수밖에 없었다.

그 후 1980년대 후반부터 현재까지 학자들은 본격적으로 러시아 사회 내부의 사회운동을 연구하기 시작했다. 이 연구는 주로 사회적 시위 행위의 잠재성을 분석하는 데 초점이 맞춰졌는데, 학자들 대부분은 서구의 이론과 개념에 기초해 연구를 진행했다. 그것은 크게 세 가지 흐름으로 나뉘었다(Дементьева, 2013: 9~12).

첫째로는 상대적 박탈 이론에 근거해, 시위가 주로 개인의 불만족에 기초하여 발생한다는 입장이다. 주요 학자들로는 올샨스키(Д. Ольшанский), 모누소바(Г. Монусова), 킨스부르스키(А. Кинсбурский), 토팔로프(М. Топалов), 레바다(Ю. Левада) 등을 꼽을 수 있다. 이 견해에 따르면, 사회집단의 불만족은 사회적 긴장의 지표가 되며, 이것이 일정하게 누적되면서 공개적인 시위로 발전한다. 두 번째 입장은 박탈 이론뿐 아니라 다양한 자원 동원 이론과 정치과정 이론에 초점을 맞추고 있다. 이 견해에 따르면, 시위의 발생 가능성은 박탈이 아니라 정치참여와 정치적 결정에 영향을 줄 가능성과 관련이 있다. 이 견해의 지지자들은 겔만(В. Гельман), 코스튜셰프(В. Костюшев), 나자로프(М. Назаров), 즈드라보미슬로바(Е. Здравомыслова), 사프로노프(В. Сафронов) 등이다. 이들은 더 나아가 다양한 정치적 시위의 형태를 정당, 사회운동, 비정부조직의 발전과 연관 지어 살펴보고 있다. 세 번째 입장은 1990년대부터 나타난 러시아의 새로운 현실에 초점을 맞췄다고 할 수 있다. 즉 1989년 가을에 러시아에서 시위 형태의 노동운동이 발생했는데, 이때부터 현재까지 주로 생산현장에서 발생한 시위에 초점을 맞춘 연구가 진행되고 있다. 그 대표적 학자들로 고르돈(Л. Гордон), 클로포프(Э. Клопов), 나지모바(А. Назимова), 톰키나(А. Темкина), 크라프첸코(А. Кравченко), 자

이체프(A. Зайцев) 등을 꼽을 수 있다. 이 외에도 소수민족, 환경, 여성, 지역 운동에 대한 연구가 다양하게 시도되었다.

그 밖에도 주목해야 할 분야로 국민의 여론 및 의식을 조사하는 연구를 꼽을 수 있다. 1990년대 초부터 러시아 사회의 사회적 불만과 시위 잠재력 지수를 분석하는 경험적 연구들이 시도되었다. 즉 도시와 지방 주민의 대중적 시위 가능성에 대한 견해, 해당 시위에 대한 참여 가능성 등을 전국적 규모로 연구하는 기관들이 나타났다. 대표적으로 1992년 '여론' 펀드[Фонд "Общественное мнение"(ФОМ)], 1993년 러시아여론조사센터[Всероссийский Центр изучения общественного мнения(ВЦИОМ)] 등이 있다. 2008년에는 러시아여론조사센터에서 분리된 연구팀이 레바다센터(Левада Центр)를 설립해 현재까지 연구를 지속하고 있다.

러시아 사회의 집단행동, 사회운동, 사회적 시위에 대한 연구에서 세 번째 흐름은 첫 번째·두 번째 흐름과 연구 대상이 다소 다르다는 점에서 구별된다. 첫 번째와 두 번째 흐름은 연구 대상이 동일하지만 관점의 차이가 있다. 하지만 이것은 상반된 관점이라기보다는 어디에 더 중점을 둘 것인지에 대한 강조점의 차이라고 할 수 있다. 즉 전자가 시위 발생의 계기와 환경에 초점을 맞췄다면, 후자는 시위 발생 후 전개 과정과 귀결에 중점을 두었다고 할 수 있다. 따라서 양자는 상호 보완적 측면이 있다.

이 글은 다양한 설문조사를 통해 밝혀진 국민의식에 대한 자료들을 검토하면서 어떠한 상태에서 시위가 발생·전개되는지에 초점을 맞추고 있다. 우선 2011~2012년 시위 발생 시 국민의식 상태를 정리하고, 그것이 2014~2015년의 상황과 유사한지 혹은 어떠한 차이점이 있는지를 살펴볼 것이다. 또한 2018년의 연금개혁안에 대한 국민의식을 살펴보면서 현재 국민의식의 특성, 향후 사회적 시위 발생의 잠재력과 가능성을 고찰하는 식으로 글을 전개하고자 한다.

이 글은 주로 러시아 전문 여론조사 기관인 레바다센터와 러시아여론조사센터(ВЦИОМ)의 자료를 이용해 러시아 정부에 대한 국민의식이 어떻게 변화하고 있는지 살펴보고 있다. 러시아여론조사센터는 1990년대 초부터 현재까지 전국적으로 약 1600명을 대상으로 수백 항목의 주제에 걸쳐 설문조사를 시행해 왔으며, 그 결과를 홈페이지와 '여론모니터(Мониторинг общественного мнения)'에 게재하고 있다. 레바다센터는 2008년에 러시아여론조사센터로부터 독립하여 현재까지 설문조사와 연구를 수행하고 있으며, 그 결과를 홈페이지와 '여론통보(Вестник общественного мнения)' 및 '여론연감(Общественное мнение-Ежегодник)'에 게재하고 있다.

2. 2011~2012년 부정선거 규탄 시위의 전개와 국민의식

2011년 말부터 2012년 상반기까지 러시아에서는 모스크바를 포함한 수도권은 물론이고, 전국 각 지역에서 유례없는 대규모 시위가 발생했다. 이 시위는 2011년 12월 4일 총선과 2012년 3월 4일 대통령 선거를 둘러싸고 일어난 것이다. 시위는 일단 "부정선거 규탄"이라는 제도적 이슈를 계기로 촉발되었지만, 장기적으로 볼 때는 권위주의적 국가에 대한 국민의 반감에서 비롯되었다고 할 수 있다. 따라서 시위 이슈는 점차 반정부적 혹은 반푸틴적 성격으로 확대되었다(Волков, 2012a: 76~80).

이와 같은 대규모 시위에 대해 러시아 국내 및 세계 언론은 매우 놀랍다는 반응을 보였지만, 사실 이 같은 시위는 그 직전에 어느 정도 예견되었다. 러시아에서는 대통령 3선 연임을 금하고 있는데, 2000~2008년까지 두 번의 대통령 임기를 끝내고 총리로 물러나 있던 푸틴이 3기 재집권을 위해 2011년 9월 대통령 출마를 공식화했다. 게다가 그 전에 대통령 임기를 6년으로 개정했기 때문에 이 규정에 따라 연임까지 하게 된다면, 푸틴은 2012년부터 2024년까지 대통령직을 유지할 수 있게 되었다. 즉 1인이 장기 집권할 수 있는 정치적 기반이 마련된 것이다. 따라서 러시아 관련 전문가 및 언론은 국민들이 이에 반발해 "모스크바 인구의 40%, 기타 대도시의 20~30%를 차지하고 있는 중산층이 정치적 기폭장치가 될 수 있으며, 실질적인 정치개혁이 이뤄지지 않을 경우 더욱더 급진적인 저항이 일어날 가능성이 있다"고 지적했다(오애리, 2011: 20).

실제로 2011년 12월 국회의원 총선 과정에서 횡행한 부정선거를 규탄하는 대규모 시위가 일어났고 그 시위는 몇 달간 이어졌다. 모스크바와 상트 페테르부르크에서는 2011년 12월 겨울부터 2012년 9월까지 크고 작은 시위가 계속되었고, 지방에서도 2012년 3월 4일 대통령 선거 직후까지 대규모 시위가 일어났다. 당시 언론에 보도되곤 했던 표현에 따르면, 이른바 "전국적으로 60여 지역에서 벌어졌다"고 언급되는 대규모 시위들의 발생 시점은 2011년 12월 10일, 12월 24일, 2012년 2월 4일, 3월 5일 등이다.[1]

그런데 시위 발생 초기에는 이 사태를 중산층이나 부유층이 주도하고 있다는 식으로, 다소 과장된 언론 보도(주로 서방의 시각)가 잇따랐다. 하지만 2011년 12월과 2012년 2월 모스크바 시위 참가자들을 대상으로 레바다센터가 설문조사 한 바에 따르면, 경제적으로 다양한 수준의 사회계층 모두가 이 시위에 참여했다(Волков, 2012a: 74). 또한 시위 지역 중에 중산층 비율이

---

1) "Хронология акций протеста против фальсификации выборов в России(2011-2012)," http://ru.wikipedia.org/wiki/Хронология акций протеста против фальсификации выборов в России (2011-2012)(검색일: 2012.10.17); "'Марш миллионов' в регионах: обзор PublicPost," http://publicpost.ru/theme/id/1583/marsh_millionov_v_regionah_obzor_publicpost/(검색일: 2012.9.20) 참조. 한편 2012년 2월과 3월에는 푸틴을 지지하는 시위가 더 큰 규모로 지방 곳곳에서 열리기도 했다. "Митинги в регионах," http://www.interfax.ru/society/txt.asp?id=229228(검색일: 2012. 9.12).

높은 지역들, 예를 들어 수도권에 있는 대도시나 석유·가스 생산지인 튜멘 주와 같은 곳들도 있었지만, 극빈층 비율이 높은 지역에서도 대규모 시위가 여러 차례 있었다는 점을 고려한다면, 시위는 중산층이 주도했다기보다는 러시아 전체 국민의 정치 참여도가 높아지면서 다양한 계층이 참여해 발생했다고 보는 것이 타당하다(최우익, 2012: 301~302).

푸틴 시대에 들어와서 국민들의 집단행동이 2012년에 처음 일어난 것은 아니다. 과거로 가보면 이보다 규모는 작았지만 2005년 지방 시위 그리고 2008년 이후 몇몇 기업에서 일어난 파업 등의 사례가 있었다. 2005년 시위는 2004년 복지 개혁안에 대한 국민적 반감에 기인했는데, 특히 지방 주민들의 위기의식이 강했다. 그리고 2008년에는 세계금융위기 상황에 대한 정부의 타개책이 무위로 그치고, 경제 사정이 악화되자 민심이 크게 흔들리며 곳곳에서 파업이 일어났다(Красильникова, 2012b: 58~60). 이러한 시위나 파업이 있긴 했지만, 국가에 대한 온정적 태도와 부권주의 의식 때문에 러시아 국민은 쉽사리 대규모의 반정부적 저항이나 강력한 행동을 감행하지 못하리라는 것이 그동안 학자들의 일반적인 견해였다.[2] 즉 웬만해선 반정부 행위를 할 수 없고, 하더라도 그것은 산발적이거나 국지적이리라는 것이었다. 그런데 이러한 예상을 깨고 2011년 말과 2012년 초에 대규모 시위가 전국적으로 일어난 것이다.

러시아여론조사센터가 국민에게 시위 가능성을 물은 설문조사 자료를 살펴보면 2000년대에 발생한 시위의 흐름과 배경을 짐작할 수 있다. 러시아여론조사센터에 따르면, 2005년 러시아인의 46%가 시위 행위가 일어날 가능성이 있다고 답했다. 이것은 2012년 시위 발생 이전 10년 중 가장 높은

---

2) 2000년대 10여 년간의 의식조사에서 정부에 대한 국민의 인식은 부권주의 의식의 영향으로 항상 긍정적이었다(Красильникова, 2012a: 7).

〈그림 7-1〉 자신의 권리를 보호하거나 삶의 질이 하락하는 데 항의해 대중 시위가 대중 시위가 발생할 가능성
은 얼마나 있다고 생각하십니까?

(단위: %)

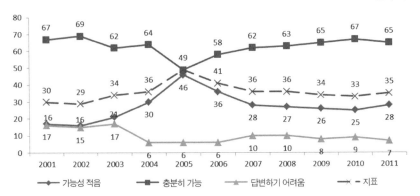

자료: Маманов(2012), c.6.

수치였다. 반면 2008년 세계금융위기 때 몇몇 기업에서 파업이 일어났지
만, 국민의식 속에 시위 행위가 일어날 가능성이 잠재해 있다고 답한 비율
이 그때는 높지는 않았다(27%). 게다가 그 비율이 2010년에는 25%까지 낮
아졌다. 하지만 2011년에는 다시 28%까지 올라갔다(<그림 7-1> 참조).

또한 "자신의 권리를 보호하거나 생활수준 저하에 항의하는 대중 시위가
일어나면, 당신은 개인적으로 참여하겠습니까?"라는 질문에 대해 2005년
과 2006년에는 29%가 긍정적으로 답했고, 그 후 2008년에는 20%까지 비
율이 낮아졌다가 2011년에는 다시 28%까지 높아졌다. 그런데 이러한 데이
터를 분석할 때는 응답자가 자신의 의사를 진심으로 밝히는 것이 아니라 상
황에 맞추어 선언적으로 응답하는 경향이 있다는 점을 감안할 필요가 있다.
특히 개인의 시위 참가 여부를 묻는 문항에서 이러한 선언적 태도가 발생하
는데 집회 참석, 피켓 들기, 거리 행진 등의 행위를 구체적으로 묘사하면서
실제 참가 여부를 상세하게 따질 경우, 그 비율은 5~6%에 불과하다고 조사
되었다(Маманов, 2012: 7~8).[3]

이러한 사실로 볼 때, '대중 시위가 일어날 가능성이 있다'고 보는 비율과 '본인이 그것에 참여하겠다'는 응답 비율이 높더라도 실제 시위가 일어날 가능성은 그만큼 높지 않을 수 있다. 하지만 이러한 응답 비율이 높아지는 것은 어쨌든 그만큼 시위 가능성을 높이는 환경이 되었다는 의미이다. 2011년에는 '시위 가능성'에 대한 다양한 설문 결과 수치들이 그 이전에 비해 높아졌는데, 이러한 상황에서 결국 2011년 12월 4일 총선에서 드러난 여러 가지 부정부패 현상에 분노한 국민들의 대규모 거리 시위가 폭발한 것이다.

국민들이 시위에 나서게 된 전조와 배경을 레바다센터는 '사회 분위기(социальные настроении)' 지수의 변화에서 찾았다. 레바다센터는 '권력', '국가', '개인', '미래' 등의 영역으로 구성된 12개 질문의 답변을 종합 측정하여 매년 사회 분위기 지수를 산출하고 있다. 사회 분위기 지수는 1990년대에 비해 2000년대에 전반적으로 상승했다. 물론 그것이 단순히 평탄하게 상승한 것만은 아니었다. 대통령 선거가 있던 해(1996, 2000, 2004, 2008)에는 매번 이전의 기록을 경신하며 최고치를 달성했고, 1998년 경제위기, 2004년 복지 개혁안 수립, 2008년 금융위기 등의 직후에는 급속히 하락하는 등 등락을 거듭하며 오늘에 이르렀다(<그림 7-2> 참조).

사회 분위기 지수를 구성하는 요소 중 '권력'에 대한 국민의 평가는 그 이전 10년간 네 가지 지수 중에서 항상 가장 높은 수치를 기록했다. 이것은 기본적으로 부권주의 의식에 기초해 나타난 현상인데, 이로 인해 대통령과 정부에 대한 국민의 긍정적 인식이 항상 유지됐다. 그러나 2005년과 2006년 초에 '권력'에 대한 평가지수가 다른 지수들보다 낮아지는 현상이 나타났다. 그것은 그만큼 복지개혁안과 관련한 정부 정책이 국민에게 반감을 일

---

3) 다른 조사에서도 이와 비슷한 결과가 나왔다. 이 조사에 따르면, '반정부 시위에 참여하지 않겠다'는 응답 비율은 2000년대 줄곧 70~80%대였으며, 더 나아가 2012년을 지나 2014년에도 여전히 84%의 응답자가 이렇게 답하고 있다(Левада-Центр, 2014: 75).

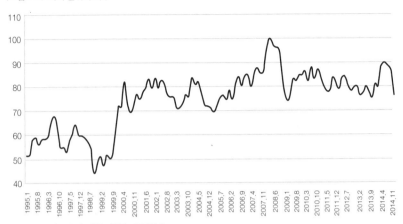

〈그림 7-2〉 사회 분위기 지수

주: 1) 100%인 2008년 3월을 기준점으로 잡았다.
    2) 2008년 6월 이전 2100명, 2009년 6월 이후 1600명을 대상으로 설문조사 했다.

으켰기 때문이다(Красильникова, 2012b: 58~60). 이러한 의식의 변화 속에서 당시 반정부 시위가 벌어진 것이다.

2011년 말과 2012년 초의 사회적 시위도 유사한 맥락에서 발생했다. 2008년에 시작된 경제위기에 대해 정부가 미숙하게 대처를 하자 국민은 '권력'을 불신하기 시작했다. 국민의 경제 사정은 그 이후 계속 악화되었고, 민심은 다시 크게 흔들리기 시작했다(Красильникова, 2012a: 8~10). 즉 2009년 말부터 '권력'에 대한 평가지수가 부정적으로 바뀌더니 2011년에는 '권력' 지수가 다른 지수들보다도 낮아졌다. 따라서 사회 분위기 지수는 2005년 상황과 유사해졌다(Красильникова, 2012b: 58). 그러나 2005년과 달리 이번에는 경제적인 것이 아니라 정치적 원인이 도화선이 되었다. 국민들은 폭발 직전 상황이었다. 2008년 경제위기 이후 몇 년간 기업에 대한 파업 형태의 시민운동이 지방에서 끊이지 않았다는 점도 주목할 필요가 있다(Волков, 2011: 26~28).

이와 같은 국민의식 상태에서 2011년 말과 2012년 상반기에 대규모 사회적 시위가 발생했다. 하지만 결국 2012년 3월 푸틴이 대통령에 당선되었고, 그러한 현실이 국민에게 기정사실로 받아들여지면서 사태는 무마되기 시작했다. 물론 이러한 사태 무마에는 이른바 불법적이고 반국가적인 시위와 시민단체를 규제하는 법의 제정도 한몫했다. 2012년 6월 8일 시위를 규제하는 법안(Федеральный закон № 65-ФЗ от 08.06.2012 О собраниях, митингах, демонстрациях, шествиях и пикетированиях)이 채택되었는데, 이것은 당시 점진적으로 진행되던 시민사회의 발전을 억누르는 조치였다(Римский, 2012: 113).

하지만 어쨌든 2011년 말부터 2012년 초까지 국민들의 시위 행위 경험은 '시위의 적극성이 권력 조직으로부터 구조적 행위를 유도하기 위한 가장 효과적 방법'이라는 것을 보여주었다. 일부 학자들은 사회적 인식에서 '문제 → 시위 → 사회적 관심 → 권력 행위'라는 가늘고 작은 쇠사슬이 더욱 견고하게 굳어졌다는 견해를 밝혔다(Никовская, 2012: 11).

2011년 12월 시민불복종 행위는 처음에는 권력에 대한 저항이 아니라 '깨끗한 선거를 위하여'라는 제도 개선 차원에서 시작됐다. 하지만 사회·정치·경제적으로 누적된 국민의 불만이 매우 팽배한 상태였기 때문에 여기서 멈추지 않았다. 일상생활의 모든 영역(주택, 의료, 교육, 연금, 법질서 등)에 널려 있는 수많은 문제점 때문에 대중은 이미 폭발 임계점에 이른 상태였다. 사회학자인 데니스 볼코프(Денис Волков)는 과거에는 쉽게 예상할 수 없었던 이러한 전국 규모의 집단행동이 사실 무엇보다도 러시아 국민의 사회·경제적 불만으로부터 기인한 바가 크다고 강조한다(Волков, 2012b: 21~22). 즉 약 20여 년간 지속한 경제개혁의 성과가 국민의 기대에 미치지 못하거나 설령 성과가 있었더라도 그것이 소수에 집중되어 빈부격차가 커지자, 이에 대한 불만으로 반정부 시위가 일어났다는 것이다. 다만 권력에 대한 불신이 극대화되고 권력의 무능이 제대로 확인된 때를 계기로 삼아 시위가 시작되었다고 할 수 있다.

3. 2014년 크림반도 병합과 서방의 경제제재에 대한 국민의식

2013년 11월 21일에 발생한 유로마이단 시위는 우크라이나 내 친유럽 성향의 서부와 친러시아 성향의 동부가 극렬하게 대립하는 사태로 이어졌다. 결국 빅토르 야누코비치(Viktor Yanukovych) 대통령이 러시아로 피신하면서 우크라이나 정국은 혼란에 빠졌다. 이 과정에서 크림반도 주민이 투표를 통해 러시아와의 병합을 결정했고, 2014년 3월 17일 푸틴 대통령은 크림공화국의 독립국 지위를 승인하고, 18일에는 크림반도 총리 및 시장과 함께 러시아와 크림공화국 병합 조약에 서명했다. 반면 미국과 유럽연합은 크림반도의 러시아 병합 결정을 불법으로 규정하고, 이에 대한 책임을 물어 러시아에 국제 수준의 강력한 경세제재를 가하게 되었다. 이 때문에 러시아 경제는 심각하게 악화되었다. 게다가 2015년 2월 야권 지도자인 보리스 넴초프가 석연치 않게 피살되었는데, 그가 우크라이나 사태에 대한 러시아 정부 노선에 비판적인 시각을 지녔었다는 사실로 미루어볼 때 적지 않은 정치적 파국이 예상되었다. 이처럼 2014~2015년에 러시아에서는 각종 정치·경제적 파문이 일었다. 무엇보다도 러시아 국민의 경제 사정이 악화되었는데, 그것은 러시아 경제 상황에 대한 국민의식 조사에서 여실히 드러난다.

<그림 7-3>의 '당신은 러시아 경제 상황을 어떻게 평가하십니까?'에 대한 답변을 살펴보면, '경제 상황이 좋다(와 아주 좋다)'고 평가한 비율은 1990년대 내내 5%도 되지 않다가 2000년대에 점차 상승하기 시작하여, 2006년에 겨우 10%대에 진입하기 시작했다. '경제 상황이 나쁘다(와 몹시 나쁘다)'라고 평가한 비율은 1990년대 전반에 걸쳐 60~70%대였고 1998년 모라토리엄 사태 때는 90%가 넘을 정도였다. 그 후 2000년대에 들어와 부정적 평가 비율이 급속히 낮아지다가, 2008년 세계 금융위기를 맞으면서 또다시 고비를 맞았다. 금융위기 이전에 러시아 경제가 나쁘다는 부정적인 비율이

<그림 7-3> 당신은 러시아 경제 상황을 어떻게 평가하십니까?

(단위: %)

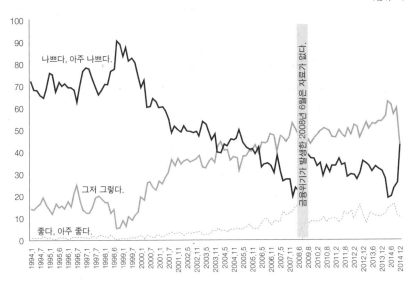

자료: Левада-Центр(2014: 51).

20%까지 하락했으나 금융위기 이후 40%까지 급상승했다.

이처럼 2009년에 40% 이상으로 급상승했지만, 이후 부정적 평가 비율은 다시 낮아져 2014년 초반에 20% 이하가 되었다. 이는 부정적 평가 비율이 2008년 세계금융위기 직전 수준으로 낮아진 것으로, 장밋빛 미래가 다시 보이는 듯했다. 여기까지가 2014년 우크라이나 사태 직전까지의 러시아 경제에 대한 국민의 생각이었다.

그런데 놀랍게도 서방의 경제제재가 시작된 2014년 봄부터 연말까지 수개월 만에 러시아 경제에 대한 부정적 평가 비율이 40%를 웃돌며, 2008년 세계금융위기 당시 러시아 국민이 느꼈던 위기감과 동일한 수준으로 치솟았다. 그와 유사한 다른 지수들을 살펴보아도 역시 마찬가지 사정임을 알 수 있다. 즉 2008년 경제위기로 인해 2009년 2월 소비 분위기 지수는 62포인트까지 떨어졌다. 그 후 점차 높아져 2014년 5월에는 89포인트까지 올라갔다가 이후 급속히 낮아져 2015년 1월과 2월에 63포인트까지 떨어졌다. 역시 소비 분위기 지수를 통해서도 2008년 세계금융위기 때와 2014년 경제제재 이후의 국면이 비슷한 상태임을 알 수 있다.[4]

레바다센터의 '사회 분위기 지수(Индекс социальных настроений, ИСН)'에서도 역시 유사한 상황이 나타났다. 사회 분위기 지수는 2009년 3월에 75포인트였는데, 2015년 2월에도 똑같이 75포인트를 기록했다. 이는 2015년 초 사회 분위기가 2008년 세계금융위기 때와 동일한 수준으로 좋지 않았음을 보여주는 징표이다. 이렇게 악화된 수치들이 바로 당시 서방의 경제제재로 야기된 러시아의 국민의식 상태의 변화를 보여주고 있다. '2008년 세계금융위기'가 '2015년 러시아만의 위기'로 재현된 것이다. 서방의 경제제재 이후 러시아 국민이 피부로 느끼는 경제·사회 현실은 2008년 세계금융위기 때만큼 매우 심각한 상태였다. 실제로 물가 인상, 해고, 임금체불, 파산과 같은 부정적 사회·경제 현상은 서방의 러시아 경제제재 이후 러시아 국민의 일상이 되었다.

그런데도 역설적으로 푸틴의 지지율은 고공행진을 시작했다. 2014년 우크라이나 분쟁과 크림반도 병합 이후 푸틴의 지지율은 점차 올라가 80%를 넘었다. 즉 2014년 2월까지 60%대였던 푸틴 지지율은 3월 크림반도 병합이 본격화된 시점에 80%대로 높아졌고, 2014년 10월에는 최고 88%까지 치솟았다. 혹시 넴초프 사건으로 푸틴의 정국 운영이 차질을 빚지 않을까 하는 우려는 기우에 불과했다. 2015년 2월 27일 넴초프가 피살됐는데, 레바다센터 조사에 따르면 푸틴 지지율은 2015년 2월에 86%였다가 이후 더 높아져서 6월에는 89%를 기록하기까지 했다. 마찬가지로 2014년 초 40%대였던 러시아 정부 지지율도 이후 계속 높아져서 2015년 상반기까지 60%

---

4) "Индекс потребительских настроений," http://www.levada.ru/indeksy(검색일: 2015.9.5).

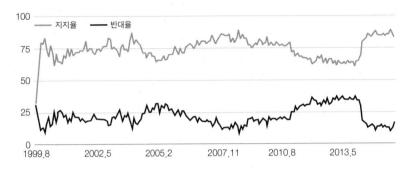

〈그림 7-4〉 푸틴 대통령 지지율 추이

(단위: %)

전후 수준을 유지했다.[5] 따라서 경제적 고통이나 넴초프 사건 모두 푸틴과
정부에 대한 국민의 지지율에 별 영향을 주지 않았다고 할 것이다.

2015년 당시에 2008년 세계금융위기 때와 유사한 수준의 경제적 고통을
겪었으며, 대외 관계로나 국내적으로나 불안한 정세였음에도 불구하고 사
회적 시위가 억제된 원인을 어디에서 찾을 수 있을까? 우선 그것은 2절에
서 레바다센터의 '사회 분위기 지수'로 설명했던 바와 같이, 다른 지수에
비교하면 '권력 지수'는 하락하지 않았다는 점에서 원인을 찾을 수 있다.
즉 그동안 국민의 대규모 사회적 시위는 특히 권력 지수가 다른 지수들보다
도 더 낮아졌을 때 발생했는데, 예컨대 2005~2006년, 2011~2012년 시위
사태 때가 그러했다. 그러나 2014~2015년 시기에는 바로 권력, 특히 푸틴
에 대한 지지율이 유지되면서 사회적 시위가 억제된 것으로 풀이할 수 있다.

〈그림 7-4〉를 보면 2000년대 집권 초기에는 잠시 낮았던 적도 있었지만,
2000년대 내내 푸틴 대통령은 75% 내외의 지지율을 유지했다. 2003년 10
월에는 86%, 2008년 9월에는 88%의 높은 지지율을 얻기도 했다. 반면

---

5) "Одобрение деятельности Владимира Путина," "Одобрение деятельности правительства
России," http://www.levada.ru/indeksy(검색일: 2015.9.5).

2005년 1월에는 65%, 2013년 11월에는 61%의 지지율을 얻었다. 물론 60%대 수준의 지지율도 일반적으로 결코 낮은 수치가 아니다. 그러나 푸틴의 경우 이 60%대가 가장 낮은 지지율 수준이었고, 이때 국민의 대중적인 시위가 일어났다. 2008~2009년 세계금융위기 때는 사실 2000년대 가운데 러시아 국민들의 경제적 처지가 가장 어려웠던 시기다. 그런데 이 시기 중 푸틴에 대한 지지율이 가장 낮았던 시점은 2009년 4월로 76%였다. 지지율이 좀 떨어지기는 했지만 60%대까지 낮아지지는 않았던 것이다. 따라서 몇몇 기업들의 파업을 제외하고는 전국 차원의 대중적 시위가 벌어지지는 않았다. 하지만 2011년 12월에 총선 부정 사태로 지지율이 63%까지 떨어졌고, 그러면서 전국적 규모의 사회적 시위가 발생했다. 이후 외적으로 시위가 수습된 것처럼 보였지만, 2013년 11월까시 푸틴의 지지율은 60%를 겨우 넘었다. <그림 7-4>의 그래프 모양에서도 두드러지듯이, 푸틴 집권 기간인 2011년 말부터 2013년까지 2년 동안 가장 낮은 지지율을 보여주고 있다.

당시 이 상태가 계속되었다면 2011년 말부터 2012년 초에 있었던 것과 같은 대규모 시위가 또 발생했을지도 모른다.

그런데 2013년 말 이후 반전이 일어나, 푸틴 시대 중 가장 오래 높은 지지율이 지속된 시기가 도래했다. 2015년 6월, 지지율은 최고 89%까지 올랐다. <그림 7-4>의 그래프상으로도 이 시기의 모습은 다른 시기와 두드러지게 차이가 난다. 어떻게 푸틴은 그렇게 높은 지지율을 장기간 얻을 수 있었을까? 2014년 서방의 경제제재로 인해 2008년 세계금융위기 때와 맞먹는 최악의 경제적 고통을 겪던 시기에도 국민들의 사회적 시위는 어떻게 억제될 수 있었을까? 그 답은 바로 정치문화의 변화로부터 찾을 수 있다.

2012년 12월 12일, 연방의회에서 푸틴은 애국적 가치와 그 지향성을 다음과 같이 강조했다. "애국자가 되는 것은 존경심뿐 아니라 애정을 가지고

<표 7-1> 러시아와 크림반도 병합에 대한 설문조사

(단위: %)

질문	찬성	반대	응답 곤란
러시아는 크림반도에 거주하는 러시아와 기타 민족의 이해를 보호하여야 하는가?	94	3	3
러시아는 다른 나라와 분규가 일어나더라도 크림반도에 거주하는 러시아와 기타 민족의 이해를 보호하여야 하는가?	83	7	10
당신은 크림반도가 러시아라는 의견에 동의합니까?	86	9	5
당신은 러시아연방의 주체로서 크림반도가 러시아에 병합되는 것에 찬성합니까?	91	5	4

자료: Федоров(2014: 4~5).

자신의 역사를 대하는 것이고 …… 무엇보다도 사회와 국가에 봉사하는 것을 의미한다"(Путин, 2012). 그리고 2013년부터 러시아 사회문화 발전 노선 (현대적 개혁 기반 창출과 사회 연대의 기초가 되는 정신·도덕·규범적 가치의 보전과 부흥을 목표로 하는 발전 노선)이 정부에 의해 채택되고 본격 추진되기에 이르렀다. 이로부터 국가 주도로 새롭게 조명되기 시작한 가치가 바로 국민주의(гражданственность)와 애국주의(патриотизм)였으며, 이를 통해 국가는 사회적 연대를 추구했다(Рожкова, 2014: 124~125).

그런데 이러한 노선이 때마침 우크라이나 사태와 마주치며 증폭되기 시작한다. 우크라이나 사태는 2013년 9월부터 서서히 불거지기 시작해 2014년 2월의 유로마이단 시위로 절정에 달했다. 급기야 우크라이나에 내분이 일어나고 그중 친러시아 지역인 우크라이나 동부와 크림의 러시아 병합에 대한 담론이 급속히 대두되었다. 그즈음 이 문제에 대한 설문조사가 진행되었는데, 이 결과를 통해 당시 러시아 국민의식을 잘 이해할 수 있다.

이 설문은 2014년 3월 15~17일까지 러시아여론조사센터에서 4만 8590명을 대상으로 조사한 것인데, <표 7-1>에서 알 수 있듯이 러시아의 크림반도 병합에 대한 찬성 답변이 91%에 달할 정도로 높았다. 친서방과 친러시아 진영으로 나뉘어 대립하고 있는 우크라이나 사태를 바라보는 러시아 국

〈표 7-2〉 당신은 러시아와 미국·EU와의 관계를 전반적으로 어떻게 생각합니까?

(단위: %)

	미국				유럽연합			
	2013		2014		2013		2014	
	1월	1월	3월	9월	1월	1월	3월	9월
우방 관계	8	4	2	2	4	3	3	1
선린 관계	7	4	4	1	14	9	4	2
평온 관계	25	31	14	2	44	36	25	3
냉랭 관계	38	40	30	11	24	34	31	25
긴장 관계	15	13	35	43	4	9	27	50
적대 관계	2	4	12	39	1	1	5	16
응답 곤란	5	4	4	3	10	8	6	4

자료: Левада-Центр(2014: 208, 210)를 참조해 재구성했다.

민들의 시각은 서방세계의 확대가 결국 러시아에 위협이 되리라는 의혹에 기초해 있다. 이러한 시각에서 우크라이나 거주 러시아인, 특히 역사적으로 러시아의 영토라는 인식이 강한 크림반도의 러시아인과 여타 민족에 대한 보호 의식은 당연히 강해질 수밖에 없었다. 나아가 〈표 7-1〉의 설문 결과에 서도 알 수 있듯이, 자국민을 보호하기 위해서라면 외국과의 분쟁도 감수할 수 있다는 것이 당시 국민들의 생각이었다. 따라서 우크라이나 사태는 푸틴 의 애국주의 노선을 실험하고 강화할 수 있는 매우 적절한 소재가 되었다.

그 후의 전개 과정은 잘 알려져 있다시피 러시아의 크림반도 병합이 급 속히 진행되었고, 이후 서방의 경제제재가 시작되었다. 하지만 이것은 러시 아 국민을 오히려 더 단결시키는 계기가 되었다. 〈표 7-2〉를 보면, 2014년 에 들어와 수개월 만에 미국·유럽연합과의 관계에 대한 러시아 국민의 감 정이 얼마나 급속히 변했는지 알 수 있다. 2013년까지, 그리고 2014년 1월 까지만 해도 러시아와 미국·유럽연합의 관계는 평온하거나 냉랭하다는 생 각이 다수였지만, 수개월 후인 2014년 9월에는 긴장 및 적대 관계라고 응 답한 비율이 다수를 차지했고, 특히 미국과의 관계를 적대적으로 여기는 비율이 급격히 높아졌다.

반면 푸틴에 대한 높은 지지율이 다양한 설문조사 결과에서 확인되었다. 예를 들어 '푸틴이 국가 문제를 훌륭하게 해결하고 있다고 확신한다'는 응답 비율은 2013년 14%에서 2014년 38%로 늘었고(Левада-Центр, 2014: 87), '나는 푸틴의 시각과 견해에 전적으로 공감한다'라는 비율도 2013년 14%에서 2014년 31%로 늘었다(Левада-Центр, 2014: 88). 또한 크림반도 병합 후 '푸틴이 러시아를 위대한 열강의 지위로 올려놓았다'라고 응답하는 비율은 2013년 36%에서 2014년 51%로 늘었다(Левада-Центр, 2014: 89). 이처럼 우크라이나 사태를 통해 애국주의가 고양되었고, 이는 결국 푸틴에 대한 지지로 이어졌다. 이상이 2011~2012년 시위 이후 러시아 국민의식의 변화상이라고 할 수 있다. 요컨대 애국주의의 고양과 여기서 비롯된 정권에 대한 높은 지지율이, 극히 어려운 경제 현실에도 불구하고 결국 사회적 시위를 억제하는 효과를 가져왔다고 풀이할 수 있다.

4. 2018년 연금개혁안에 대한 국민의식

푸틴은 2018년 대통령 선거에서 무난히 승리를 거두고, 5월 7일 취임식과 함께 4기 집권을 공식적으로 시작했다. 그런데 러시아 월드컵 개막일이었던 6월 14일, 2년마다 1년씩 단계적으로 수급연령을 높이는 연금개혁안을 정부가 기습적으로 발표하면서 정국은 소용돌이에 휩싸였다. 이것은 남성은 60세에서 65세, 여성은 55세에서 63세로 은퇴 연령을 높이는 법안이었다.

이 발표 직후 연금개혁안에 반대해 수천에서 수만 명이 참여하는 반정부 집회가 러시아 전역에서 연이어 열렸다. 특히 2005년 당시 "내가 대통령으로 있는 한 절대 이런 결정(연금 수급연령 상향)을 하지 않을 것"[6]이라며 연금 수급연령을 높이는 데 반대하는 푸틴 대통령의 영상이 경쟁적으로 언론에 보도되면서, 러시아 국민은 푸틴의 '말 바꾸기'를 꼬집고 그가 국민과의 계약을 파기했다고 비난했다. 1990년대 말부터 현재까지 연금개혁안에 대한 사회적 논의가 몇 번 제기되었지만, 설문조사 결과에 따르면 러시아 국민의 80~90%는 항상 연금 수급연령을 높이는 데 반대해 왔다.[7] 이때도 예외는 아니었다.

예상 밖으로 국민의 반발이 거세게 일자 결국 푸틴 대통령은 8월 29일 TV에 출연해 한 발짝 물러나면서, 여성의 은퇴 연령을 63세에서 60세로 수정한다고 발표한 뒤 연금개혁안에 대한 국민의 지지를 호소했다.[8] 두 달간 계속되던 연금개혁안에 대한 항의 시위는 지방선거일인 9월 9일에 맞춰 일어난 것 말고는 이 TV 연설 이후 점차 잦아들었다. 결국 10월 3일 의회를 통과한 연금개혁안에 푸틴 대통령이 서명하면서 이날부터 법안은 발효되었다.

레바다센터의 설문조사에 따르면, 8월까지만 해도 러시아 국민의 53%가 개혁안에 반대하는 시위에 참여하겠다고 응답했지만, 9월에는 이 비율이 35%로 줄었다(<표 7-3> 참조). 사회학자 데니스 볼코프는 이 상황에 대해 이렇게 표현했다.

불만은 있지만 이미 모든 것이 끝났다는 느낌이다. 전체적으로 개혁은 긴장감을

---

6) "월드컵 개막일에 발표한 연금개혁안… 추락하는 '러시아 황제'", http://monthly.chosun.com/client/mdaily/daily_view.asp?idx=5185&Newsnumb=2018105185(검색일: 2018.11.8).

7) "Пенсионная реформа", https://www.levada.ru/2018/09/27/pensionnaya-reforma-4/(검색일: 2018.11.7).

8) 연금개혁안의 수정에도 불구하고 푸틴에 대한 국민의 태도는 더 악화했다. 설문조사 결과 변하지 않았다는 비율은 57%, 좋아졌다는 7%, 나빠졌다는 34%로, 푸틴에 대한 국민의 반감은 더 커졌다. "Пенсионная реформа," https://www.levada.ru/2018/09/27/pensionnaya-reforma-4/(검색일: 2018.11.7).

〈표 7-3〉 만약 당신의 도시 또는 시골에서 연금개혁안에 반대하는 대중적인 시위가 있다면, 당신은 개인적으로 참여하겠습니까?

(단위: %)

	2018년 7월 18일	2018년 8월 18일	2018년 9월 18일
그럴 것이다	37	53	35
그러지 않을 것이다	53	42	60
응답 곤란	9	5	5

자료: "Пенсионная реформа", https://www.levada.ru/2018/09/27/pensionnaya-reforma-4/(검색일: 2018.11.7).

크게 증폭시켰고, 사람들에게 이것은 충격이었다. 그들은 개혁에 굴복했지만 동의하지는 않는다. 그러나 권력은 여유 있게 견고함을 유지하고 있고, 권력에 대한 평가는 이미 바닥을 쳤으며, 지지율은 본래의 자리를 되찾아 가고 있다.[9]

따라서 일부 전문가들이 예측했던, 연금개혁안에 대한 반감이나 경제적 빈곤으로 크게 폭발할 것 같았던 대중 시위는 더 이어지지 않고 가라앉았다.

러시아여론조사센터의 설문조사에서도 비슷한 결과가 나왔다. 2018년 7월 말 53%였던 항의 잠재력 수준은 9월 초 44%로 하락했다. 연금 수급연령 상향에 반대하는 대중 집회와 개인적 시위참여도를 측정하는 지수 역시 같은 기간 42%에서 36%로 떨어졌다. 연금개혁안에 반대하는 대중적 항의가 소용없다고 여기는 응답자의 비율은 57%에서 71%로 높아졌다.[10]

이처럼 8월 29일 푸틴의 TV 연설 이후 공개적이고 집단적인 대중적 시위는 사라져갔다. 하지만 푸틴의 지지율도 떨어졌다. 푸틴에 대한 지지율은

---

9) "Число желающих протестовать против пенсионной реформы резко снизилось," https://www.levada.ru/2018/09/27/chislo-zhelayushhih-protestovat-protiv-pensionnoj-reformy-rezko-snizilos/(검색일: 2018.11.6).

10) "Протестные настроения россиян: мониторинг," https://wciom.ru/index.php?id=236&uid=9292(검색일: 2018.11.6).

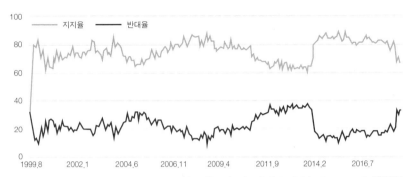

〈그림 7-5〉 푸틴 대통령 지지율 추이

(단위: %)

자료: "Одобоение деятельности Владимира Путина," https://www.levada.ru/indikatory/odobrenie-organov-vlasti/ (검색일: 2018.11.11).

연금개혁안이 발표되기 전인 5월 79%에서 7월 67%, 8월 70%, 9월 67%, 10월 66%까지 급속히 낮아졌다. 푸틴은 2014년 러시아의 크림반도 병합 이후 줄곧 80%가 넘는 지지율을 확보해 왔다(〈그림 7-5〉 참조). 2018년 3월에도 80%가 넘는 지지율을 확보한 상태에서 76.7%의 압도적인 득표율로 대통령에 당선됐다. 하지만 연금개혁안이 발표되면서 푸틴의 지지율은 일시에 60%대로 급락했다. 크림반도 병합 이전 수준으로 뚝 떨어진 셈이다. 앞에서도 살펴본 것처럼, 2005~2006년과 2011~2012년 푸틴의 지지율이 60%대였던 시기에 사회적 시위가 일어난 전례가 있었다. 비록 9월 이후에 잦아들기는 했지만, 2018년 7~8월에도 역시 전국 규모의 시위가 일어났다.

러시아 국민은 국가재정이 줄어 결국 연금개혁안과 같은 해결책이 제시될 수밖에 없었던 원인으로 우크라이나 전쟁과 시리아 전쟁으로 인한 국방비 증가, 크림반도 병합 비용, 관료의 끝없는 탐욕, 사회적 빈곤화 등을 꼽는다. 그러나 국민이 생각하기에 더 심각한 문제는 국가가 이러한 문제들을 해결하기 위해 관료와 올리가르히의 돈은 축내지 않고 평범한 국민들의 지갑만 털려고 한다는 것이다. 재정 문제를 해결하려고 연금개혁안과 같은 카드를 꺼내 드는 것은 국가가 직면한 문제를 정치 엘리트가 해결하지 못한다는 사실을 단적으로 보여주는 데 불과하며, 더구나 그 책임을 국민에게 떠넘기려 할 때 국민은 공분할 수밖에 없었다고 전문가들은 지적한다.[11]

1990년대에 소련이 붕괴하고 시장 개혁이 시작되면서 러시아는 극심한 혼란과 경제위기를 겪었다. 이 시기에 대한 기억 때문에 이제 러시아 국민은 더는 큰 변화를 원하지 않는다. 아마도 안정만 찾을 수 있다면 자신의 삶이 어느 정도 빈궁해도 견디며 살겠다는 것이 국민들의 심정일 것이다. 또한 현재까지도 국민에게 강하게 배어 있는 부권주의적 정치의식이 항의보다는 순종과 적응을 택하게 하는 측면이 있다. 하지만 앞서 살펴본 것처럼, 권력에 대한 불신이 커지면 국민이 행동에 나서는 모습을 보인다. 아마 이 경우에도 푸틴의 말 바꾸기가 심한 배신감을 주었기 때문에 국민이 행동에 나선 것으로 추론할 수 있다.

그동안 푸틴 대통령은 국민의 대내적인 불만을 해소하기 위해 대외적인 문제를 활용하는 정책을 쓰곤 했다. 미국, 유럽, 중동 혹은 세계 어느 나라, 지역에서든 외부의 적을 부각시킨 다음, 이에 맞서 대항하는 과정에서 위대한 러시아의 존재를 확인시키고 국민의 자존감을 높여주는 것이다. 이 과정에서 애국주의가 고양되고, 하나의 국가로 국민이 단결하게 되며, 결국 대내적인 분열은 봉합되는 것이다. 이미 각국 언론은 나토 무력화, 한반도 문제 개입, 카스피해 영유권 분쟁, 일본과의 북방 네 개 도서 분쟁 등등의 문제를 부각시킨 다음, 러시아가 해결에 나선다는 시나리오를 내놓고 있는 형편이다.[12]

---

11) "Пенсионная реформа в зеркале общественного мнения," https://www.levada.ru/2018/09/24/pensionnaya-reforma-v-zerkale-obshhestvennogo-mneniya/(검색일: 2018.11.7).

12) "절대권력 푸틴조차도 골머리 앓는 연금 개혁", http://news.hankyung.com/article/2018102521321 (검색일: 2018.11.8); "월드컵 개막일에 발표한 연금개혁안… 추락하는 '러시아 황제'", http://monthly.

〈그림 7-6〉 생활수준의 하락과 당국의 부당한 행동에 반대하고 자신의 권리 수호를 위해, 당신은 우리 도시와 시골에서 대규모 항의 집회가 일어날 가능성이 지금 얼마나 있다고 생각하십니까?

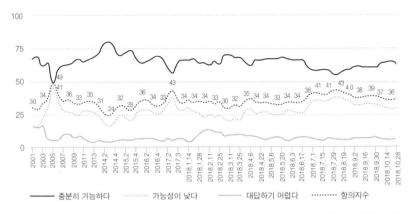

자료: "Общественный протестный потенциал," https://wciom.ru/news/ratings/protestnyj_potencial/(검색일: 2018.11.11).

　　푸틴 대통령은 지지율을 회복하기 위해 크림반도 병합 때와 유사한 사건으로 애국주의를 부활시키고 국민을 단결시킬 수 있는 방안을 모색할 수 있다. 그리고 사실 현재 국민의식의 상태로 보면, 국민이 가까운 미래에 국가를 흔들 만한 대규모의 지속적인 시위를 일으킬 가능성도 큰 편은 아니다. 그러나 이번 연금개혁안 사태가 아니더라도 2014년 크림반도 병합 이후의 큰 흐름으로 보았을 때(중간에 몇 차례 기복은 있었지만), 푸틴의 지지율은 점진적 하향 추세에 있다는 점을 주목할 필요가 있다. 또한 항의지수도 점진적으로 상향되고 있다. '생활수준의 하락과 당국의 부당한 행동에 반대하고 자신의 권리 수호를 위한 대규모 항의 집회가 일어날 가능성'을 묻는 설문조사에서 2014년과 2015년에는 항의지수가 20포인트에서 30포인트 초반 사이를 유지했지만, 2016년부터 2018년까지는 줄곧 30포인트대를 유지하

---

chosun.com/client/mdaily/daily_view.asp?idx=5185&Newsnumb=2018105185(검색일: 2018.11.8); "떨어지는 푸틴의 철통 지지율 왜?", http://jmagazine.joins.com/economist/view/323132(검색일: 2018.11.8).

고 있다. 2018년 6월 중반부터 8월 말에는 40~43포인트까지 올랐다가 이후 36~37포인트로 떨어졌지만, 어쨌든 2014년 이후 현재까지 항의지수는 큰 흐름으로 보았을 때 상승 추세에 있다는 점에 주의를 기울일 필요가 있다(<그림 7-6> 참조).

국가에 대한 국민의 공개적이고 대중적인 시위가 설령 단기적인 목표를 달성하지 못했더라도, 그 국민의 목소리에 국가가 화답해야 한다는 것이 이미 공식화되고 있고, 그 점에 대한 국민들의 자각도 점점 커지고 있다. 따라서 권력에 영향을 미치려는 국민의 발걸음을 되돌리기는 점점 어려워질 것으로 보인다. 푸틴 대통령의 인기가 계속 하락한다면 그는 대중의 기대와 희망을 한 몸에 받는 상징적인 인물의 역할을 계속할 수 없을 것이다.

5. 결론

이 장은 다양한 설문조사 결과를 분석해 러시아 국민의식이 어떻게 변화하고 있는지, 그리고 러시아 국민의식이 어떠한 상태일 때 사회적 시위가 발생하는지를 규명하는 데 중점을 두었다. 주로 2011년부터 2012년에 일어난 전국 규모의 부정선거 규탄 시위, 2014년 크림반도 병합과 서방의 경제제재, 2018년 연금개혁안 등에 대한 국민의식에 초점을 맞춰 러시아 국민의식의 변화와 특성을 밝히고자 했다.

2011년 말과 2012년 초의 사회적 시위는 2008년에 시작된 경제위기와 정부의 수습 과정에서 '권력'에 대한 국민의 의심이 서서히 커지면서 시작되었다. 즉 2009년 말부터 '권력'에 대한 평가지수가 부정적으로 바뀌더니 2011년에는 '권력' 지수가 다른 지수들보다도 낮아졌다. 단, 2005년과 달리 2011~2012년의 시위는 경제적인 것이 아니라 정치적 원인이 도화선이 되었고, 국가권력에 대한 불신이 계기가 되어 전국 규모의 집단행동이 발생했다. 하지만 사실 그 어떤 계기로도 국민은 폭발할 수 있는 상황이었다.

2014년 러시아의 크림반도 병합과 그에 따른 서방의 경제제재는 러시아에 새로운 국면을 초래했다. 우선 러시아 국민이 느끼는 경제 현실은 2008년 세계금융위기 때의 수준과 유사한 정도로 악화되었다. 이것은 러시아 국민의 경제 상황 평가, 사회 분위기 지수, 소비 분위기 지수 모두에서 발견된다. 또한 서방과의 국제적 대립이나 넴초프 피살 사건으로 불거진 국내 정치 사정도 러시아의 앞날을 어둡게 하는 것이었다. 이런 악재에도 2014년 상반기부터 푸틴 정부는 국민으로부터 전폭적인 지지를 얻는 반전을 이루는 데 성공했다.

2008년 세계금융위기 때와 유사한 수준의 경제적 고통을 겪고, 국내·외적으로 모두 불안한 정치 상황이었는데도 국민으로부터 획득한 푸틴 대통령의 높은 지지율은, 바로 국가가 주도한 국민주의와 애국주의의 유포, 그리고 이 노선이 우크라이나 사태와 결합·증폭된 결과 나타난 것으로 볼 수 있다. 게다가 서방의 경제제재가 오히려 러시아 사회의 연대를 강화했다. 2014년부터 시작된 서방의 경제제재로 경제 사정이 심각하게 악화되었으나 푸틴의 지지율은 고공행진을 이어갔으며, 사회 통합력은 유지되었고, 사회적 시위는 억제되었다.

그런데 2018년 연금개혁안의 발표는 또다시 새로운 국면을 만들었다. 연금 수급연령을 높이는 일은 절대 없을 것이라고 과거에 약속했던 푸틴 대통령이 연금개혁안을 추진하자 국민은 배신감을 느껴 전국 규모의 항의 시위를 벌였으나, 결국 시위는 약화되었고 연금개혁안은 발효되었다. 그러나 푸틴의 지지율은 급락했다. 사실상 4기도 3기처럼 60%대의 낮은 지지율로 푸틴 대통령은 집권을 시작했다.

2000년부터 집권한 푸틴 대통령에게 60%대의 지지율은 낮은 수준에 해당한다. 지지율이 60%대였을 때 대규모의 사회적 시위가 발생하곤 했다. 물론 이 수치가 절대적인 기준은 될 수 없으며 여러 가지 요인을 복합적으로 고려해야겠지만, 현재 이 수치는 푸틴 집권기 대규모 사회적 시위 발생의 한 지표로 자리 잡았다.

국가에 대한 온정적 태도와 부권주의 의식 때문에 러시아 국민은 쉽사리 반정부적 저항이나 행동으로 나서지 못하리라는 것이 그동안 학자들의 일반적 견해였다. 이는 지금도 어느 정도 유효한 것으로 보인다. 하지만 러시아 국민은 2012년 대규모 반정부 시위에 이어 2018년에도 연금개혁안 반대 시위를 통해 사회적 학습을 했다. 설령 소기의 목적을 당장 달성하지는 못했더라도 문제가 있어 시위를 하면 이것이 사회적 관심을 불러일으킬 것이며, 결국 이를 통해 권력에 영향을 미칠 수 있다는 것을 국민은 체험했다. 이제 국가에 대한 저항이나 항의 시위가 러시아 국민에게 먼 나라 일만은 아니게 된 셈이다.

국가에 대한 국민의 온정적 태도와 부권주의 의식은 양면성을 띠고 있어서, 믿음과 기대가 커질수록 그것이 꺾일 때 느끼는 실망과 배신감은 더 클수 있다. 외부의 계기에 의해 애국주의가 고양되고 이를 통해 내부의 오점이나 분열이 잠시 가려질 수는 있다. 하지만 국가권력에 대한 국민의 불신과 불만이 증폭될 때 러시아는 언제든 걷잡을 수 없는 파국으로 치달을 수 있다. 이러한 사태를 맞기 전에, 러시아 정부는 국민의 삶을 개선하고 국민으로부터 신뢰를 얻을 수 있는 방책을 조속히 찾을 필요가 있을 것이다.

참 고 문 헌

오애리. 2011.9. 26. "러시아도 '아랍의 봄' 사태 가능성", ≪문화일보≫.

최우익. 2012. "러시아 부정선거 규탄시위지역 주민의 사회경제적 특성과 중산층 비율". ≪러시아 연구≫, 제22권 2호, 281~306쪽.

≪월간조선≫, 2018.10. 「월드컵 개막일에 발표한 연금 개혁안... 추락하는 '러시아 황제'」. http://monthly.chosun.com/client/mdaily/daily_view.asp?idx=5185&Newsnumb=2018105185(검색일: 2018.11.8).

≪중앙시사메거진≫. 2018.10.8. "떨어지는 푸틴의 철통 지지율 왜?". http://jmagazine.joins.com/economist/view/323132(검색일: 2018. 11.8).

≪한국경제≫. 2018.10.25. "절대권력 푸틴조차도 골머리 앓는 연금 개혁". http://news.hankyung.com/article/2018102521321(검색일: 2018.11.8).

Волков, Д. 2011. "Рост общественной активности в России: становление гражданского общества или очередной тупик?". *Вестник общественного мнения*, 2(108), pp.8~28.

_____. 2012a. "Протестные митинги в России конца 2011-начала 2012 гг.: запрос на демократизацию политических институтов". *Вестник общественного мнения*, 2(112), pp.73~86.

_____. 2012b. "Протестное движение в России в конце 2011-2012 гг.: истоки, динамика, результаты".

http://www.levada.ru/books/protestnoe-dvizhenie-v-rossii-v-kontse-2011-2012-gg (검색일: 2012.10.11)

Дементьева И. Н. 2013. "Теоретико-методологические подходы к изучению социального протеста в зарубежной и отчественной науке". *Мониторинг общественного мнения*, 4(116), pp.3~12.

Красильникова, М. Д. 2012a. "Динамика агрегированных показателей социального самочувствия". *Общественные науки и современность*, 6, pp.5~12.

_____. 2012b. "Отношение к власти в структуре социального самочувствия". *Вестник общественного мнения*, 2(112), pp.56~62.

Левада-Центр. 2014. Общественное мнение - 2014. Москва: Левада-Центр.

Маманов М. В. 2012 "Протестная активность Россиян в 2011-2012 гг.: основные тренды и некоторые закономерности". *Мониторинг общественного мнения*, 1(107), pp.5~22.

Никовская Л. И. 2012. "Гражданское общество и протесты: что за ними стоит?". *Мониторинг общественного мнения*, 4(110), pp.5~13.

Римский В. Л. 2012. "Причины и мотивы протестных акций в России 2011-2012 гг." *Мониторинг общественного мнения*, 3(109), pp.110~113.

Рожкова, Л. В., Васильева Н. Д. 2014. "Гражданственность и патриотизм как основания социальной консолидации российского общества". *Мониторинг общественного мнения*, 3(121), pp.123~129.

Федоров В. В. 2014. "Общественное мнение и политические решения. Заметки на полях <Русской весны>". *Мониторинг общественного мнения*, 5(123), pp.3~11.

Ядов В. А., Климова С. Г., Халий И. А. и др. 2008. "Социальная база поддержки реформ и потенциал массоового протеста". *Россия в глобальных процессах: поиски перспективы*, под ред. М. К. Горшкова. Москва: Институт социологии РАН.

"Индекс потребительских настроений." http://www.levada.ru/indeksy(검색일: 2015.9.5).

"'Марш миллионов' в регионах: обзор PublicPost." http://publicpost.ru/theme/id/1583/marsh_millionov_v_regionah_obzor_publicpost/(검색일: 2012.9.20).

"Митинги в регионах." http://www.interfax.ru/society/txt.asp?id=229228http://www.interfax.ru/society/txt.asp?id= 229228(검색일: 2012.9.12).

"Общественный протестный потенциал." https://wciom.ru/news/ratings/protestnyj_potencial/ (검색일: 2018.11.11).

"Одобрение деятельности Владимира Путина.", "Одобрение деятельности правительства России." http://www.levada.ru/indeksy(검색일: 2015.6.8).

"Одобоение деятельности Владимира Путина." https://www.levada.ru/indikatory/odobrenie-organov-vlasti/(검색일: 2018.11.11).

"Пенсионная реформа." https://www.levada.ru/2018/09/27/pensionnaya-reforma-4/(검색일: 2018.11.7).

"Пенсионная реформа в зеркале общественного мнения." https://www.levada.ru/2018/09/24/pensionnaya-reforma-v-zerkale-obshhestvennogo-mneniya/(검색일: 2018.11.7).

"Протестные настроения россиян: мониторинг." https://wciom.ru/index.php?id=236&uid=9292 (검색일: 2018.11.6).

"Путин В. В. Послание Президента Федеральному Собранию, 12 декабря 2012 года." http://www.kremlin.ru/transcripts/17118(검색일: 2015.9.5).

"Хронология акций протеста против фальсификации выборов в России(2011-2012)." http://ru.wikipedia.org/wiki/Хронология акций протеста против фальсификации выборов в России (2011-2012)(검색일: 2012.10.17) .

"Число желающих протестовать против пенсионной реформы резко снизилось." https://www.levada.ru/2018/09/27/chislo-zhelayushhih-protestovat-protiv-pensionnoj-reformy-rezko-snizilos/(검색일: 2018.11.6).

편저자

김선래

한국외국어대학교 러시아연구소 HK연구교수, 러시아국립학술원 세계경제 및 국제관계연구소(IMEMO) 정치학박사. 관심 연구 영역은 러시아 정치와 CIS 근외 정치다. 저서로는 『푸틴의 러시아』(공저, 2007), 『중국과 러시아의 현재』(공저, 2011), 『러시아의 심장부: 중앙연방관구』(공저, 2015), 『유라시아시대 러시아의 국가경쟁력』(공저, 2015), 『러시아 기업제도에 관한 고찰』(공저, 2017) 등이 있다.

지은이

장덕준

국민대학교 유라시아학과 교수, 미국 뉴욕 주립대학교(버펄로) 정치학 박사. 관심 연구 영역은 러시아 정치와 외교 정책이다. 주요 논저로 「북방정책 재고: '유라시아 이니셔티브'의 재검토 및 새로운 대륙지향 정책을 위한 원형모색」(2017), "Republic of Korea-Russia Cooperation in the context of U,S,-Russia Relations"(2017), 『현대 러시아의 해부』(공편, 2014), 『러시아사』(공저, 2018) 등이 있다.

홍완석

한국외국어대학교 국제지역대학원 러시아·CIS학과 주임교수, 러시아 모스크바 국립국제관계대학교(MGIMO) 정치학 박사. 관심 연구 영역은 러시아 정치와 CIS 지역 정치이다. 저서로는 『현대 러시아 국가 체제와 세계전략』(편저, 2005), 『21세기 한국 왜 러시아인가』(2005), 『러시아 위대한 강대국 재현을 향한 여정』(공저, 2009), 『러시아연방 인문공간의 이해』(편저, 2011), 『2011 러시아는 어디로 가는가』(편저, 2011) 등이 있다.

박지원

대한무역투자진흥공사(KOTRA) 연구위원, 한양대학교 러시아-유라시아 경제학 박사. 관심 연구 영역은 러시아 및 중앙아시아 경제다. 저서로는 『중앙아시아 대외관계 확장의 제한적 영역: 터키 및 이란과의 경제협력과 전망』(2016), 『러시아 경제위기와 정부의 대응정책: 2008년과 2014년의 경제위기의 비교분석』(2016) 등이 있다.

이종문

부산외국어대학교 러시아어언어통상학과 교수, 러시아 모스크바 국립국제관계대학교(MGIMO) 경제학 박사. 관심 연구 영역은 러시아 및 중앙아시아 경제이다. 논문으로는 「러시아 주식시장의 밸류에이션 분석(valuation)」, 「러시아 상업은행시스템의 구조조정과 시장집중도 변화」(2012) 등이 있다.

이홍섭

국방대학교 안보정책학과 교수, 한국외국어대학교 정치학 박사. 관심 연구 영역은 러시아 CIS 지역 정치와 외교, 에너지 안보 분야다. 저서로는 『21세기 국제안보의 도전과 과제』(공저, 2011), 『21세기 러시아군 개혁의 배경과 방향: 네트워크 중심전(NCW) 대비』(2013), 『러시아의 네트워크 체제와 민주주의의 위기』(2015), 『미·일·중·러의 군사전략』(공저, 2018) 등이 있다.

최우익

한국외국어대학교 러시아연구소 HK교수, 러시아 모스크바 국립대학교 사회학 박사. 관심 영역은 러시아 사회, 사회계층, 인구, 삶의 질 등이다. 주요 저서로는 『현대 러시아 문화연구』(공저, 2010), 『북극의 별 네네츠: 툰드라와 순록, 그리고 석유의 땅』(2012), 『북방의 등대: 러시아 북서연방관구』(공저, 2012), 『현대 러시아의 해부』(공저, 2014), 『러시아의 심장부: 중앙연방관구』(공저, 2015), 『2017 한러 양국 국민 상호인식조사: 미래 협력 전망』(공저, 2017) 등이 있다.

한울아카데미 2164
한국외국어대학교 러시아연구소
HK 연구사업단 학술연구총서 35

푸틴 4.0: 강한 러시아

ⓒ 장덕준·홍완석·박지원·이종문·김선래·이홍섭·최우익, 2019

편저자 ǀ 김선래
지은이 ǀ 장덕준·홍완석·박지원·이종문·김선래·이홍섭·최우익
펴낸이 ǀ 김종수
펴낸곳 ǀ 한울엠플러스(주)
편집책임 ǀ 최진희

초판 1쇄 인쇄 ǀ 2019년 6월 7일
초판 1쇄 발행 ǀ 2019년 6월 14일

주소 ǀ 10881 경기도 파주시 광인사길 153 한울시소빌딩 3층
전화 ǀ 031-955-0655
팩스 ǀ 031-955-0656
홈페이지 ǀ www.hanulmplus.kr
등록 ǀ 제406-2015-000143호

Printed in Korea.
ISBN 978-89-460-7164-3 93300(양장)
        978-89-460-6666-3 93300(무선)

* 책값은 겉표지에 표시되어 있습니다.
* 이 책은 강의를 위한 학생용 교재를 따로 준비했습니다.
  강의 교재로 사용하실 때는 본사로 연락해 주시기 바랍니다.

이 책은 한국연구재단의 지원(NRF-362-2009-1-B00005)으로 발간되었음.